AF643756

Malen macht glücklich

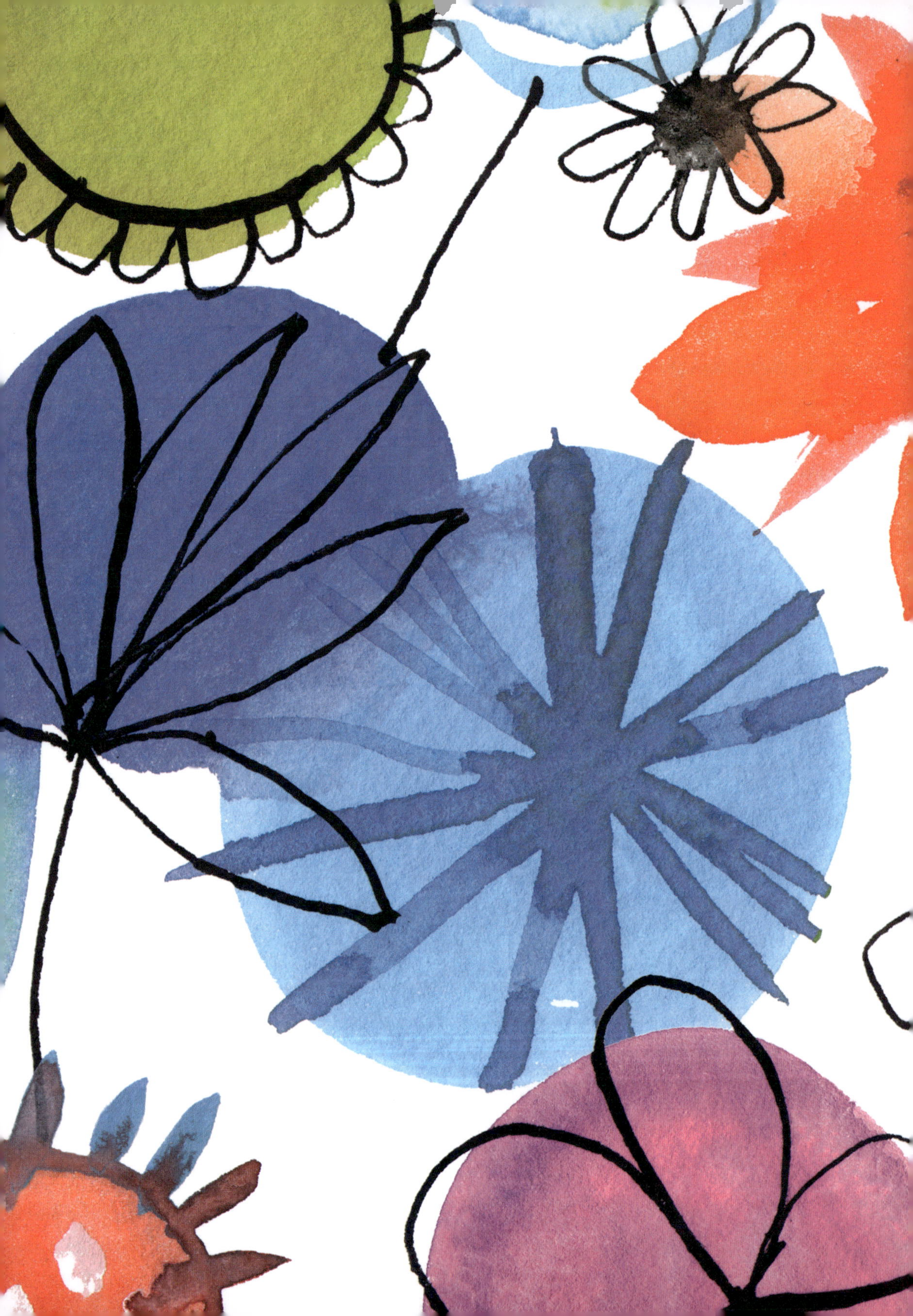

Malen macht glücklich

KREATIVITÄT
MIT WASSERFARBEN

Terry Runyan

MIDAS

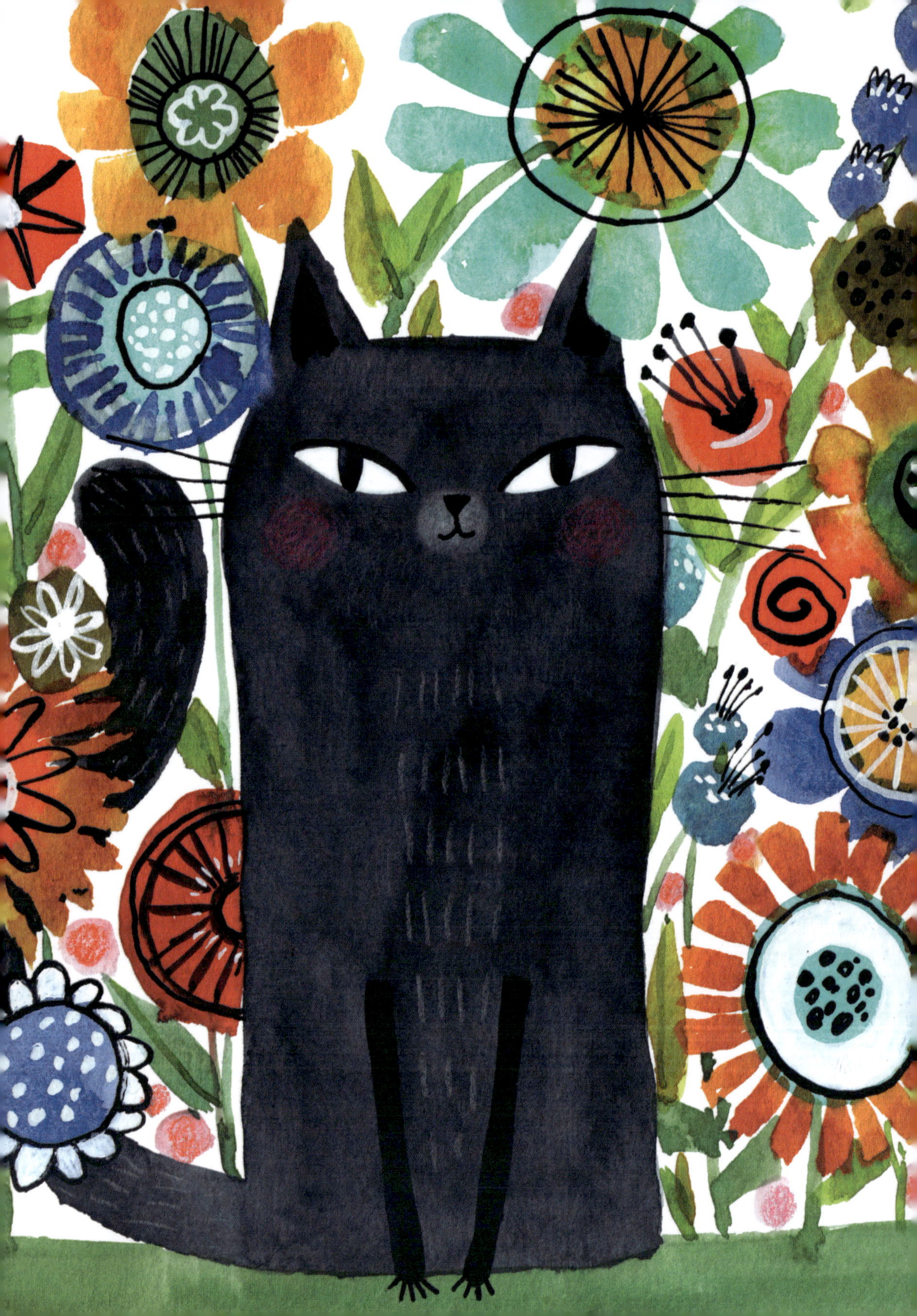

Inhalt

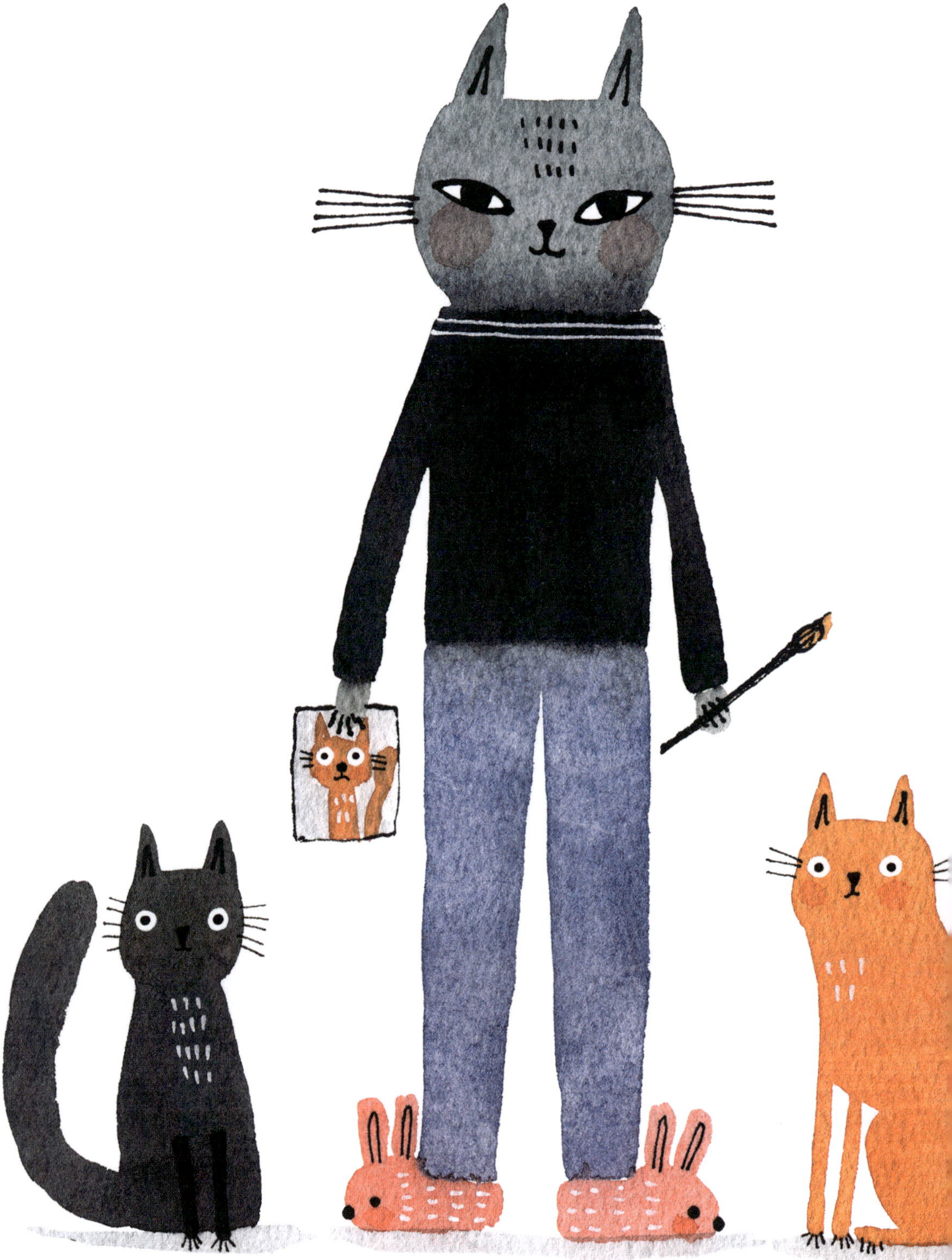

Einleitung

Als mich mein Verlag bat, ein Buch zum Thema Aquarellfarben und Achtsamkeit zu schreiben, habe ich mich sehr gefreut, war aber gleichzeitig auch ein wenig ängstlich. Aber da ich die Ironie dieser widersprüchlichen Gefühle erkannte, habe ich mich davon nicht zurückhalten lassen. Dieses Buch war für mich eine gute Gelegenheit, Kreativität zu »üben«, also bewusst wahrzunehmen, wie sich Kreativität entfaltet und gleichzeitig meine kritischen Gedanken widerstandslos an mir vorbeiziehen zu lassen.

Das Buch entstammt meinen eigenen Lebenserfahrungen, zu denen auch das Schreiben dieses Buches gehört. Ihnen gemeinsam ist der Flow, der mich wie eine Welle erfasst und von der Bewegung meines Pinsels zur Stimme meines inneren Kritikers schwemmt und wieder zurück. Während der gesamten Zeit musste ich mir meine angeborene Kreativität immer wieder vor Augen führen und mein Wohlgefühl bewusst wahrnehmen, um zu lernen, wie ich dauerhaft auf dieser Welle surfen kann.

Wie die meisten Menschen war ich schon als Kind kreativ. Damals erhielt ich viel Lob für meine »Werke«. Doch als ich älter wurde, wurde mir bewusst, dass ich nicht gut genug war. Ich weiß nicht, woher diese Überzeugung kam, aber sie begleitete mich jahrzehntelang und führte dazu, dass ich die Kunst lange Zeit aufgab. Erst als ich mit Mitte zwanzig versuchte herauszufinden, was ich mit meinem Leben anfangen möchte, stieß ich auf den Beruf der Illustratorin.

Allen Zweifeln zum Trotz stellte ich aus den Ergebnissen einiger Kunstkurse, an denen ich im Laufe der Jahre teilgenommen hatte, ein Portfolio zusammen und reichte es bei der José State University in meiner Heimat Kalifornien ein. Zu meiner großen Überraschung wurde ich im Studiengang Design und Illustration angenommen, obwohl ich insgeheim hoffte, dass die Uni abbrennen möge, bevor ich mein Studium beginnen musste. Meine Unsicherheit und mein innerer Kritiker waren laut und versuchten alles, um mich in Sicherheit zu bringen. Aber ich blieb dabei.

Nach meinem Studienabschluss bekam ich eine Anstellung bei Hallmark in Kansas City, wo ich die nächsten dreißig Jahre als Illustratorin arbeitete. Es waren großartige Jahre, aber mein innerer Kritiker wich mir nie von der Seite. Während des Studiums und in meinem Berufsleben lernte ich, schneller zu sein als mein Kritiker und ihm immer einen Sprung voraus zu sein. Meist war ich auch erfolgreich, denn ich war immer sehr produktiv und neugierig darauf, neue Dinge auszuprobieren. Doch immer fühlte ich mich ein bisschen wie eine Betrügerin. Dieses »Hochstapler-Syndrom« war bei mir sehr ausgeprägt. Begleitet wurde es von großem Perfektionismus und dem ständigen Bedürfnis, mich mit allen Projekten vor allem vor mir selbst zu beweisen.

Erst im späteren Verlauf meiner Karriere interessierte ich mich mehr und mehr dafür, meine eigene Kunst zu erkunden. Als ich Hallmark im Oktober 2016 verließ, war dies mein neuer Weg – mit unbekanntem Ziel. Doch dieser neue Weg zeigte mir, wie sehr mich mein innerer Kritiker beeinflusst. Ein Jahr lang produzierte ich sehr große gegenstandslose Werke und fand mich dann in einer tiefen Krise wieder. Ich wusste nicht, wo das alles hinführen sollte. Ich war orientierungslos.

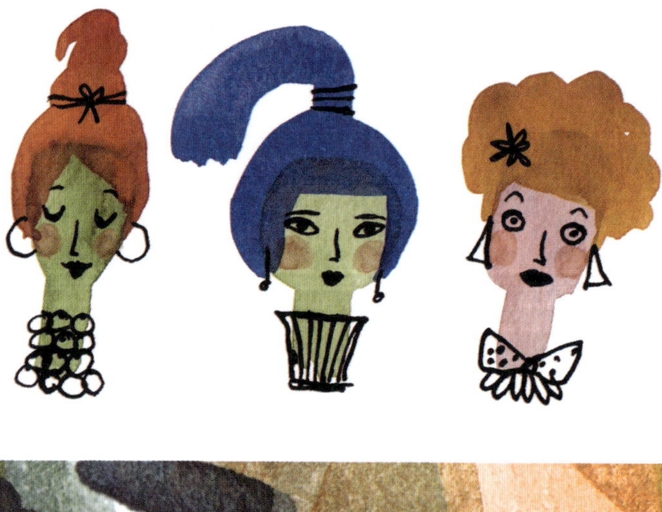

Aber dann tauchte ich tiefer in einige hilfreiche Beschäftigungen ein, die ich bereits in jüngeren Jahren verfolgt hatte. Sie alle liefen auf die eine Frage hinaus: Wer bin ich (und wer sind wir alle)? Ich konnte doch nicht einfach das Ergebnis aller Höhen und Tiefen sein, die mir die Launen meiner inneren Stimme auferlegten!

Irgendwie war mir klar, dass mein Wert nicht nur in dem bestand, was ich tat. Diese Idee verfolgte ich weiter und beschäftigte mich darüber hinaus damit, wie ich mich selbst, mein Wohlbefinden, meine Kreativität und meinen Wert sowie Wohlbefinden, Kreativität und Wert der Menschen um mich herum wahrnehme. Dieser Ansatz wurde zur Grundlage für mein Schaffen und meine Beziehung zu anderen. Und daraus entwuchs auch meine kreative Motivation.

Mit diesem Buch möchte ich Sie motivieren, sich selbst darzustellen und kreativ zu bleiben. Außerdem möchte ich Ihnen zeigen, dass Ihr kreativer Ausdruck nichts über Ihre Persönlichkeit und schon gar nichts über Ihren Wert als Mensch aussagt. Behalten Sie dies im Hinterkopf und Sie werden freier und neugieriger werden. Sie werden bereit sein, Unordnung zu schaffen, ohne Plan zu arbeiten und im Prozess präsent zu sein. Außerdem werden Sie erkennen, was Ihr innerer Kritiker wirklich ist: eine einfache Gewohnheit und antrainierte Gedanken. Auf keinen Fall müssen Sie immer auf ihn hören oder sich von ihm überzeugen lassen. Sie können diese Gedanken einfach ziehen lassen und mit dem spielen, was Sie gerade zur Hand haben.

Terry Runyan

1

Weshalb Kreativität?

Kreativität ist eine Konstante

Unsere Kreativität schläft nie. Häufig sind wir noch in unseren Träumen kreativ. Selbst das Atmen ist eine kreative Aktivität, da es in jedem Moment etwas Neues hervorbringt. Wenn wir Kreativität als eine nie endende Bewegung verstehen, müssen wir uns nicht mehr fragen, ob wir kreativ sind oder uns kreativ fühlen. Vielleicht ist das ein neuer Denkansatz, den Sie ausprobieren sollten. Sagen Sie sich selbst: »In diesem Moment ist alle neu und im Fluss.« Sofort werden Sie feststellen, dass alles Tun kreativ ist. Kreativität ist Bewegung.

Der kreative Blick auf alles Neue

Kreativität ist ein sich offenbarendes Geheimnis, das uns jederzeit überraschen kann. Es zeigt uns, dass alles möglich ist und dass in jedem Moment etwas Neues geschieht. Vielleicht erinnert Sie das Neue an eine bekannte Erfahrung, aber Ihre Erinnerung ist nicht identisch mit dem, was aktuell geschieht. Wir alle greifen unabsichtlich auf unsere Erfahrungen zurück und suchen nach Ähnlichkeiten. Sie sollten diese Erfahrung kurz bei Seite schieben und sich ausschließlich auf das konzentrieren, was neu ist und sich vor Ihnen ausbreitet. Stellen Sie sich vor, wie viele Möglichkeiten sich Ihnen bieten.

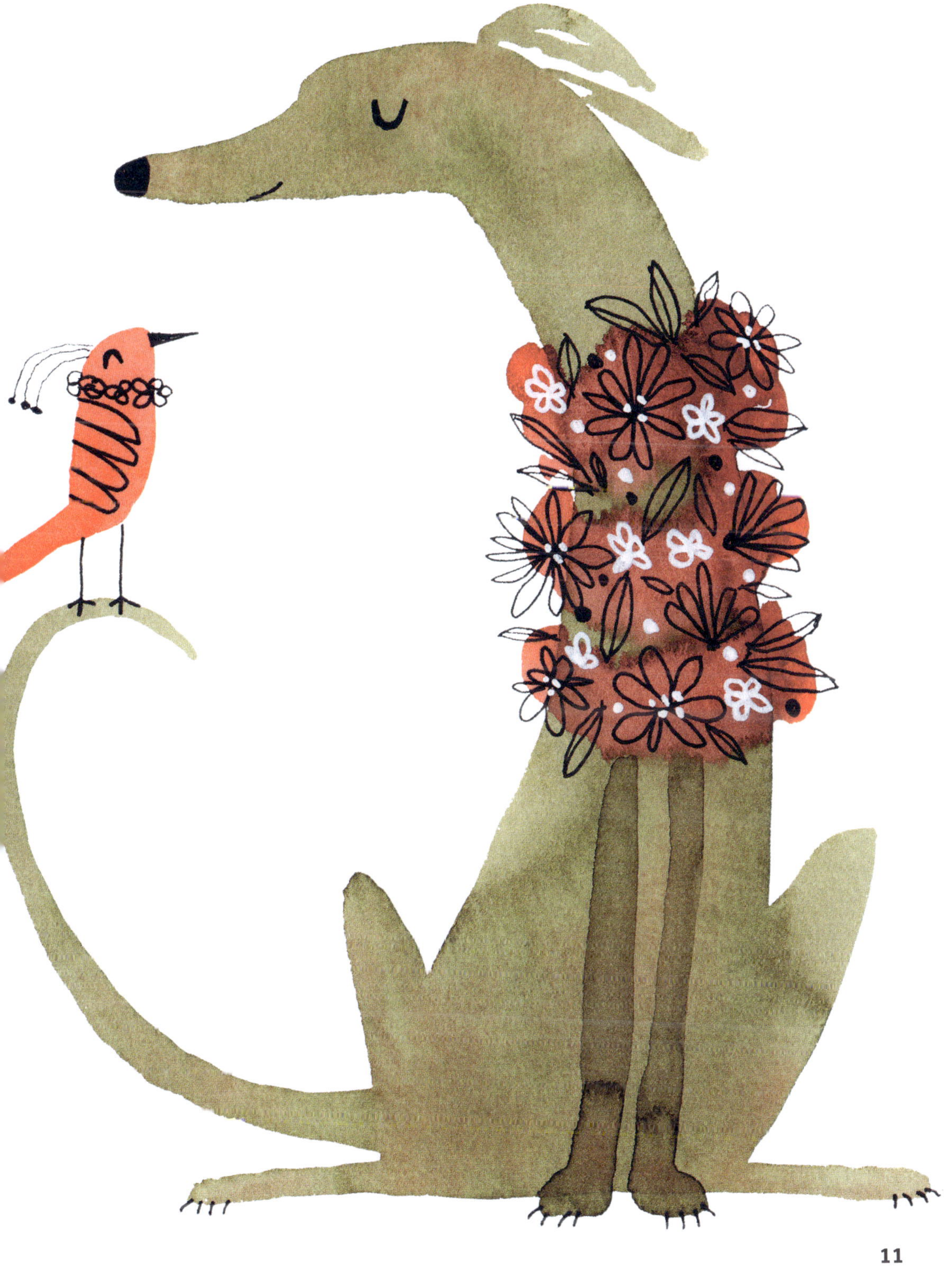

Warum täglich üben?

Wenn ich jeden Tag etwas Kreatives schaffe, dann werde ich nicht nur produktiver, sondern nehme meine Kreativität auch bewusster wahr. Wenn ich mich inspiriert fühle, bin ich aufmerksamer und nehme mehr wahr. Aber auch wenn ich keine Inspiration spüre, weiß ich, dass ich kreativ bin. Ich habe erkannt: Inspiration ist keine Voraussetzung für Kreativität!
Die Inspiration stellt sich häufig ein, sobald Ihr Pinsel oder Stift das Papier berührt. Nur indem Sie anfangen, setzen Sie den kreativen Fluss in Gang. Und durch tägliches Üben bauen Sie eine Verbindung zu diesem Flow auf. Sie müssen nur oft genug in diesen kreativen Dialog eintauchen, um zu erfahren, dass Ihre Kreativität immer präsent und verfügbar ist. Sie müssen nur danach greifen.

Freiheit

Wenn Sie kreativ sind, öffnen Sie sich für die Freiheit des Ausdrucks – und damit für einen ganz natürlichen Zustand. Im aktuellen Augenblick sind wir frei von unserer Vergangenheit und können all das »Geschnatter« unserer Erfahrungen ignorieren. Nichts aus unseren Erinnerungen hält uns auf.

Der Moment ist jetzt.

Was für eine wundervolle Entdeckung!

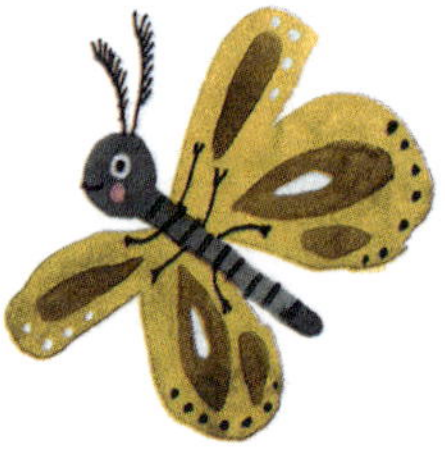

Das Geheimnis offenbart sich

Kreativität ist eine Chance, die sich im Jetzt entfaltet. Wenn wir uns dem Papier annähern, bewegen wir uns ins Unbekannte, aber Inspiration und Kreativität begleiten uns die ganze Zeit. Vielleicht empfinden Sie einen Anflug eines Wohlgefühls oder denken »Ich kann das« . Ein flüchtiges Gefühl, das Sie einlädt und vorwärts treibt.

Wenn Sie unbekanntes Terrain betreten, wird das Gefühl der Inspiration bei diesem Schritt gelegentlich von der Stimme des inneren Kritikers verdrängt. Doch die Kreativität ist immer bei Ihnen, selbst wenn negative Gedanken vorbeiziehen. Sie selbst sind Kreativität!

Mit dieser Überzeugung können Sie sich der Malerei und Ihrer Kunst ganz spielerisch nähern. Meist stellt sich die Inspiration in dem Moment ein, wenn Sie den ersten Pinselstrich auf das Papier setzen. Aber selbst wenn der innere Kritiker nicht aufhört zu schimpfen, können Sie mitten in Ihrer Inspiration und Kreativität ruhen. Denn egal, was Ihr Kopf sagt: Sie können sich gar nicht davon trennen!

Seien Sie sich dessen bewusst, und Ihre Inspiration kann ungestört fließen. Sie müssen nur willentlich im Augenblick ankommen. Die Inspiration wartet bereits auf Sie.

Die Freude am Unbekannten

Die meisten Menschen haben Angst vor dem Unbekanntem. Wir haben gelernt, vorsichtig zu sein und möglichst viel vorab zu erfahren, um fundierte und sichere Entscheidungen zu treffen und so mögliche Katastrophen zu verhindern. Ich selbst kenne diese Angst nur allzu gut. Früher hat mich der Anblick eines leeren Blatt Papiers in Panik versetzt. Ich musste meine eigenen Fähigkeiten erst sehr lange perfektionieren, um das Gefühl der Kontrolle zu haben. Nichts ist falsch daran, seine Fähigkeiten zu perfektionieren. Aber die Angst vor dem Unbekannten lässt uns in der Komfortzone verharren. Dann spielen wir nur mit dem Bekannten und versuchen, immer auf der sicheren Seite zu sein.

Doch es gibt eine andere Sichtweise auf das Unbekannte: Unbekanntes ist zunächst einmal neutral. Es macht von Natur aus weder Angst noch glücklich, sondern ist eine reine Möglichkeit. Wenn Sie sich dem Unbekannten mit offenem Geist und mit dem Wissen um Ihr angeborenes Wohlbefinden und Ihre natürliche Kreativität nähern, ist das ein sehr aufregendes Erlebnis. Das Unbekannte ist eine Einladung. Es ist Kreativität. Es vermittelt uns das Gefühl, etwas Wunderbares und Überraschendes zu erleben, wenn wir ihm unvoreingenommen begegnen. Alles *ist* möglich!

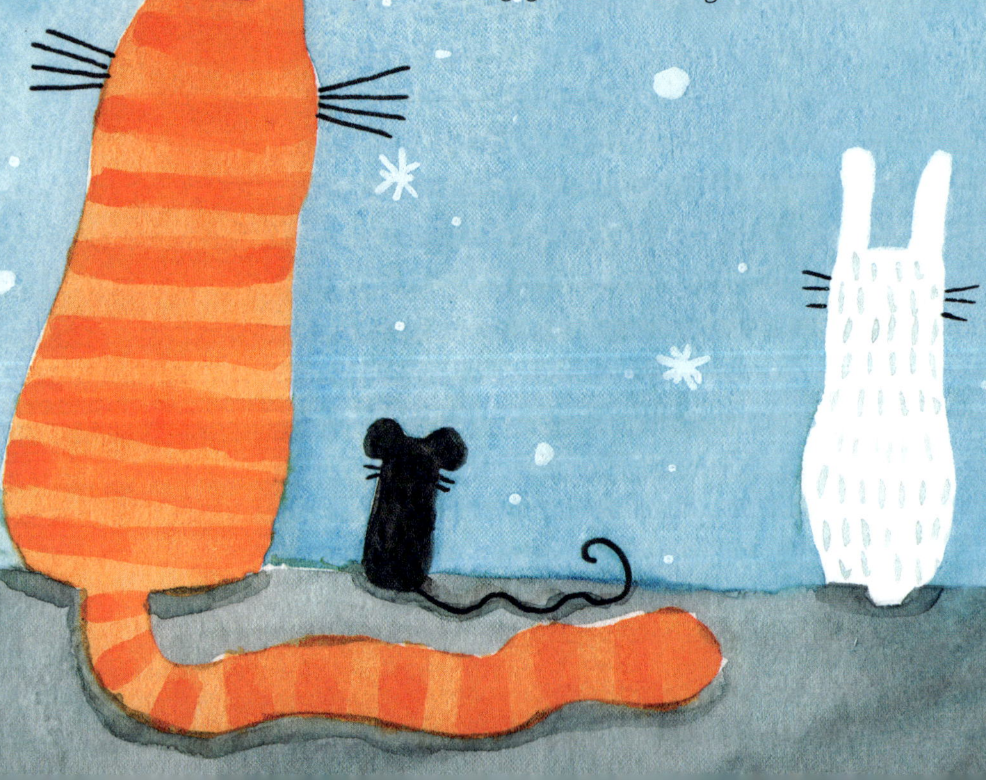

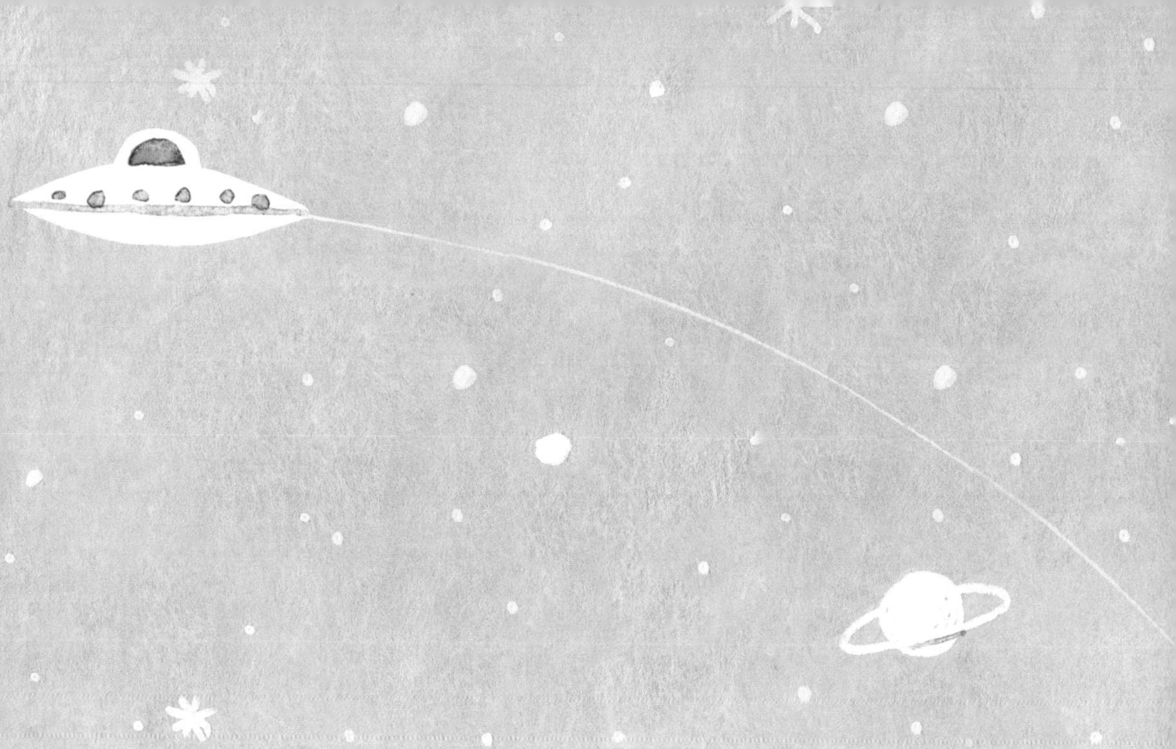

Neugier und Inspiration

Neugier, Inspiration und Staunen entspringen der großen Quelle der Kreativität, die in uns lebt und immer verfügbar ist. Nehmen Sie solche Momente bewusst wahr und Ihre Kunst wird sich auf einer völlig neuen Ebene weiterentwickeln. Voller Vorfreude, Offenheit und Erwartung für Neues folgen Sie Ihrem Flow, ohne einer bestimmten Strömung nachzugehen.

Diese Inspiration und Neugier sind immer gegenwärtig und viele scheinbar äußere Reize können sie ins Bewusstsein rufen. Die Natur, ein Foto, die Arbeit eines anderen Künstlers, Ihr Gegenüber – alles kann Ihre Inspiration und Neugier zum Leben erwecken. Solche Augenblicke machen uns aufmerksam und mitfühlend.

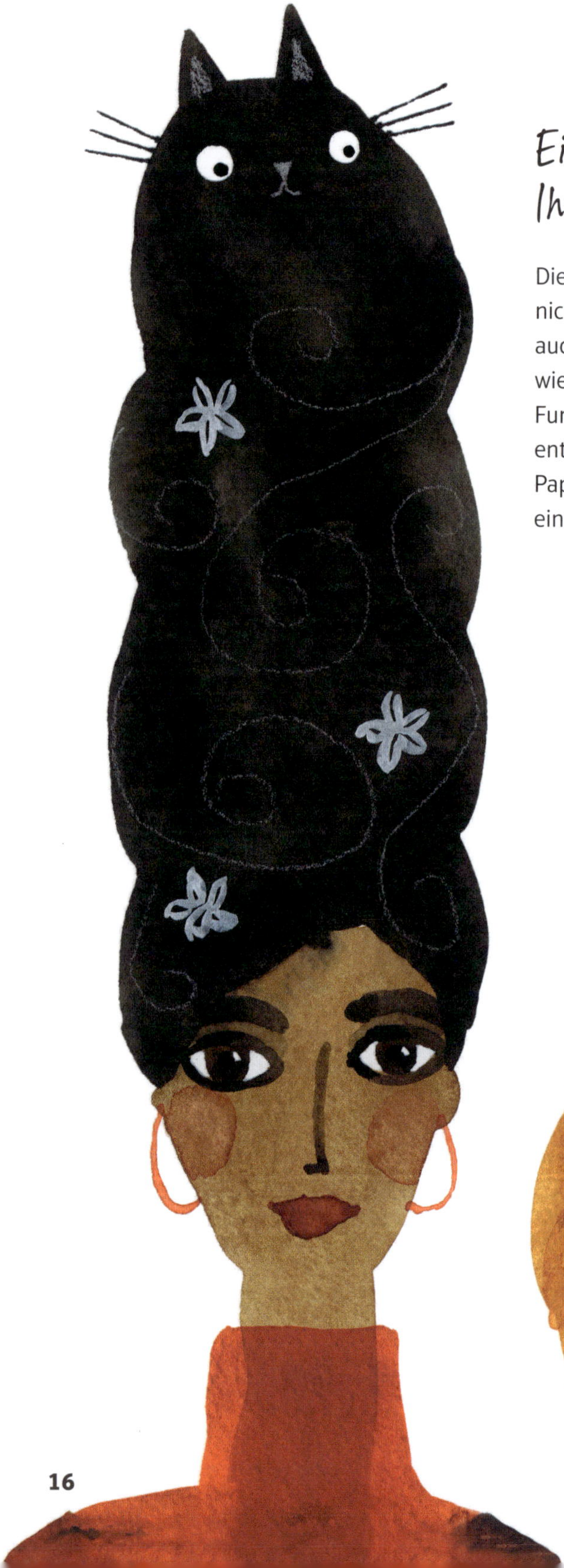

Ein Gespräch zwischen Ihnen und der Kunst

Die Erfahrung von Neugier und Inspiration zeigt sich nicht nur zu Beginn einer kreativen Tätigkeit, sondern auch in späteren Phasen. Ich kann nicht mehr sagen, wie oft ich eine Arbeit begonnen habe, ohne dass ein Funke übergesprungen ist. Doch er hat sich später entzündet, während ich mit dem Pinsel auf dem Papier arbeitete. In so einem Moment entwickelt sich ein wahres Gespräch zwischen mir und der Kunst.

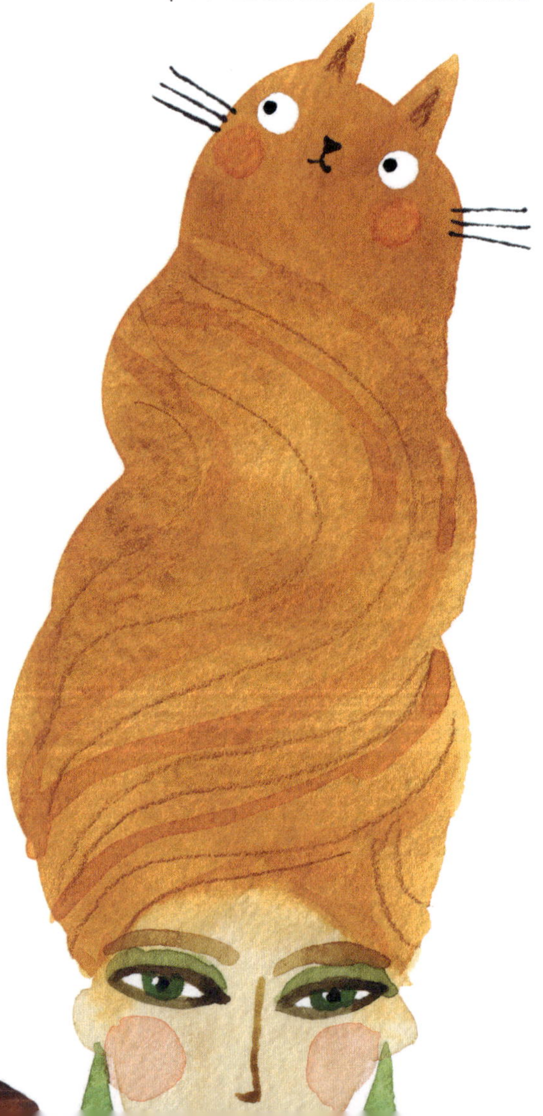

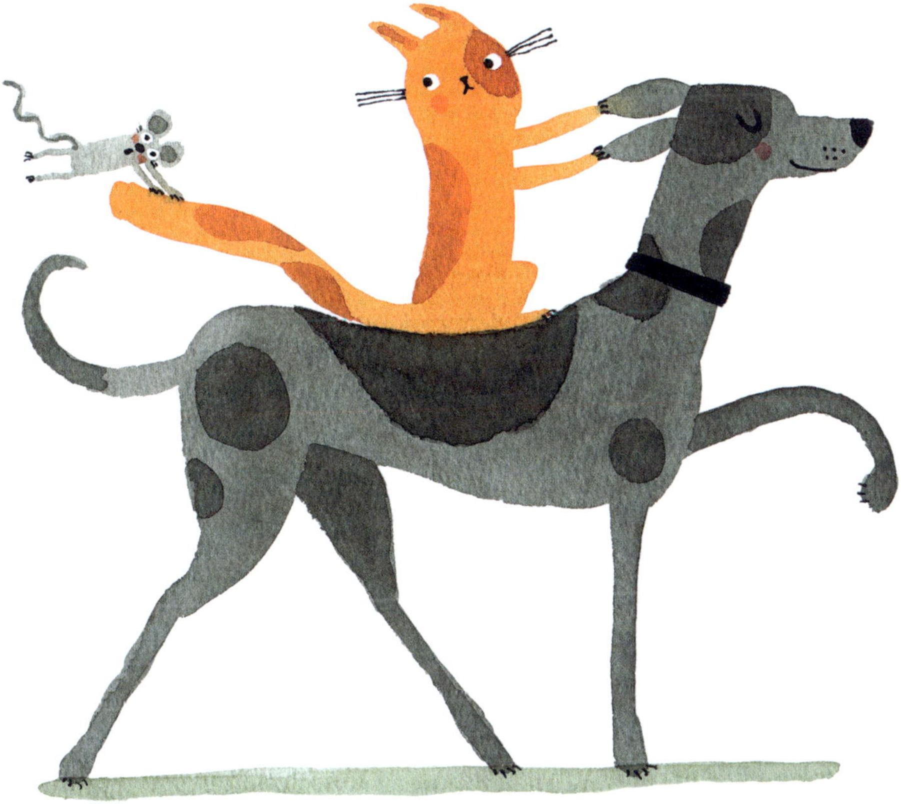

Aquarellfarben sind anspruchsvoll

Aquarellfarben sind von Natur aus flüchtig und fließend. Sie laden uns ein, mit höchster Aufmerksamkeit zu spielen. Man öffnet sich dem Prozess des Mischens von Farben und Wasser. Dann setzt man den Pinsel auf das Papier und bewegt ihn begleitet durch das Geheimnis der fließenden Farbe. Aquarellfarben gehören zu den unwiderstehlichsten Medien, die ich kenne.

Fünf Minuten am Tag genügen, um mit Ihrer Reise zu beginnen. Ziel dieses Buches ist es, Sie zum Spiel mit Aquarellfarben zu motivieren. Doch ich möchte Sie vor allem anregen, aktiv zu werden und in Bewegung zu kommen. Nur so werden Sie vertraut mit den Materialien und sind mehr und mehr bereit, zu experimentieren und zu erkunden. Je mehr Sie malen, experimentieren und spielen, umso natürlicher werden sich Ihre Fähigkeiten entwickeln. Versuchen Sie nicht, besser zu werden. Allein durch die Freude am Malen werden Sie den Umgang mit dem Pinsel und der Farbe ganz wie von selbst lernen. Sie werden ertrauter mit Ihrer Kreativität, die Sie immer bei sich tragen, die immer verfügbar ist und die Sie immer durchströmt.

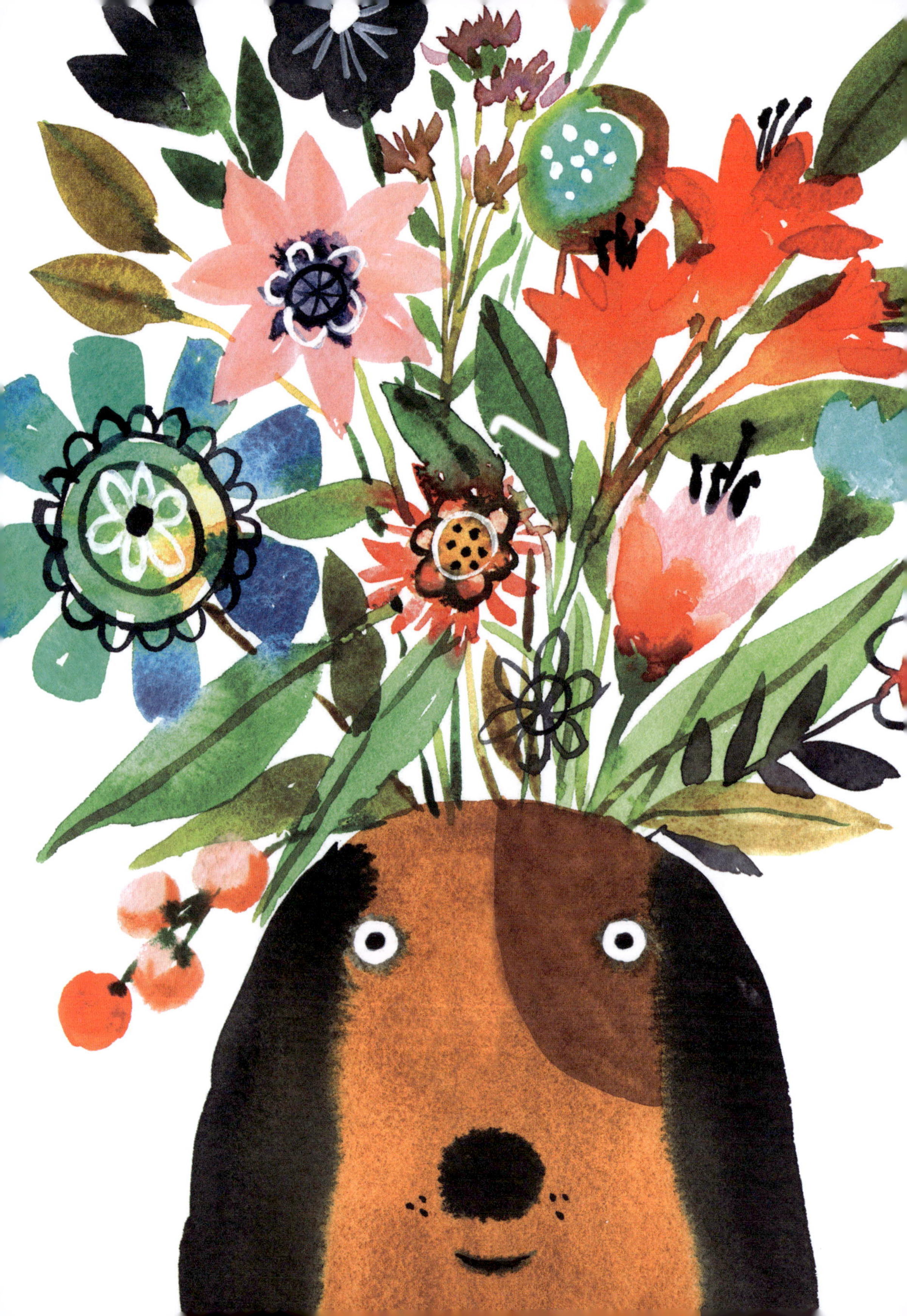

2

Aquarellfarben

Zubehör

Am Anfang benötigen Sie kein spezielles Material. Arbeiten Sie mit dem, was Sie haben, oder kaufen Sie ein kleines Set. Wichtig ist, dass Sie beginnen zu malen, und sei es nur für fünf Minuten. Aquarellfarben sind in verschiedenen Ausführungen erhältlich. Ich werde Ihnen hier trockene Farben und Farben in der Tube vorstellen, obwohl ich die Tubenfarben bevorzuge.

Trockene Aquarellfarben kennen Sie aus den Wasserfarbkästen. Sie eignen sich wunderbar, wenn Sie draußen oder auf Reisen malen, und sind in zwei Ausführungen verfügbar: als Anfängerset und als Profiset. Der wichtigste Unterschied besteht darin, dass die Profifarben mehr Farbpigmente als Füllstoffe enthalten. Damit erzielen Sie intensivere Farbtöne. Aquarellfarben für Anfänger eignen sich hervorragend für die ersten Schritte beim Malen und sind zudem preiswerter. Doch je mehr Sie malen, desto eher sollten Sie Aquarellfarben für Profis ausprobieren, um den Unterschied kennenzulernen.

Aquarellfarben in Tuben sind ebenfalls als Anfänger- und Profifarben erhältlich. Der Unterschied im Verhältnis der Pigmente zum Füllstoff ist identisch mit den Trockenfarben. Wenn die Tubenfarben frisch aus der Tube kommen, müssen Sie weniger mit Wasser gemischt werden. Deshalb mag ich sie so. Außerdem können Sie sie mit Wasser zu sehr hellen Farben mischen und nach dem Trocknen auf der Palette wieder auffrischen. Darüber hinaus ist in einer Tube mehr Farbe enthalten als in den Näpfen der Trockenfarben.

Welche Farben?

Kaufen Sie einen kleinen Kasten oder wenige Farben in der Tube. Mit den warmen und kalten Primärfarben können Sie fast alle Farben mischen. Die Primärfarben sind Rot, Gelb und Blau, aber es gibt warme und kalte Rottöne, warme und kalte Gelbtöne und warme und kalte Blautöne. Außerdem mische ich gern ein wenig Paynesgrau in die dunklen Töne und verwende es auch häufig anstelle von Schwarz. Auch für eine Reihe von Erdtönen ist es hilfreich, obwohl diese auch ohne Grau gemischt werden können. Auf dieser Seite finden Sie alle Farben, die ich nutze. Zwar habe ich auch einige andere Farben, aber ich verwende sie nur unter ganz bestimmten Umständen. Je kleiner Ihre Farbpalette ist, desto besser lernen Sie, mit wenigen Ausnahmen fast alle vorstellbaren Farben zu mischen.

Primärfarben

ROTTÖNE

- **Scharlachlack (warm)**
- **Alizarinkarmesin (kalt)**

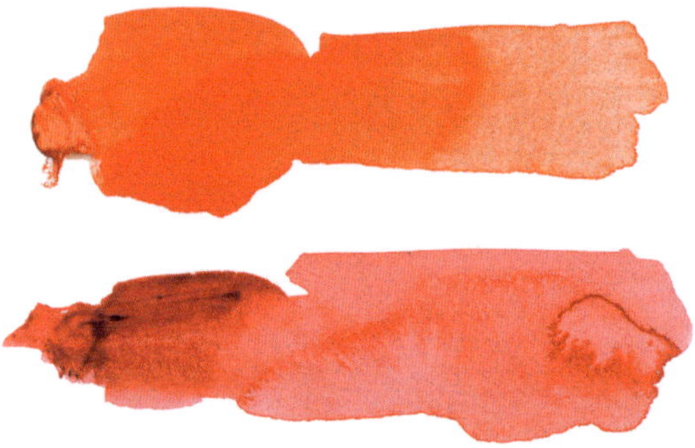

GELBTÖNE

- **Gamboge neu oder Kadmiumgelb (warm)**
- **Zitronengelb (kalt)**

BLAUTÖNE

- **Coelinblau oder Himmelblau (warmes Blaugrün)**
- **Französisch Utramarin (kaltes Blaulila)**

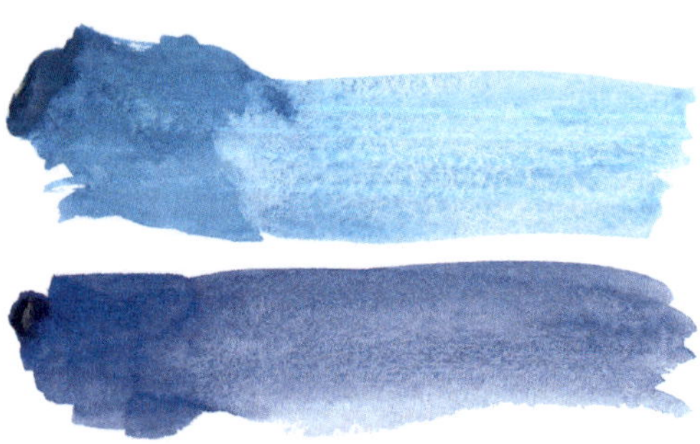

Optionale Farben

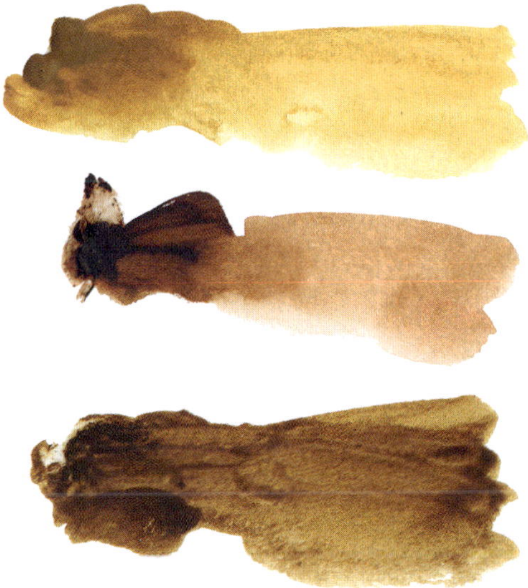

ERDTÖNE

- Gelber Ocker
- Umbra gebrannt (warm)
- Umbra natur (kalt)

GRAU

- Paynesgrau (Blaugrau)

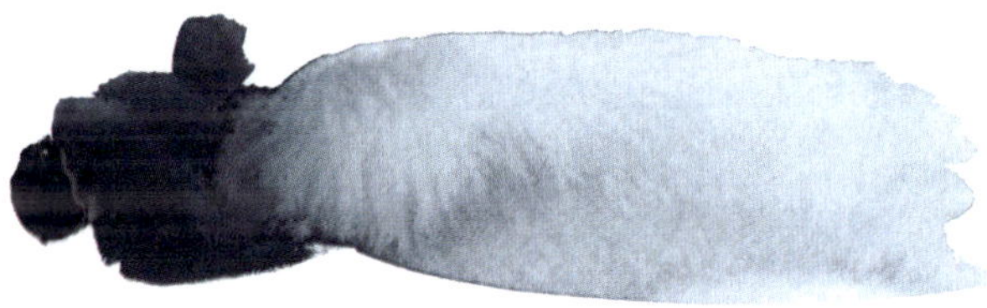

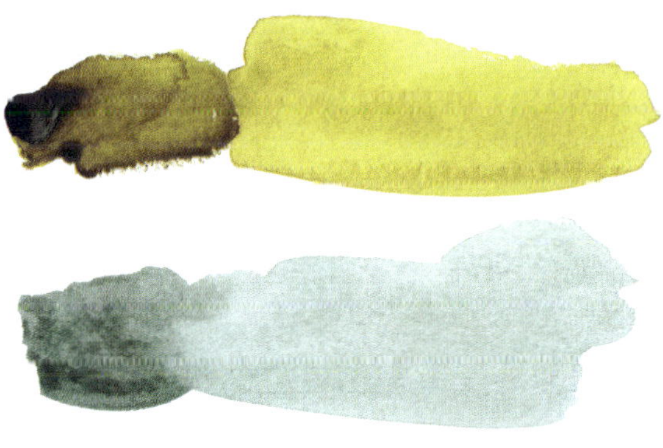

WEITERE FARBEN

- Grüngold
- Terre Verte / Grüne Erde

Die Pinsel

Die Auswahl an Pinseln in allen Größen und Formen ist schier unendlich – dabei können Sie mit Naturhaarpinseln oder Kunsthaarpinseln arbeiten. Wie bei den Farben habe ich nur ein kleines Pinselsortiment. Zwar schwören viele Künstler auf flache, angewinkelte und spitze Pinsel, aber ich verwende meist runde Pinsel. In diesem Buch stelle ich nur runde Pinseln vor, da man damit auch mit wenig Übung zahlreiche Effekte erzielen kann.

Die hochwertigsten Pinsel für Aquarellfarben sind in der Regel aus natürlichem Zobelhaar hergestellt. Zwar habe ich jahrelang damit gearbeitet, bin aber nun auf hochwertige »zobelähnliche« synthetische Borsten umgestiegen. Meine Favoriten sind in unterschiedlichen Größen erhältlich.

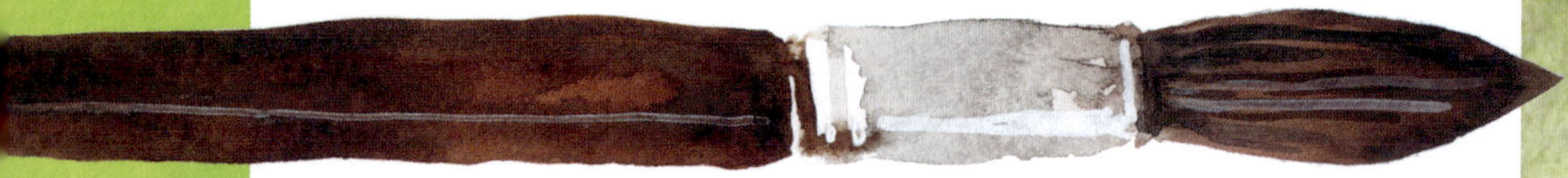

Für größere Pinselstriche sind die Größen 12 und 16 hilfreich. Auch diese sind in Naturhaar und Kunstborsten erhältlich.

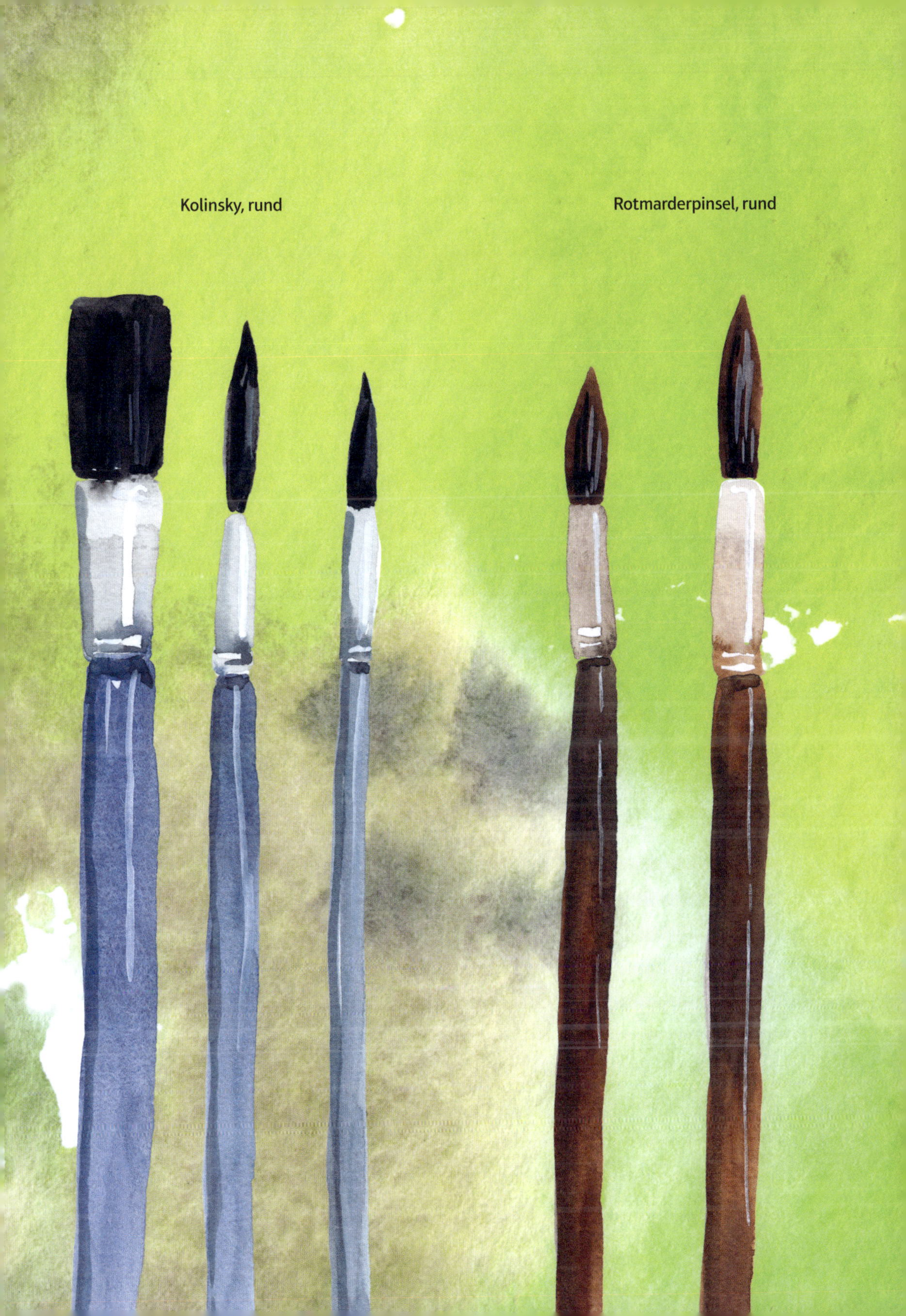
Kolinsky, rund
Rotmarderpinsel, rund

Die Palette

Sie können fast alle Gegenstände mit einer flachen Oberfläche als Palette verwenden. Doch zum Mischen ist eine weiße Oberfläche hilfreich, da sich Farben an ihre Umgebung anpassen. Ich verwende eine Kunststoffpalette mit viel Platz zum Mischen, aber Sie können auch mit einem weißen Teller arbeiten.

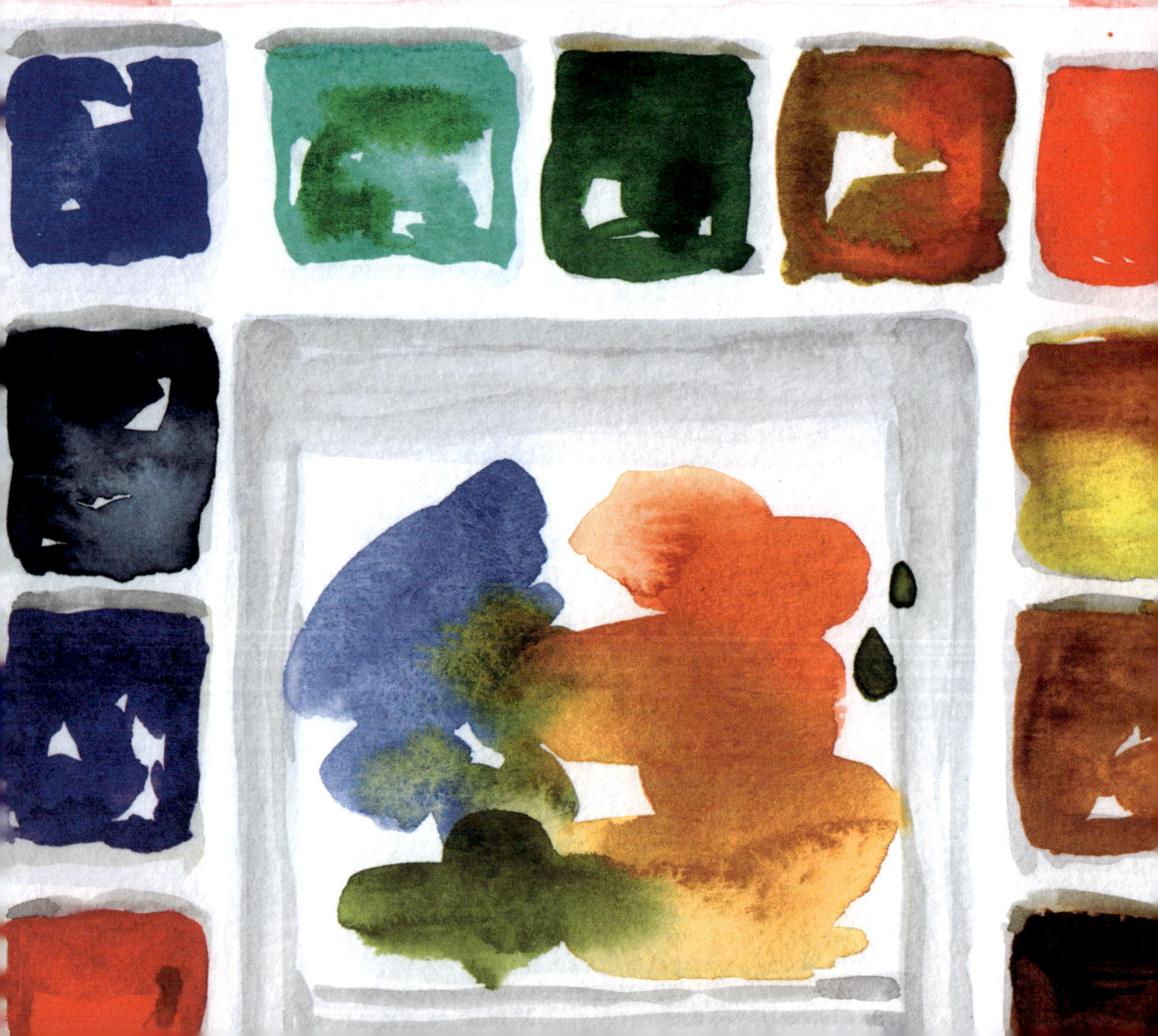

Das Papier

Beim Aquarellieren spielt die Papierdicke eine wichtige Rolle. Am Anfang können Sie jedes Papier nehmen, um erst einmal ein Gefühl für den Pinsel, die Farbe und das Wasser zu entwickeln. Doch letztendlich sollten Sie für Aquarellfarben dickeres Papier verwenden. Sie werden ein besseres Ergebnis erzielen, weil es weniger wellt und sich nicht verzieht.

In der Regel arbeite ich mit Papierblöcken der Größe 20 x 20 cm, aber Sie können auch größere Formate wählen.

Mein neues Lieblings-Aquarellpapier:
Fluid 100 Cold Press Aquarellpapier (100 % Baumwolle):
Jeder Block enthält 15 Blätter à 300 g/m² und ist beidseitig gebunden, was ich gern mag. Auch wenn ich viel Wasser verwende, wellt es nicht und verzieht sich nicht.

Eine preisgünstigere und etwas größere Variante ist:
Canson XL Aquarellblock (23 x 30 cm)
Sehr preisgünstig (300 g/m²). Dreißig Blätter.

Das Skizzenbuch

Ich war nie ein Freund formaler Skizzenbücher. Ich skizziere manchmal, wenn ich Ideen ausprobiere, aber meist improvisiere ich. Damit bin ich viele Jahre gut gefahren. Aber eigentlich bin ich davon überzeugt, dass ein Skizzenbuch ein fantastisches Werkzeug ist. Hier können Sie alle inspirierenden Momente aufschreiben, ohne sich an eine Form halten oder ein Kunstwerk schaffen zu müssen. Sie können unordentlich sein, experimentieren, schreiben, zeichnen und einfach nur Spaß haben. Diese Energie nehmen Sie dann mit, wenn Sie anfangen zu malen und erhalten sich die Spontanität, die Sie auch beim Skizzieren erlebt haben. Machen Sie sich keine Gedanken um das Ergebnis und konzentrieren Sie sich ganz auf den Prozess.

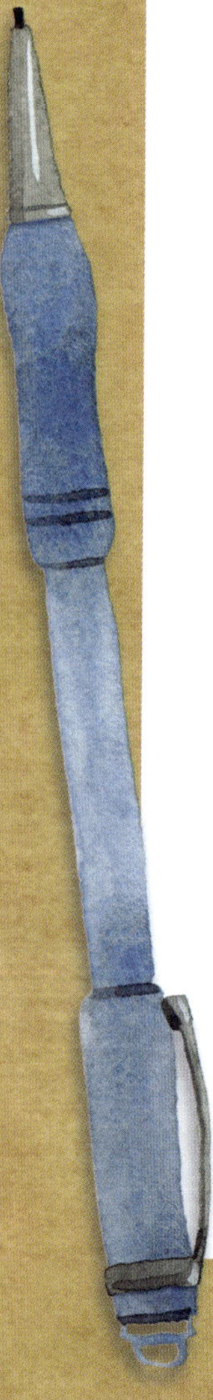

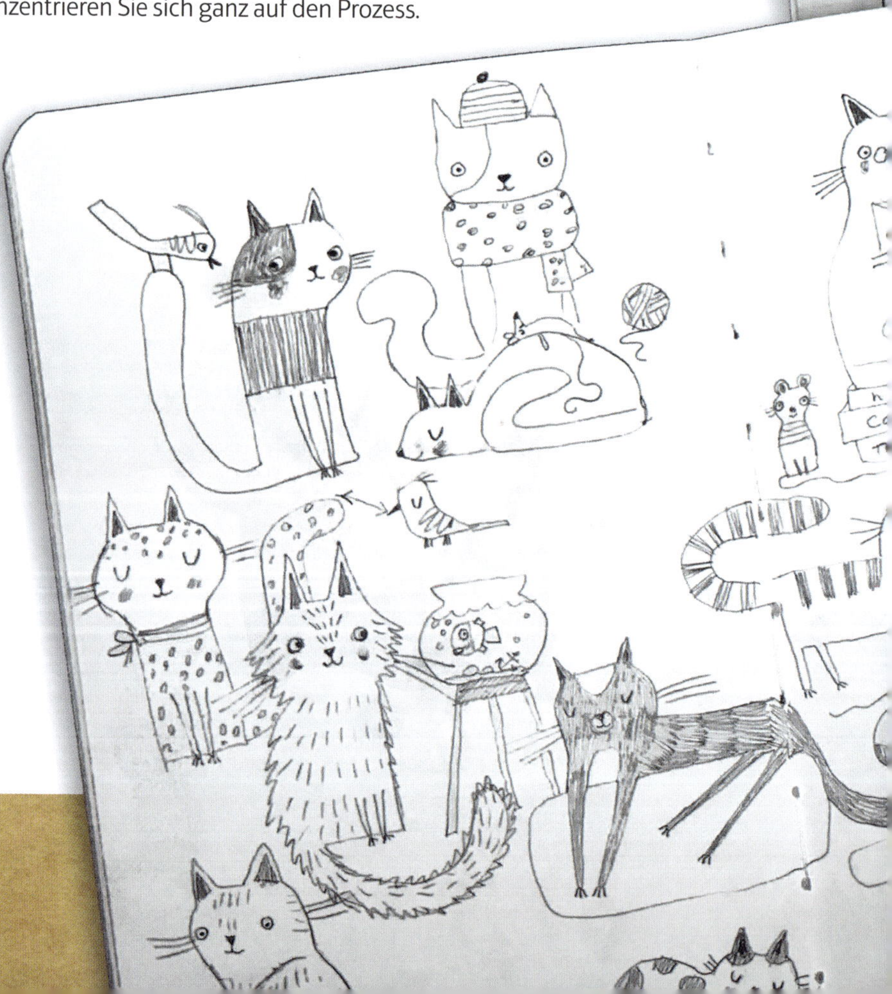

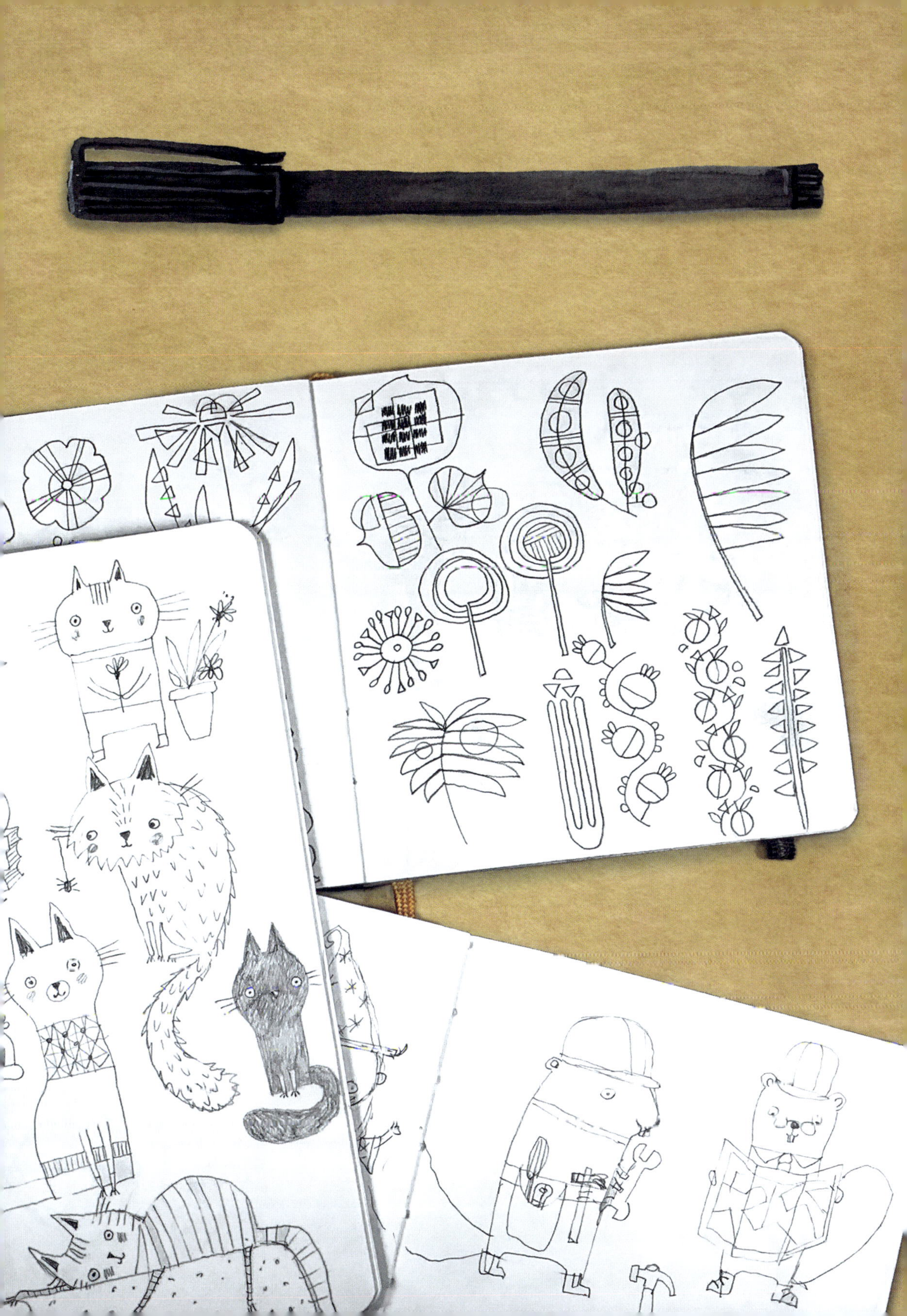

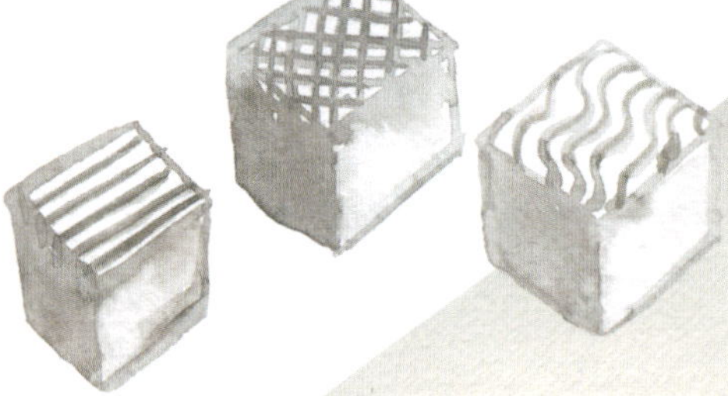
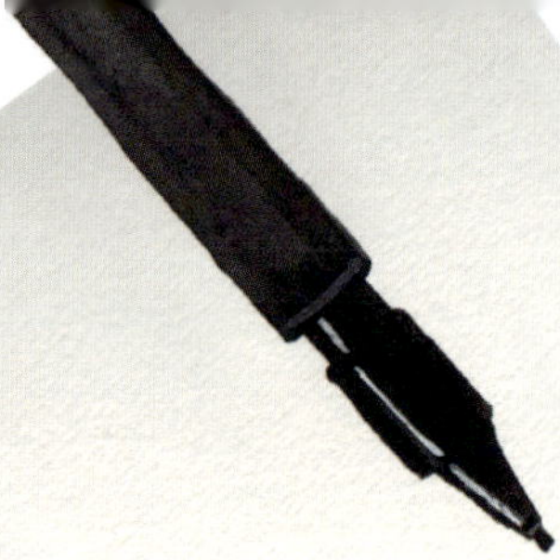
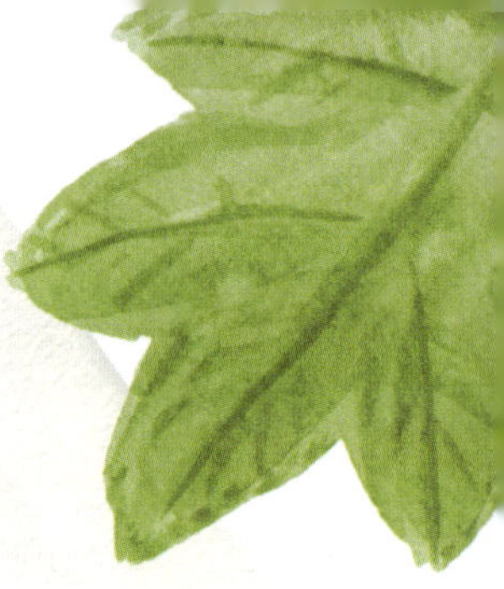

Andere Malwerkzeuge

Natürlich können Sie Farbe auch mit anderen Werkzeugen auftragen, zum Beispiel mit einer Feder, einem Blatt oder anderen Gegenständen mit texturierter Oberfläche. Sogar ein Stock eignet sich zum Malen. Ich empfehle Ihnen, viel und voller Freude mit den unterschiedlichsten Mitteln Farbe aufzutragen.

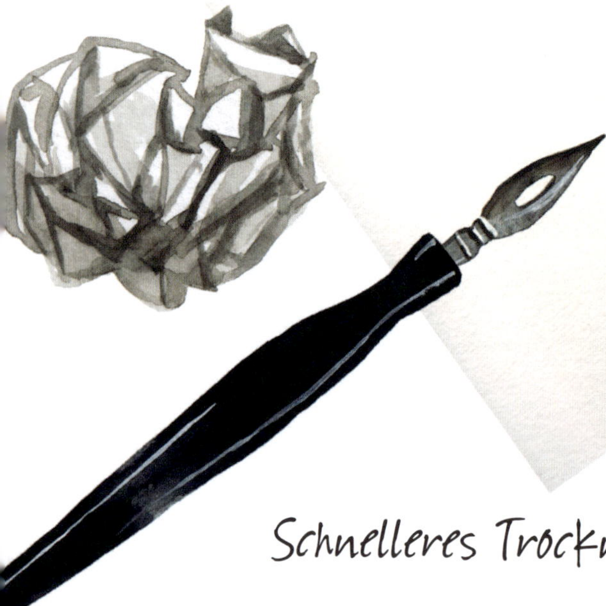
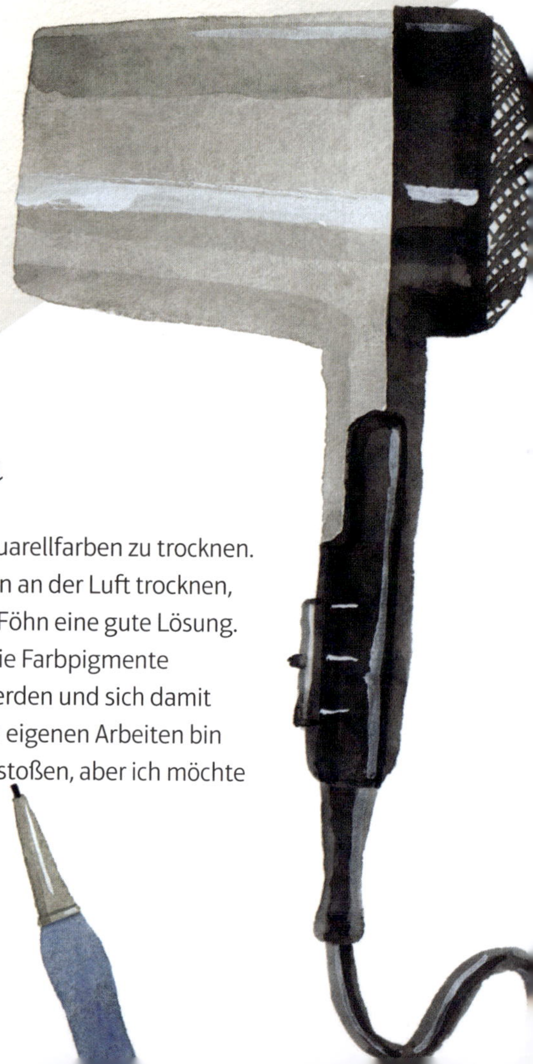

Schnelleres Trocknen

Verwenden Sie einen Föhn, um die Aquarellfarben zu trocknen. Natürlich ist es besser, wenn die Farben an der Luft trocknen, aber wenn die Zeit knapp wird, ist der Föhn eine gute Lösung. Angeblich verhindert der Föhn, dass die Farbpigmente vollständig vom Papier aufgesogen werden und sich damit im Laufe der Zeit auflösen. Bei meinen eigenen Arbeiten bin ich bisher nicht auf dieses Problem gestoßen, aber ich möchte es hier trotzdem erwähnen.

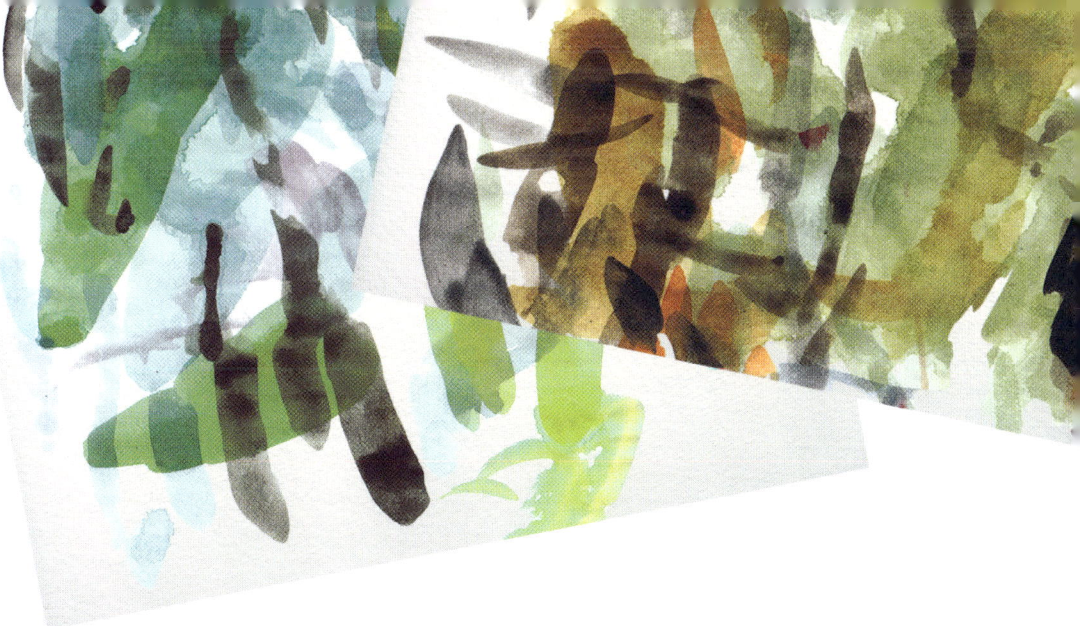

Aquarellstifte

Probieren Sie doch einmal Aquarellstifte aus. Sie sind wasserlöslich und man kann sehr vielseitig damit malen, was viel Spaß macht. Die Farben werden erst durch Hinzufügen von Wasser zu Aquarellfarben. Vor allem auf feuchten Oberflächen lassen sie sich gut auftragen, Denn der Stift wird beim Malen weich und buttrig und die Farben fangen an zu leuchten. Wie bei den meisten Aquarellfarben kann man das Ergebnis also nicht so richtig kontrollieren – lassen Sie sich einfach überraschen. Sie können den Stift auch vor dem Malen anfeuchten. Die Farben werden dann jedoch weniger leuchtend, als wenn Sie sie auf feuchtem Papier auftragen.

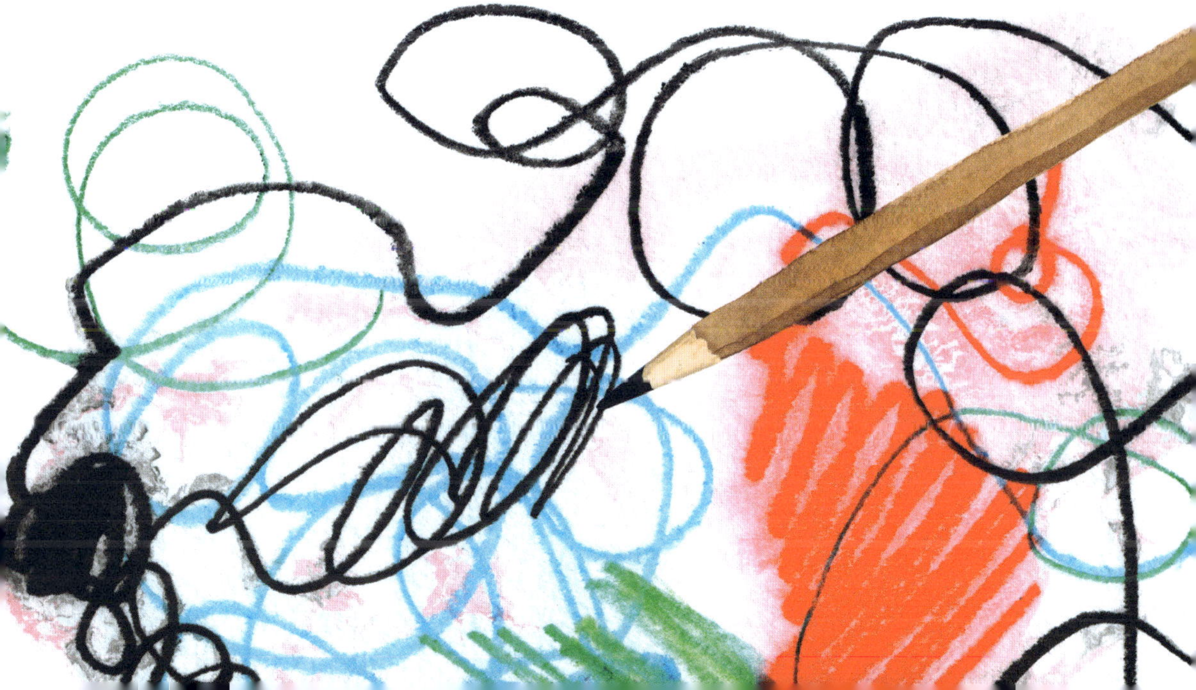

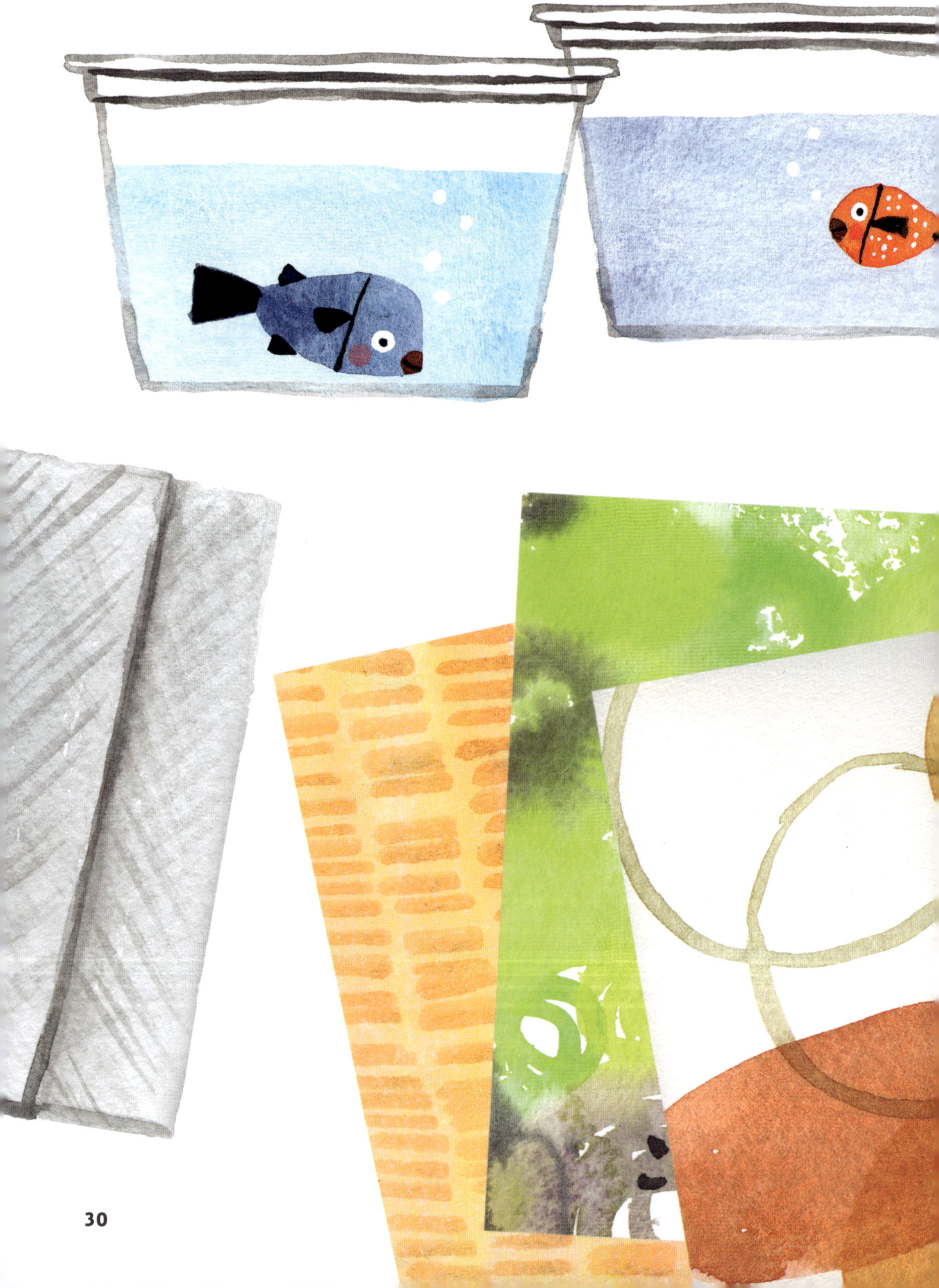

Weiteres Zubehör

Sie sollten mindestens einen, vorzugsweise aber zwei Wasserbecher bereitstellen. Im ersten Becher reinigen Sie den Pinsel grob von der Farbe. Im zweiten Becher mit sauberen Wasser entfernen Sie alle Farbreste und befeuchten die nächste Farbe.

PAPIERTÜCHER oder LAPPEN
zum Abtupfen überschüssiger Farbe auf dem Pinsel.

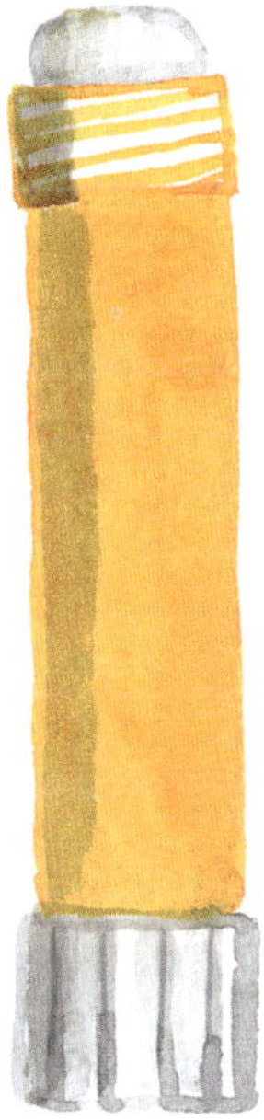

WEISSES SCHMIERPAPIER
Hier können Sie Sättigung (Leuchtkraft) und den Wert (Helligkeit) der Farben testen, bevor Sie den Pinsel auf dem Malpapier aufsetzen.

SCHERE und KLEBER
Vielleicht möchten Sie einen Teil eines Bildes ausschneiden und mit anderen Elementen in einer Collage oder mit anderen Medien kombinieren?

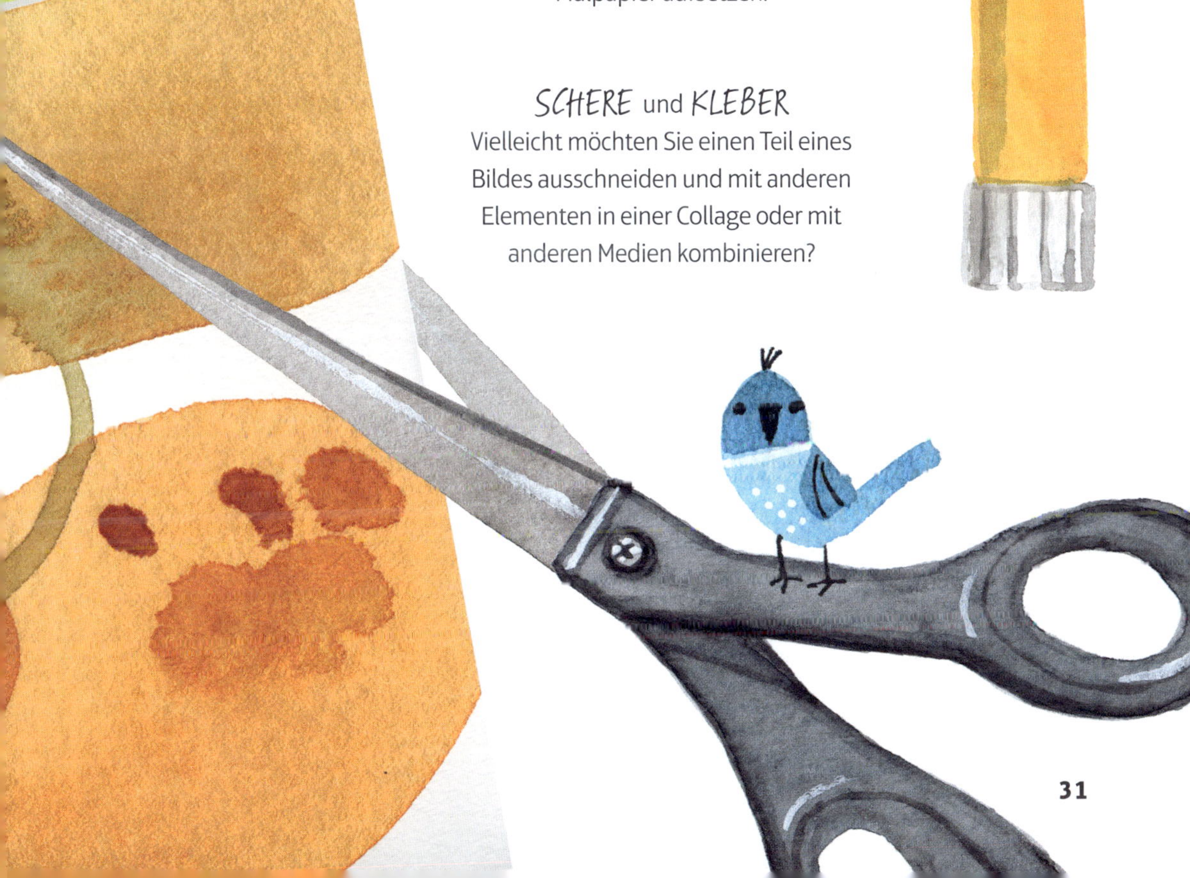

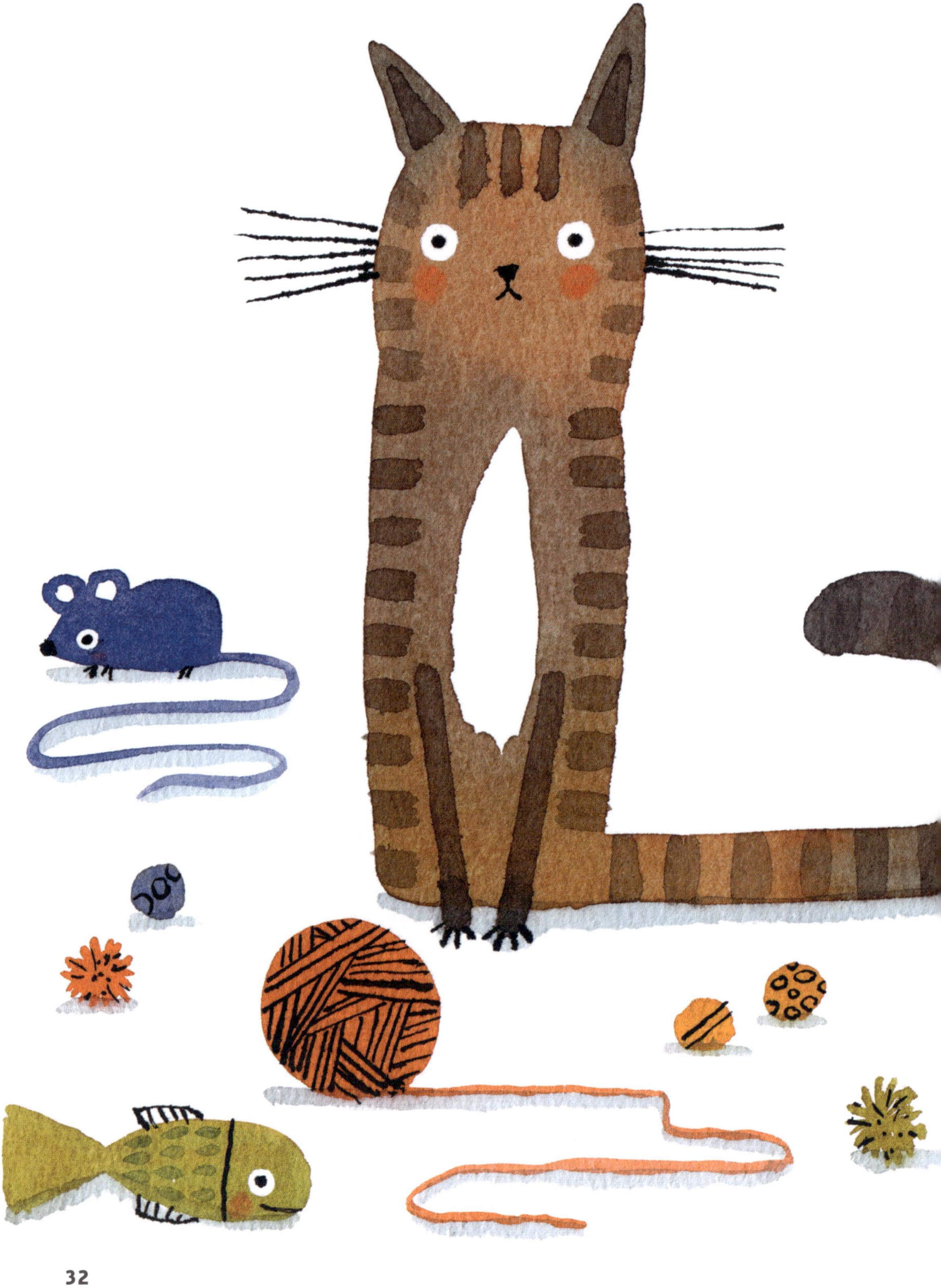

3

Bremsklötze

Der innere Kritiker

Es gibt immer einen guten Grund, aufzuhören oder keine Freude zu haben, ein Kunstwerk zu erschaffen. Der »innere Kritiker« kann uns diese Gründe wirklich anschaulich vor Augen führen. Er tritt in unterschiedlichen Verkleidungen auf, häufig in Form von perfekt aufeinander eingespielten Gedanken, die aus Missverständnissen erwachsen. Zudem ist er sehr geübt darin, Probleme zu erkennen, und tritt gern dann in den Vordergrund, wenn unsere Erinnerungen sich verselbstständigen oder Sie sich Ihrer Zukunft nicht mehr sicher sind. Häufig nimmt man eine solche Erinnerung gar nicht richtig wahr. Aber wenn Sie im Kopf entfacht wird, empfinden wir sie als wahrhaftig, selbst wenn sie nichts mit dem aktuellen Moment zu tun haben.

Solche Gedanken fühlen sich real an, weil wir sie nicht als das betrachten, was sie tatsächlich sind: einfache Gewohnheiten, die wir verfolgen, weil sie uns vertraut sind. Aber sobald wir daran glauben und sie füttern, können sie uns lähmen. Lassen Sie sich einfach nicht von ihnen einfangen. Sie müssen sich nicht damit beschäftigen! Ich betrachte sie gern wie ein Uhrwerk. Immer wenn ich etwas Neues beginne, mischen sich diese bekannten Gedanken ein. Ich fühle mich schlecht mit diesen Gedankengängen, aber auch vertraut. Wenn ich diese beiden Aspekte verbinde und begreife, dass in mir ein angeborenes Wohlbefinden ruht, nehme ich meine Kreativität und mein Leben auf völlig neue Weise wahr. Ich habe Ihnen einige Beispiele dafür zusammengestellt, wie sich der innere Kritiker zeigen kann.

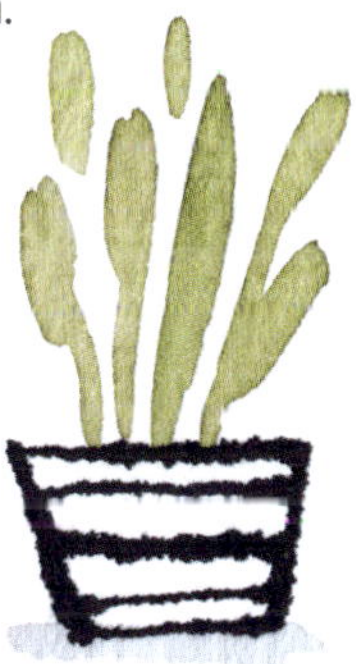

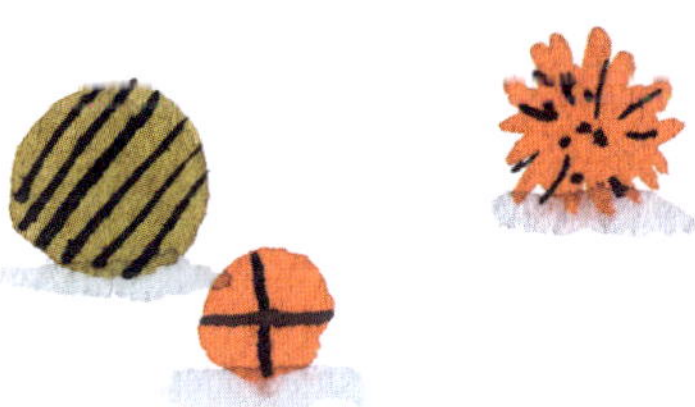

Die Angst vor dem weißen Papier

Schon beim Umgang mit Farben und der Annäherung an ein leeres Blatt Papier kann man Angst bekommen. Sie möchten kein Material verschwenden? Denken Sie daran, dass Malen ein Lernprozess ist. Alle Materialien, die Sie verwenden, dienen diesem wunderbaren Zweck und Ihrer Entdeckerfreude.

Sie wissen nicht, was Sie malen sollen? Auf Seite 52 finden Sie eine Liste mit Anregungen. Es gibt viele Dinge, die Sie anschauen oder suchen können, um Ihre Inspiration zu entfachen. Sie haben Angst vor dem Ergebnis? Vor einem leeren Blatt Papier zu stehen, kann schon erschreckend sein, vor allem wenn Sie hohe Erwartungen haben und das Ergebnis fürchten. Die meisten Künstler kennen dieses Gefühl. Die einzige Lösung: Springen Sie ins kalte Wasser! Seien Sie neugierig und werfen Sie alle Erwartungen über Bord. Außerdem finden Sie weiter hinten eine kleine Aufwärmübung, die Ihnen hilft, Ihre Angst zu überwinden.

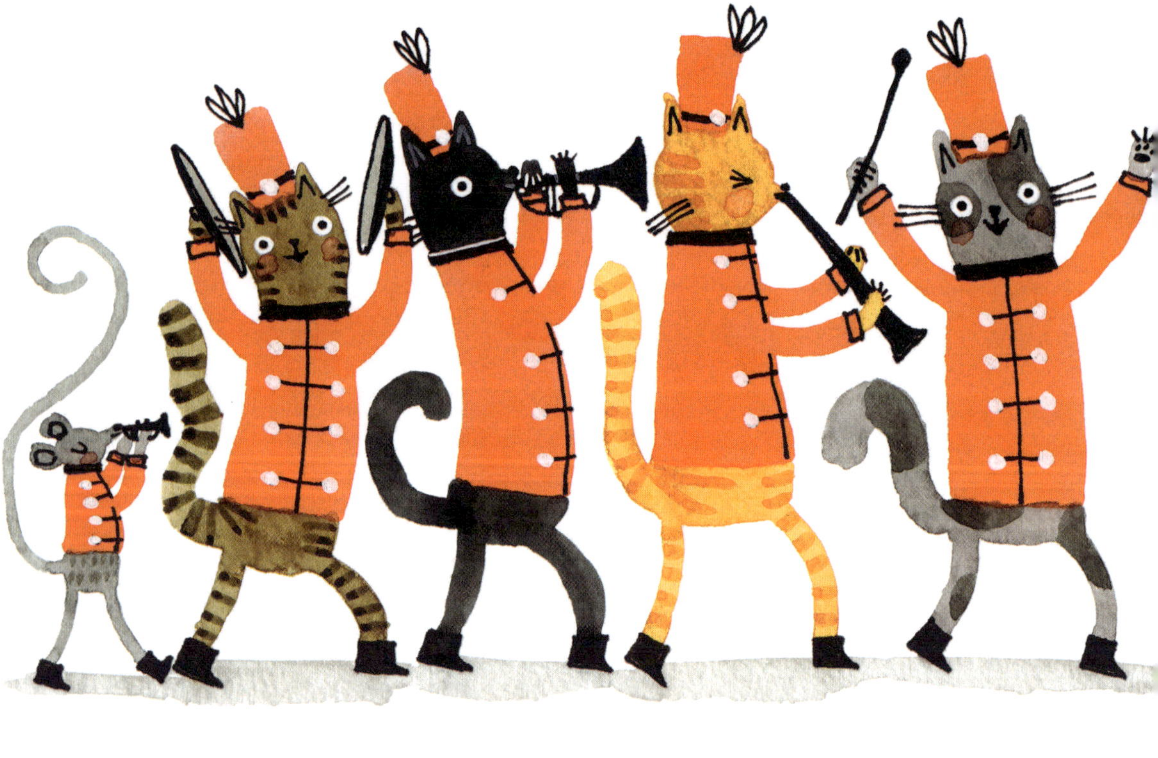

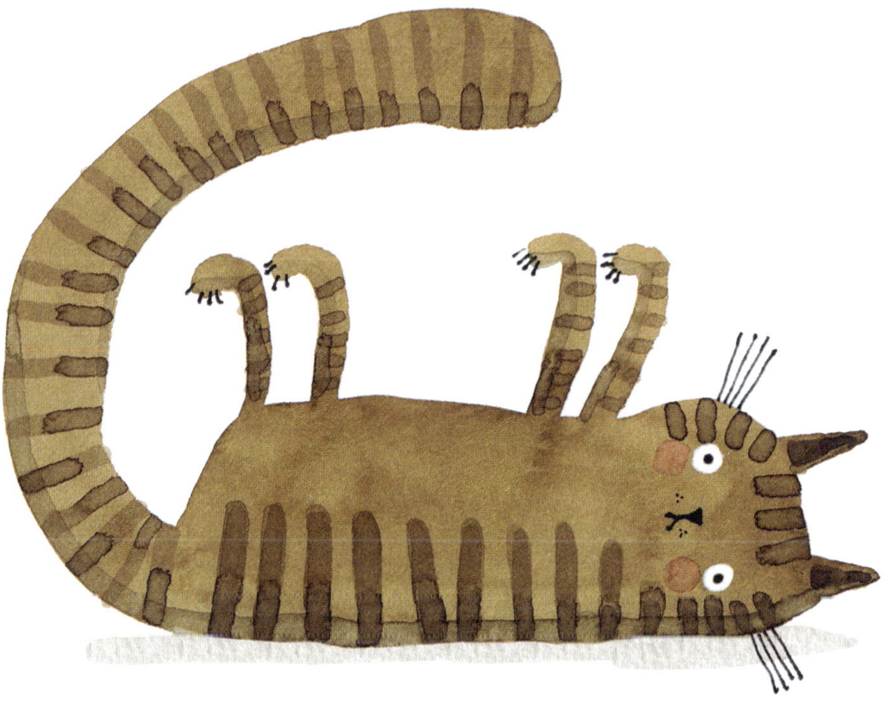

Versuchen Sie, das Papier als Einladung zu nehmen, Farbe zu verteilen und zu spielen statt als Aufforderung, ein Meisterwerk zu schaffen. Das macht den Sprung leichter. Je geringer Ihre Erwartungen sind, desto weniger schüchtert Sie das weiße Blatt ein.

Kreativität ist der Weg in ein Geheimnis, auf dem wir nicht wissen, was hinter der nächste Ecke lauert. Ihre Einstellung entscheidet darüber, ob Ihnen das Angst macht oder aufregend für Sie ist. Mir hilft es, neugierig und offen für alles zu sein, was geschieht. Die Neugier nimmt dann den Platz der Angst vor dem Unbekannten ein und ich fange an, mich auf das Unbekannte zu freuen.

Denken Sie daran: Was Sie erschaffen, sind nicht Sie. Unser Wert definiert sich durch unsere Persönlichkeit – das zu wissen, gibt mir viel Kraft. Sie sind eine wundervolle Person, der nichts hinzugefügt werden muss. Mit dieser Sichtweise können Sie kreativ sein, ohne dem Druck ausgesetzt zu sein, dass Ihre Kunst etwas über Sie als Mensch oder ihren Wert aussagt.

Das ist kreative Freiheit!

Perfektionismus

Perfektionismus basiert auf einem großen Missverständnis, denn man kann nicht nicht perfekt sein. Alles, was uns unvollkommen erscheint, enthält Vollkommenheit. Genauso wie unsere Persönlichkeit ist uns auch die Vollkommenheit eigen. Unsere Perfektion liegt in unserem natürlichen Wohlbefinden und unserer angeborenen Kreativität.

Nichts, das wir tun, kann von dieser Vollkommenheit abgezogen oder ihr hinzugefügt werden. Die Vollkommenheit der Unvollkommenheit können wir daher in der Explosion unserer Kreativität erfahren: Malen außerhalb vorgezeichneter Linien, ungeplante, spontane Punkte, die wir zeichnen, neue Farben, die sich unerwartet mischen usw. Diese Momente sind die perfekte Unvollkommenheit, die die Kreativität ausmacht.

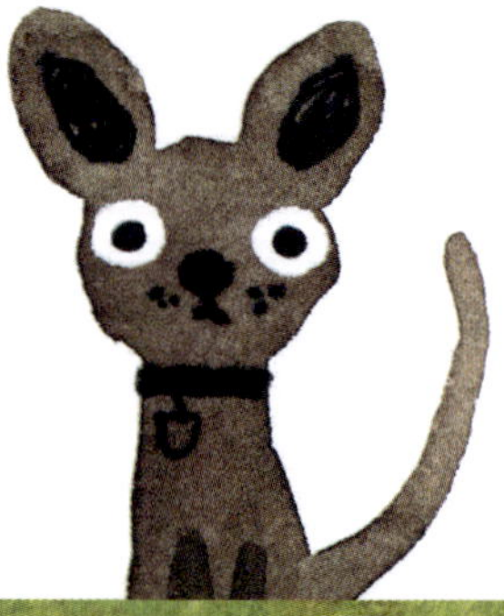

Das »Hochstapler-Syndrom«

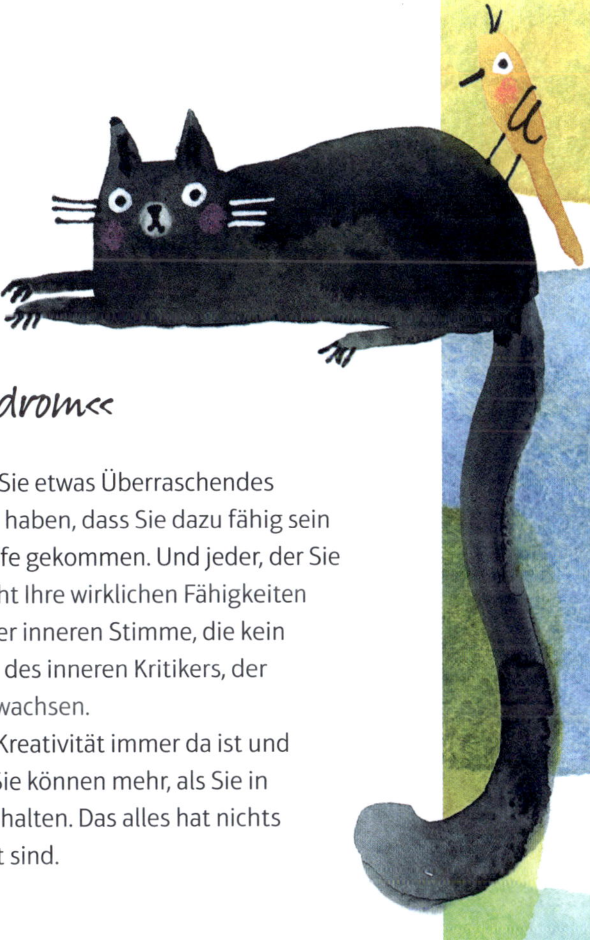

Dieses Gefühl kann entstehen, wenn Sie etwas Überraschendes geschaffen und nicht daran geglaubt haben, dass Sie dazu fähig sein würden. Als sei Ihnen der Zufall zu Hilfe gekommen. Und jeder, der Sie kennt, weiß, dass dieses Ergebnis nicht Ihre wirklichen Fähigkeiten widerspiegelt. Das ist die Sprache Ihrer inneren Stimme, die kein Kompliment entgegennehmen kann, des inneren Kritikers, der verhindert, dass Sie über sich hinauswachsen.

Aber denken Sie daran, dass Ihre Kreativität immer da ist und sich auf überraschende Weise zeigt. Sie können mehr, als Sie in Ihren kühnsten Träumen für möglich halten. Das alles hat nichts damit zu tun, was Sie als Mensch wert sind.

Schaffenskrisen gibt es nicht!

Schaffenskrisen oder Kreativblockaden sind ein bekanntes Problem vieler Künstler. Wir lernen, dass sie eine Realität sind, die uns alle ereilen kann und auf die sich jeder Künstler im Verlauf seines Lebens einstellen muss. Wie bereits erwähnt, Kreativität ist ein dauerhafter und allgegenwärtiger Flow ohne Anfang und ohne Ende. Wenn Sie eine sogenannte Kreativblockade haben, dann hat sich tatsächlich nur die Stimme Ihres inneren Kritikers in den Vordergrund gedrängt und lenkt Sie eine Zeit lang ab. Sie erzählt Ihnen zum Beispiel einen Tag oder eine Woche lang, das Sie blockiert sind. Denken Sie in solchen Momenten daran, dass Ihre Kreativität weiter lebendig ist und Sie diese lästigen Gedankenschleifen einfach vorbeirauschen lassen können. Arbeiten Sie weiter mit Pinsel und Papier, bleiben Sie in Ihrem Flow und gehen Sie nicht auf diese Gedanken ein. Dann werden Sie erkennen, dass Sie trotz des Gefühls, blockiert zu sein, kreativ sind.

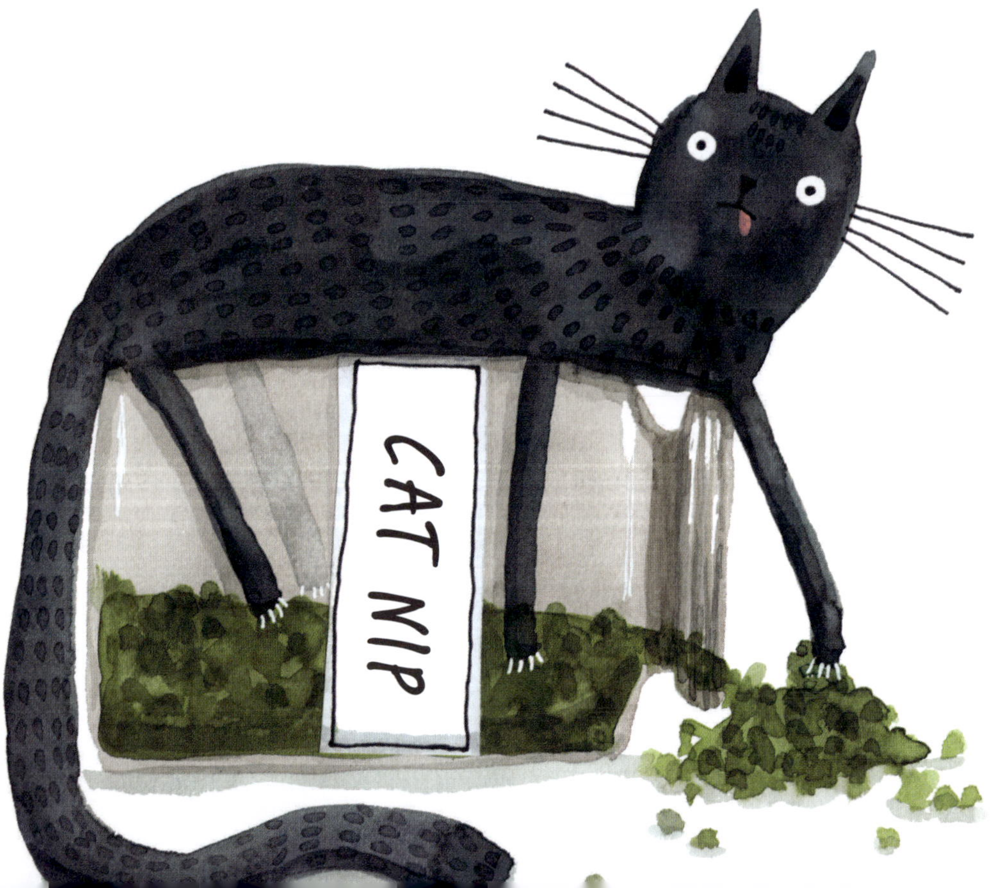

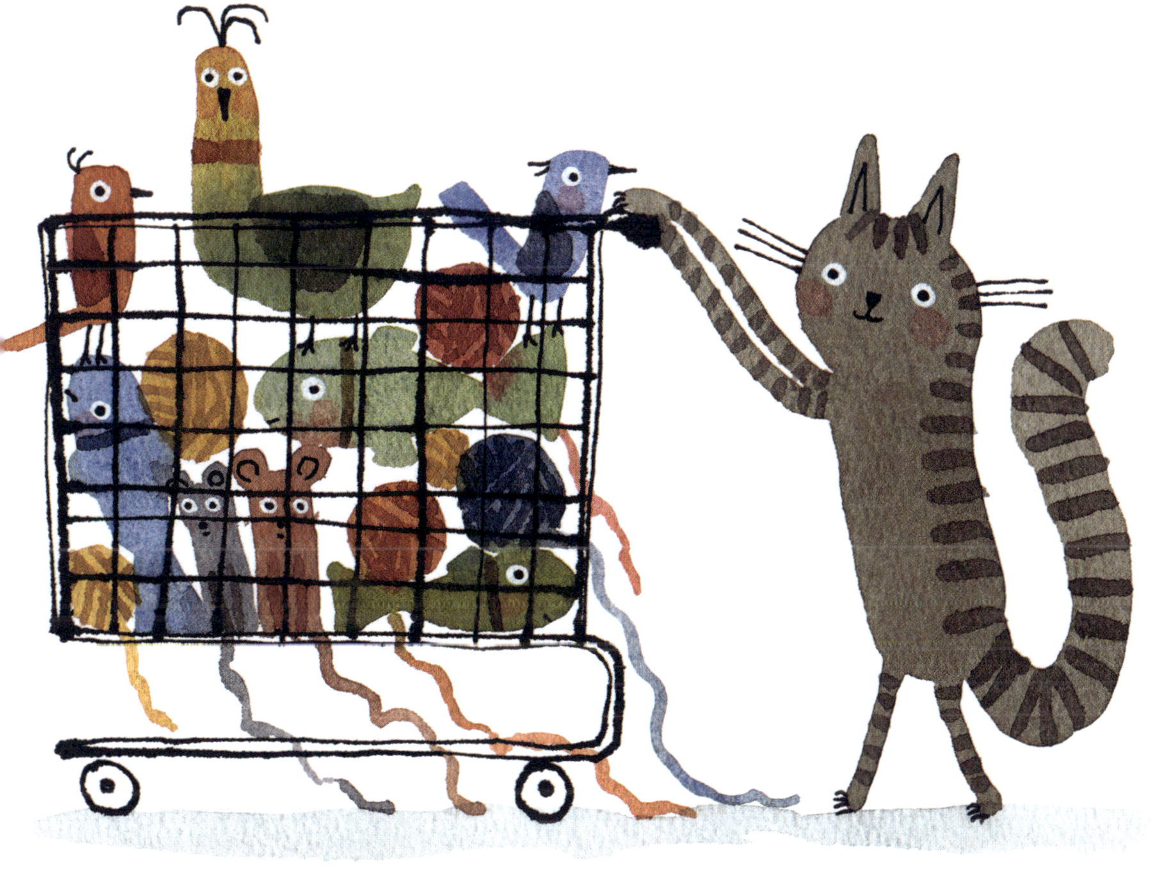

Ein Werk zu schaffen, muss nicht viel Zeit in Anspruch nehmen, das habe ich schon erwähnt. Bleiben Sie daher am Ball und sei es nur für fünf Minuten. Eine schnelle Skizze oder Kritzelei, einige Kleckse, Linien oder Punkte mit Aquarellfarben genügen schon, um den Dialog mit Ihrer allgegenwärtigen Kreativität aufrechtzuerhalten.

Wenn Sie in kurzer Zeit etwas Neues schaffen, wird das Ihrem Tag und Ihrem Leben unglaublich gut tun. Denn in diesem Moment schieben Sie Ihren inneren Kritiker und die Gedanken in Ihrem Kopf beiseite. Es geht nicht darum, dass Sie zielgerichtet etwas Tolles produzieren, sondern dass Sie sich in Achtsamkeit üben. Versuchen Sie es! Sie werden staunen, wie in fünf Minuten etwas Schönes entsteht, das Ihnen Kraft für Ihre nächsten Aufgaben verleiht.

Die »Hass« -Phase

Im Verlauf der Jahre habe ich festgestellt, dass ich regelmäßig durch eine »Hass-Phase« gehe. Ich habe eine Anregung oder eine gute Idee, fange an zu malen oder folge einfach einem neuen Impuls. Und dann taucht plötzlich mitten in diesem Prozess mein innerer Kritiker auf und protestiert ganz laut: »Das ist nicht richtig!«

Solche Momente treten unverhofft immer wieder auf, wie bei einem Uhrwerk. In solchen Momenten hasse ich meine Arbeit wirklich. Doch ich bin froh, dass ich gelernt habe, diese Gedanken als Gewohnheiten einzuordnen, die mich nur davon abhalten, etwas zu tun oder nicht zu tun. Aber da ich weiß, wie diese Gewohnheiten ticken, lasse ich sie – häufig von einem leisen Lächeln begleitet – vorüberziehen und bin weiter kreativ. So wie alle negativen Gedanken, verschwinden auch diese umso schneller, je besser ich sie erkenne, je weniger ich auf sie eingehe und je schneller ich meinen Schaffensprozess fortsetze.

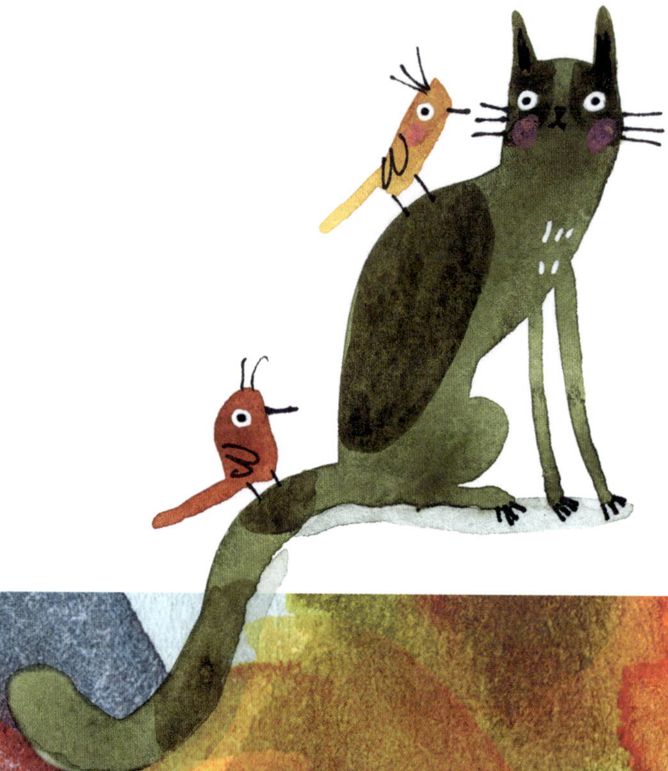

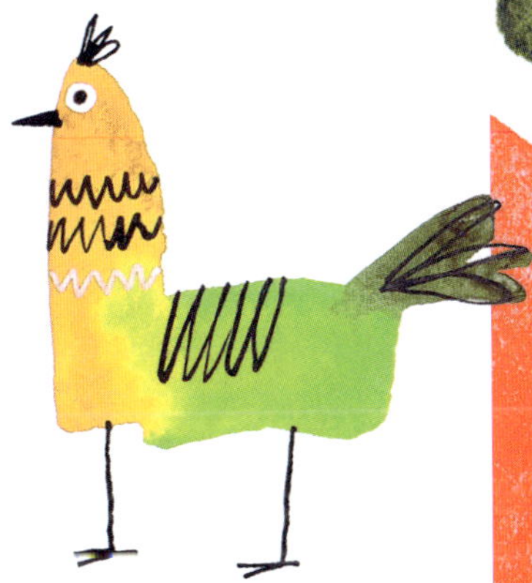

Einige letzte Gedanken zum inneren Kritiker

Was, wenn es so etwas wie das Scheitern gar nicht gibt? Was, wenn der kreative Zauber in dem liegt, was wir für Fehler halten? Ich kann gar nicht zählen, wie oft ich durch meine Fehler neue, aufregende Richtungen gefunden habe. Sie können sogar Dinge, die nicht funktionieren, als wundervollen Teil einer Reise werten, auf der Sie etwas Neues lernen. Jede Erfahrung macht unsere kreative Entdeckungsreise reicher und ist ein wertvoller Teil des Prozesses.

Dieser Umgang mit den turbulenten Gedanken und Gefühlen Ihres inneren Kritikers soll Sie ermutigen, Ihren Schaffensprozess fortzusetzen, gegenwärtig zu sein und zu genießen. Lassen Sie den inneren Kritiker vorbeirauschen wie eine Wolke, die am Himmel zieht. Seine Stimme sind die leisen, flüchtigen Erinnerungen, die keinen Bezug zum Jetzt haben.

Jeder Augenblick ist neu, rein und voller Möglichkeiten.

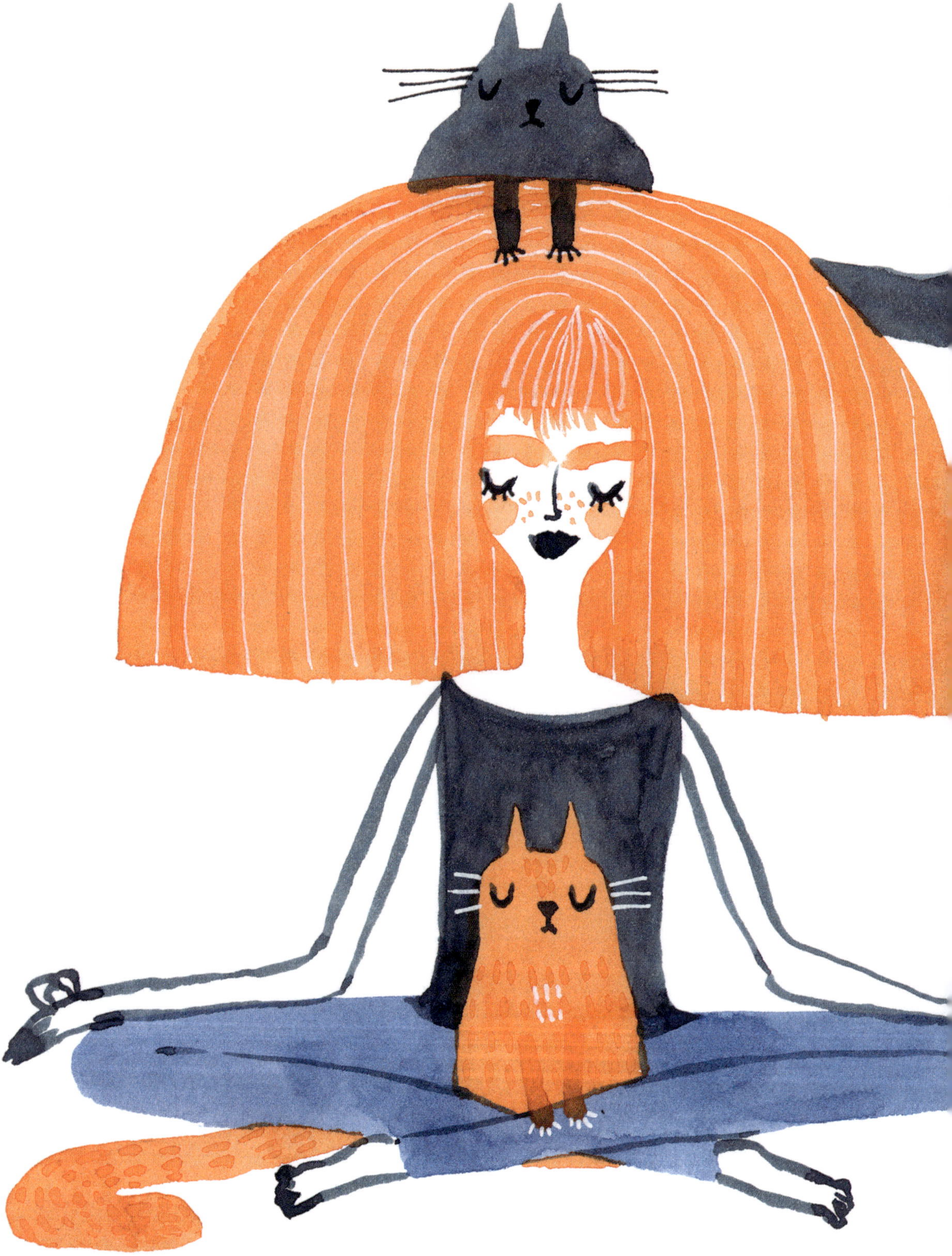

4

Achtsamkeit und Präsenz

Seien Sie aufmerksam

Lehnen Sie sich jetzt, beim Lesen dieses Buches, zurück und nehmen sie aufmerksam wahr, wie Sie diese Worte lesen. Ich nenne diese Übung das »Bewusstsein für den Augenblick«. Auch beim Malen sollten Sie sich immer einen Moment lang darauf konzentrieren, wie die Farben leuchten, wie der Pinsel beim Mischen durch das Wasser wirbelt. Achten Sie bewusst darauf, wie sich das Papier anfühlt, wie der Pinsel aufsetzt und wie die Farbe verläuft. Jeder Augenblick ist ein Geschenk, eine neue Erfahrung. Alles daran ist wahr.

Tauchen Sie tief in das Bewusstsein für den Augenblick ein, dann nehmen Sie mit Freude wahr, was genau jetzt geschieht. Natürlich werden Gedanken an die Vergangenheit und Zukunft auftauchen. Nehmen Sie auch diese wahr und wenden Sie sich bewusst wieder dem Augenblick zu. Es gibt einige Dinge, denen Sie besonders viel Aufmerksamkeit schenken sollten. Sie alle sind natürliche Eigenschaften eines jeden Menschen.

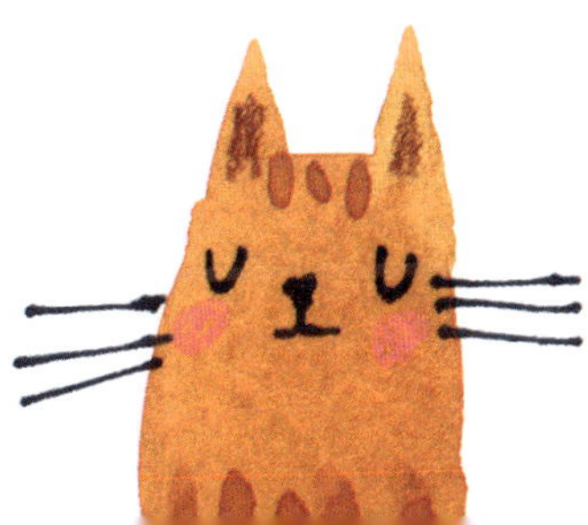

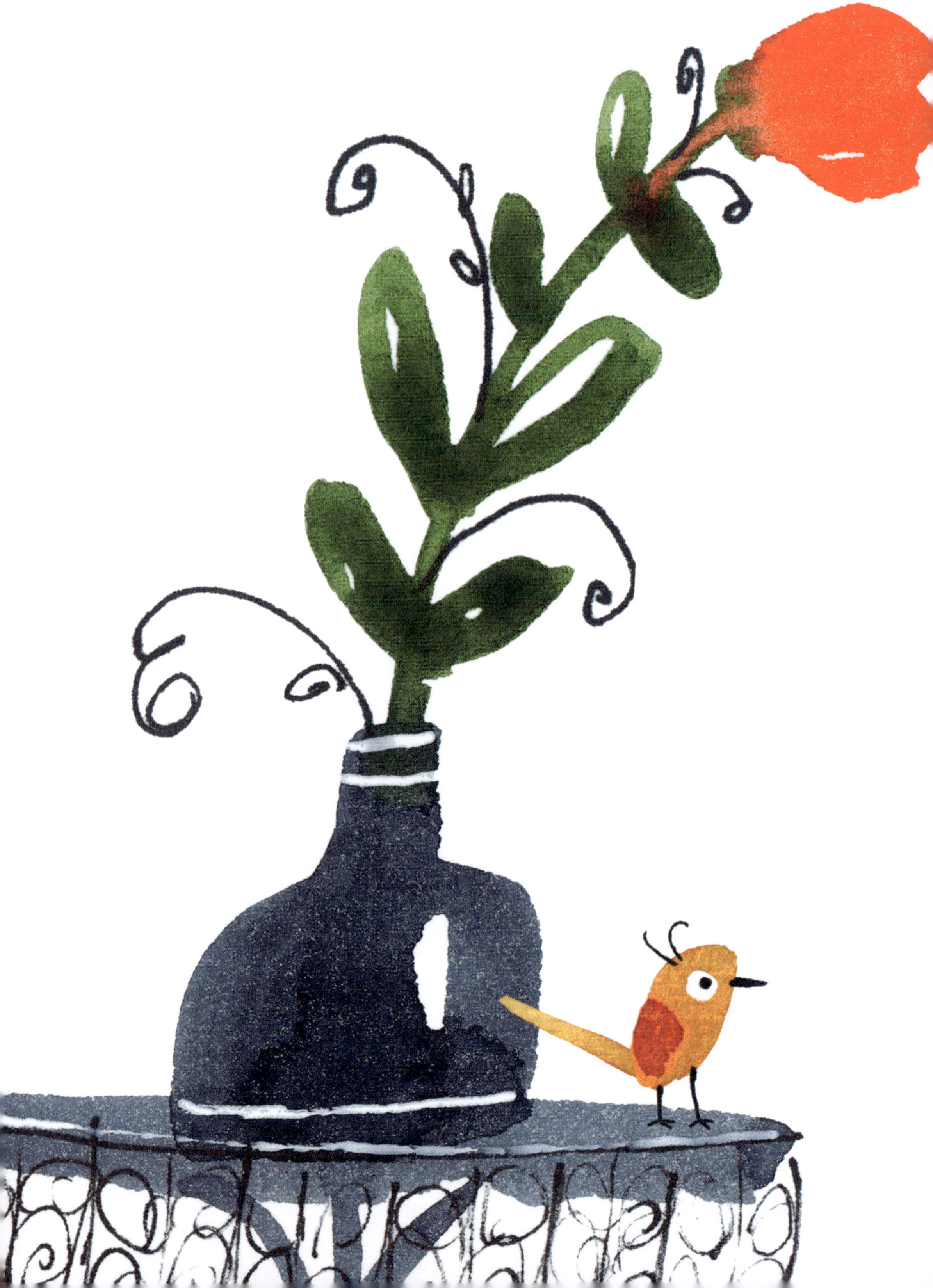

Neugier

Neugier ist ein Türöffner für Ihre Kreativität. Sie können zum Beispiel auf Pinterest oder Instagram nach interessanten Ideen suchen. Oder Sie sammeln Informationen zu einem bestimmten Künstler oder einer Künstlerin. Gibt es etwas, das Sie an seiner oder ihrer Kunst besonders spannend finden? Dann sollten Sie mehr dazu herausfinden und es als Inspiration für Ihr eigenes Werk nutzen. Solche Informationen können der Funke sein, der Sie aus dem automatisierten Denken befreit und Ihre eigene Kreativität entfacht. Achten Sie auf solche Momente und folgen Sie ihnen. Sie führen Sie ins Unbekannte, öffnen Ihre Lernbereitschaft und lassen Ihre Kreativität wachsen.

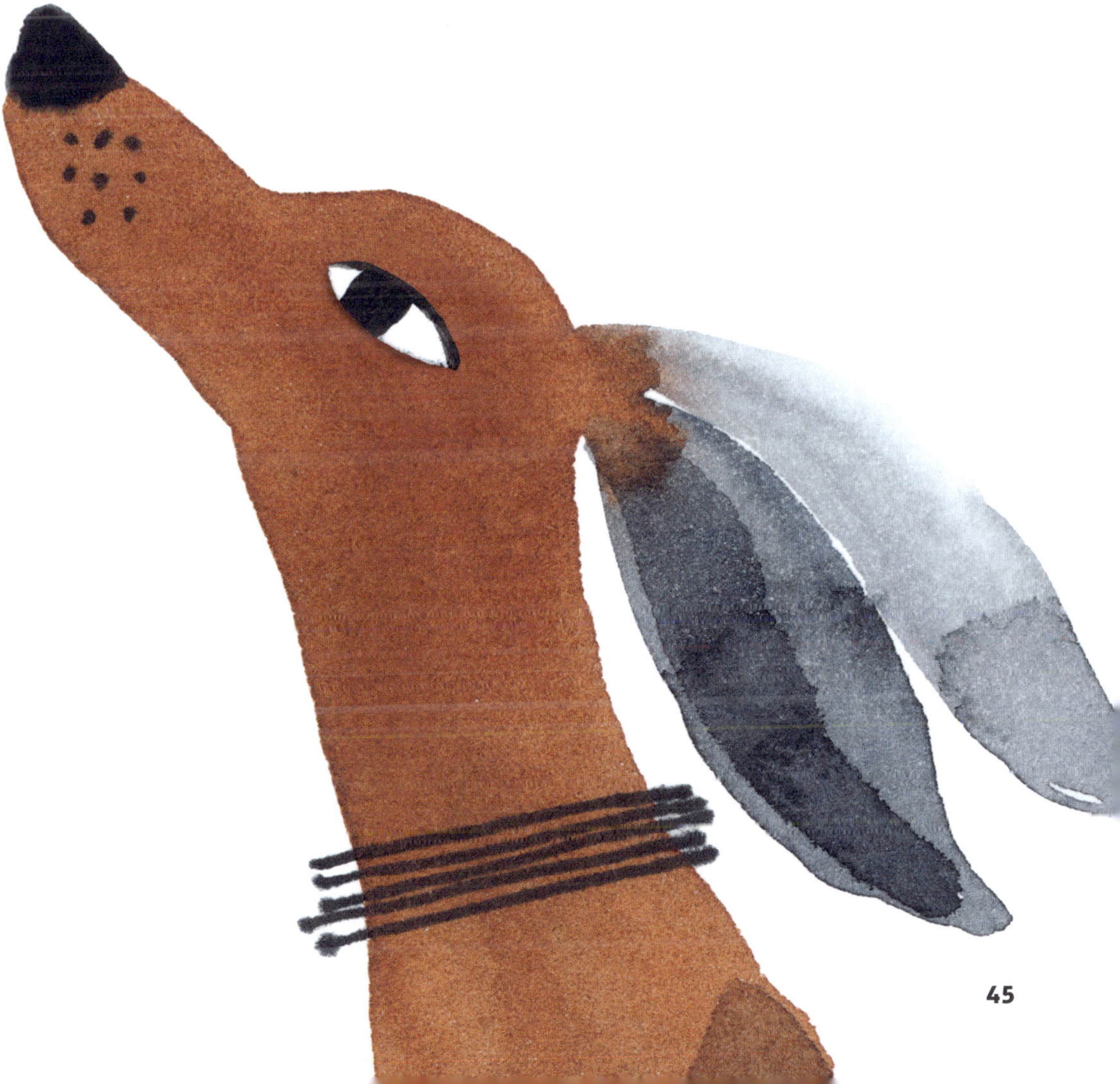

Inspiration

Genau wie die Neugier kann Sie die Inspiration wie ein Paukenschlag treffen, aber oft schleicht sie sich auf leisen Sohlen an. Sie wirkt wie ein Motivator, hebt die Stimmung und das Selbstbewusstsein und löst Gedanken aus wie »Ich kann das« oder »Ich will das probieren« . Leider verpufft sie oft schnell. Dann suchen Sie weiter, lassen Ideen unbemerkt an sich vorbeiziehen und ignorieren diese Aufrufe und Einladungen Ihrer Kreativität.

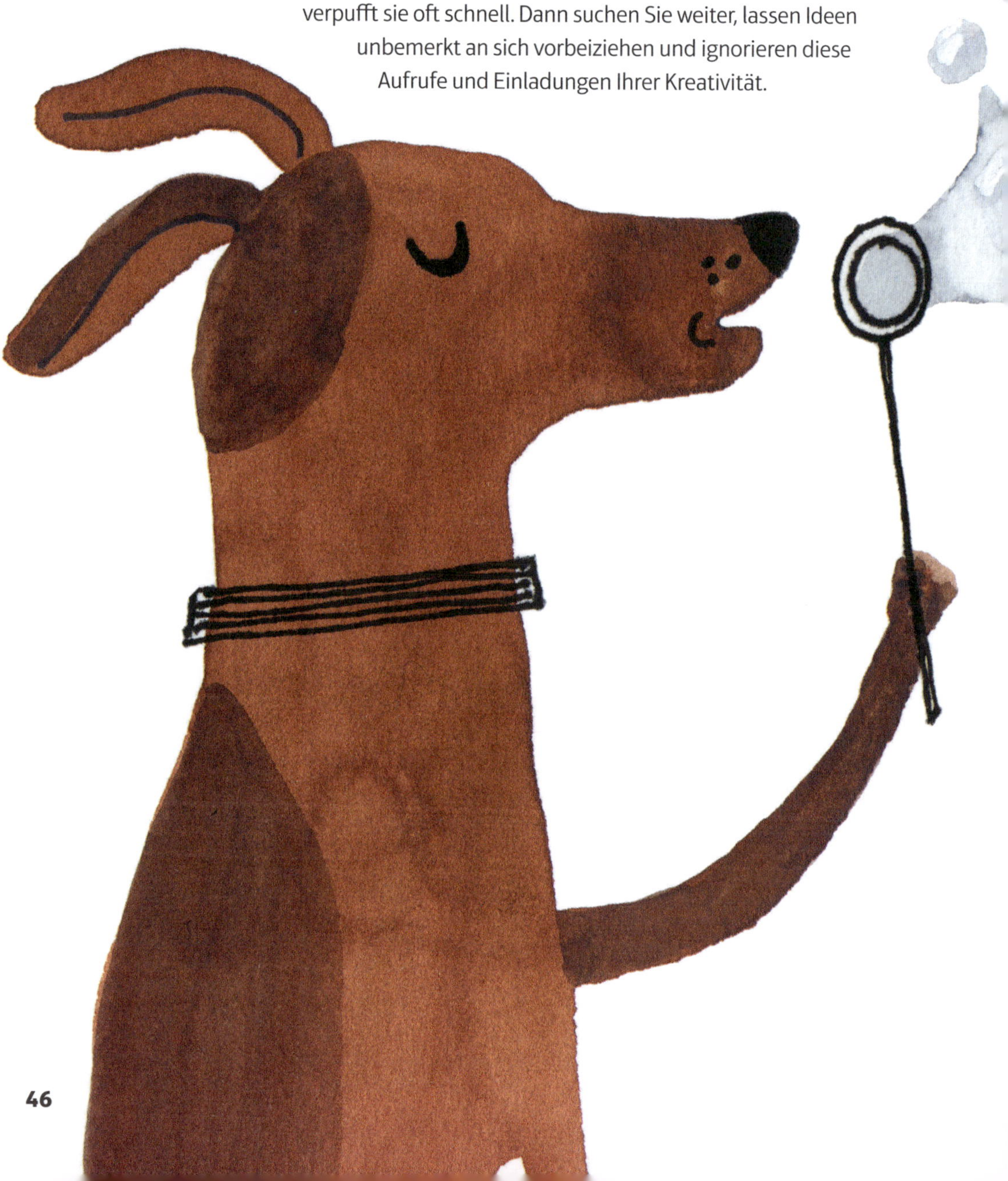

Betrachten Sie die Dinge, die Ihnen ins Auge fallen, mit Aufmerksamkeit. Nehmen Sie inspirative Momente wahr, egal wie still oder unauffällig sie sind. Sie alle werden Ihren kreativen Output verändern, denn sie stecken voller neuer Möglichkeiten – Sie müssen nur bereit für Neues sein. Hören Sie auf, das Internet zu durchsuchen. Greifen Sie nach Farben, Pinsel und Papier und fangen Sie an. Erkunden Sie die Inspiration, nur um Freude zu haben. Damit wird sich der Zauber ausbreiten und das Geheimnis des Neuen lüftet sich. Wenn Sie nun noch Ihren inneren Kritiker ignorieren, wird sich Ihre Kreativität immer wieder neu erfinden.

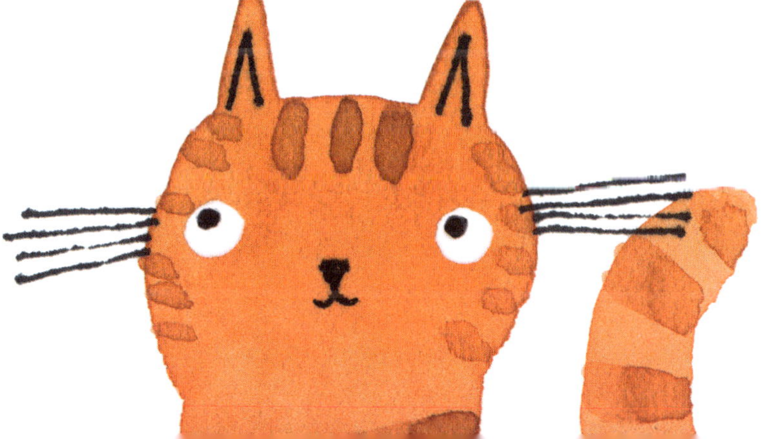

Malen geht auch ohne Inspiration

Die Inspiration findet Sie überall: egal, wohin Sie gehen oder wie Sie sich weiterentwickeln. Doch häufig bleibt sie unbemerkt. Selbst wenn Sie etwas Kreatives schaffen möchten, ein wenig üben oder wissen, wie viel Freude Sie am Malen haben, stellt sich die Inspiration nicht so richtig ein. Sie haben keine Idee oder alles, was Ihnen einfällt, scheint uninteressant. Doch auch in dieser Situation sollten Sie einfach anfangen und damit Ihre Kreativität einladen, Sie zu begleiten.

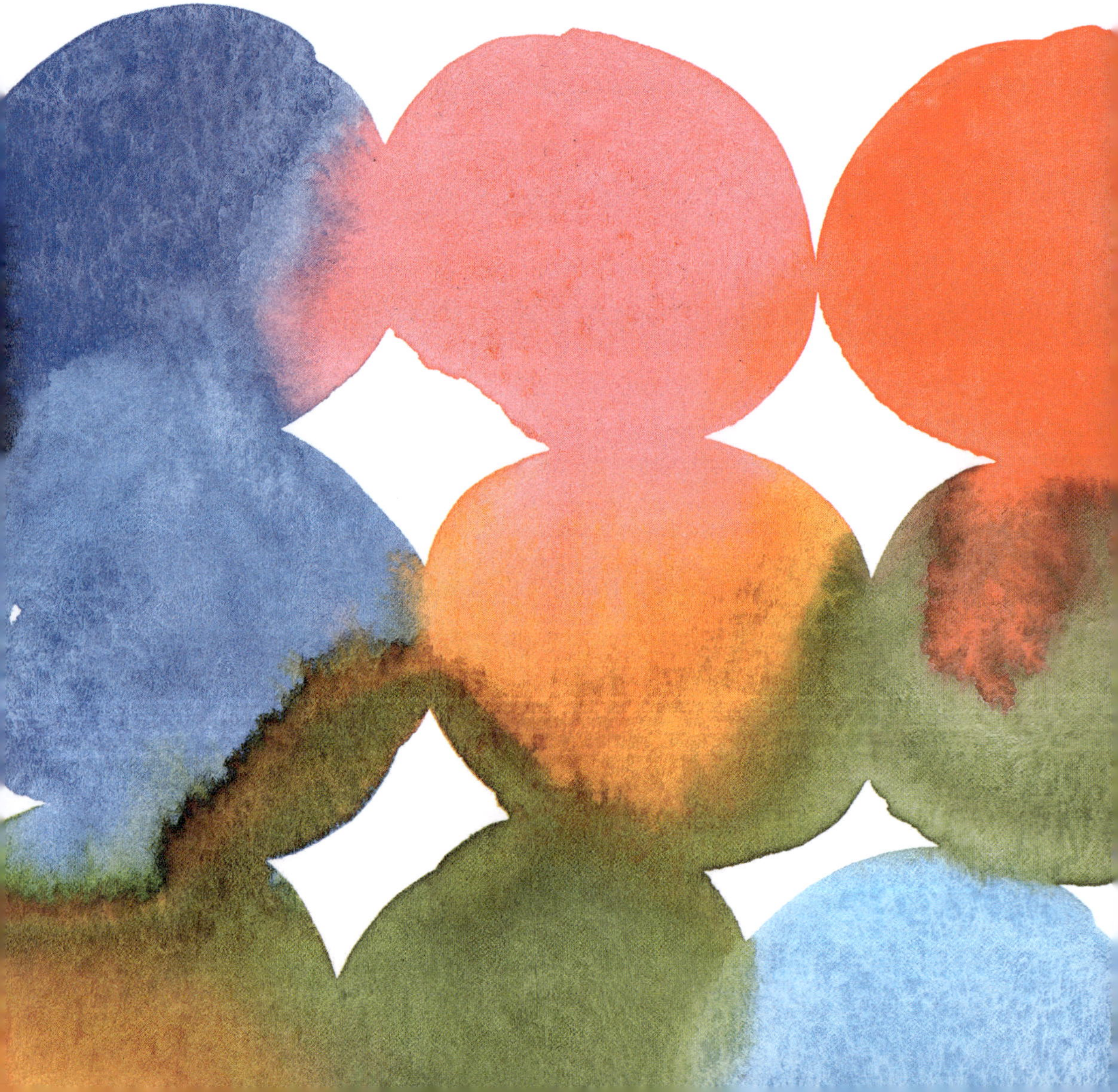

Häufig beginne ich meine kreative Sitzung, indem ich ein wenig in Pinterest »recherchiere« . Selbst wenn ich keinen richtigen Antrieb habe, verleiht mit der Blick auf Farben, Formen und Fotos manchmal neuen Schwung. Und das ist der Moment, in dem sich die Kreativität entfaltet. Aus den einfachsten Formen, Linien oder Farben können dann die erstaunlichsten Bilder wachsen. Selbst wenn die »Hass-Phase« nie zu Ende zu gehen scheint, war ich kreativ – und das ist keine verlorene Zeit. Betrachten Sie es als Verabredung mit sich selbst oder Ihrer Muse. Denken Sie nicht über das Ergebnis nach, sondern lassen sich einfach auf den Prozess ein.

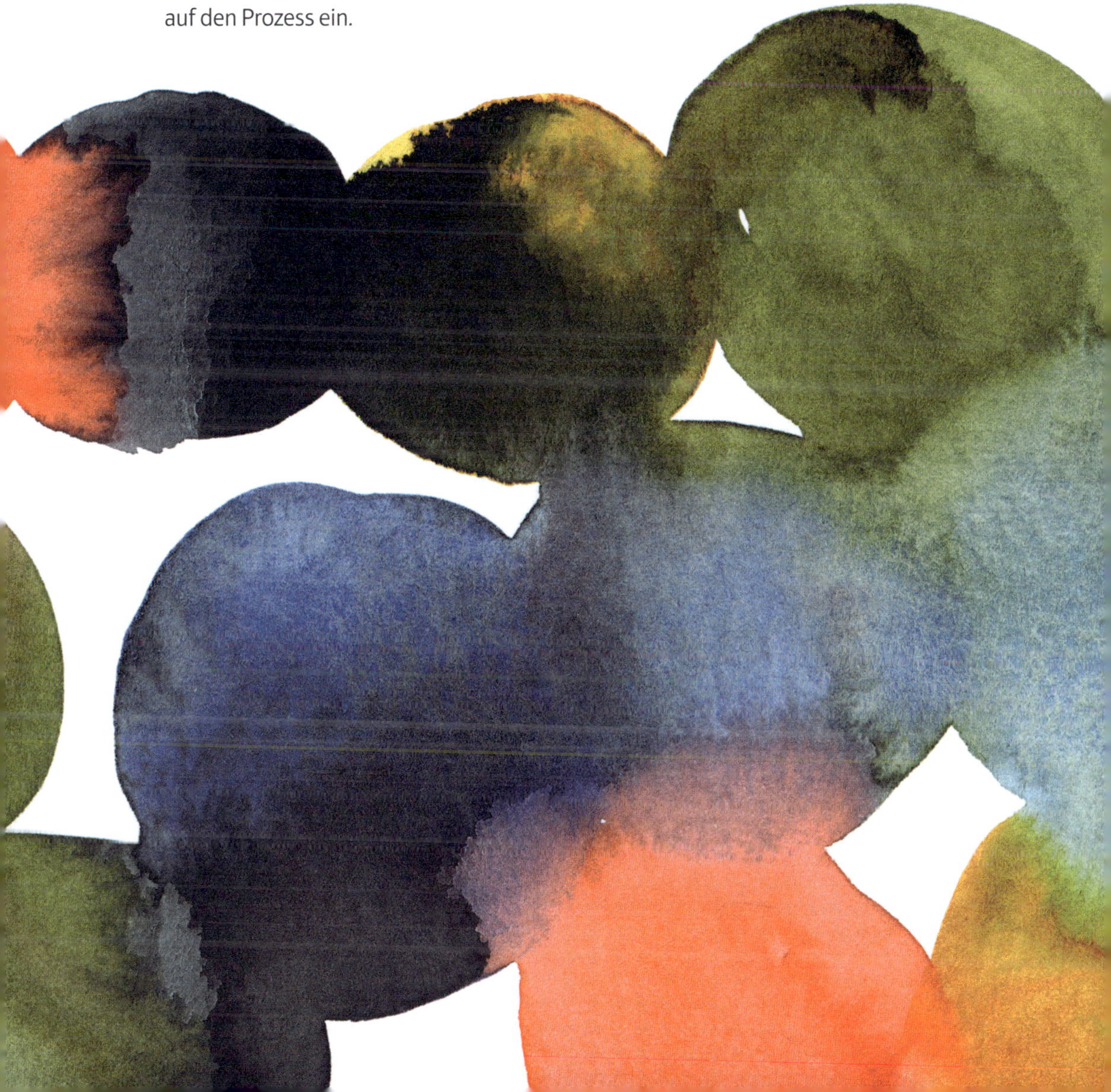

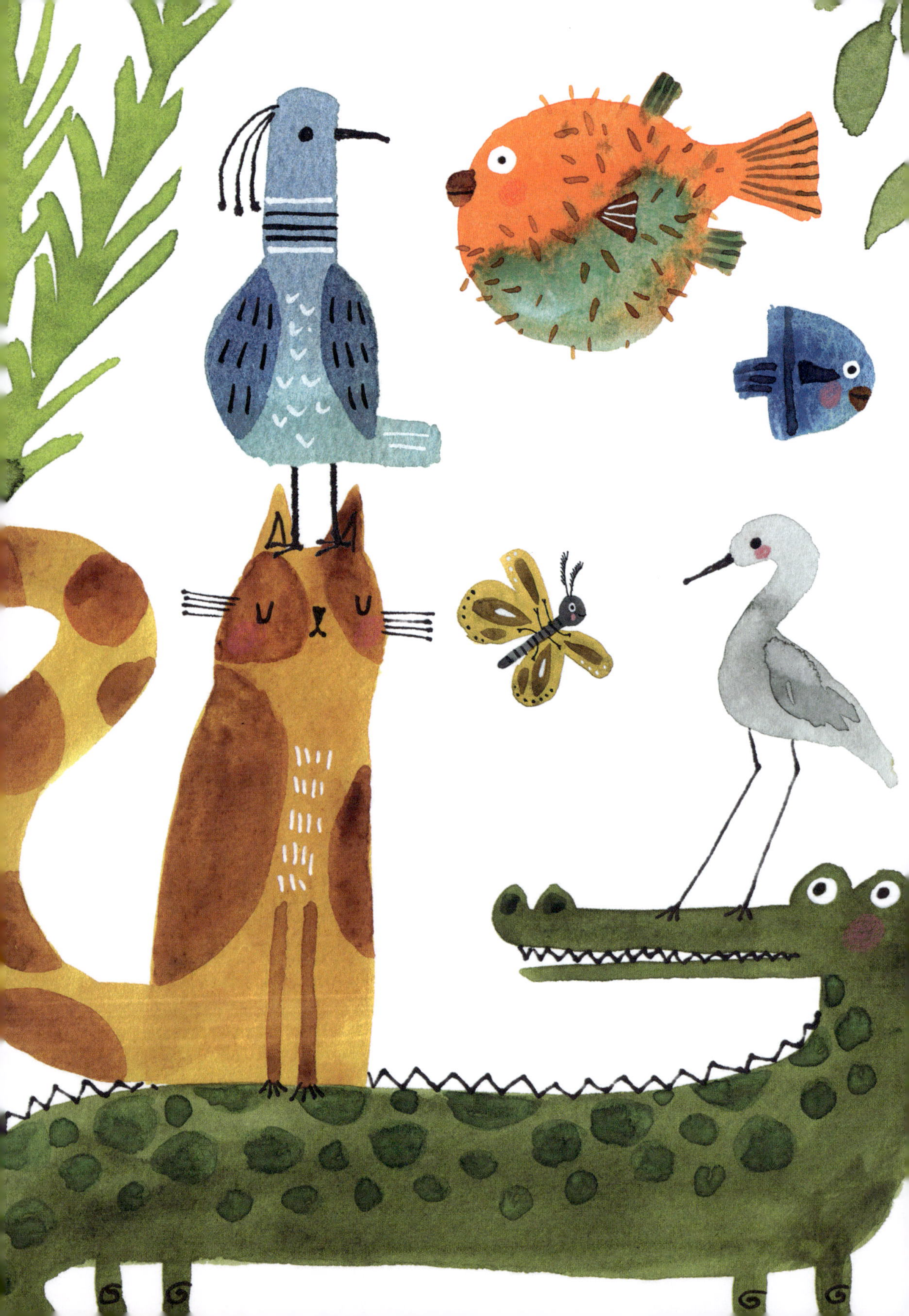

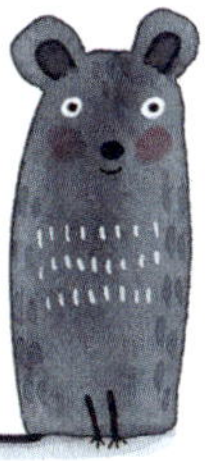

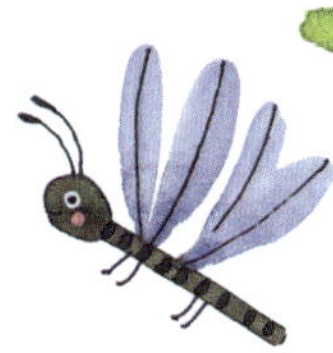

Projekt 1:

30 Tage malen

Wir starten nun mit unserem ersten Projekt. Dabei sollen Sie jeden Tag ein Bild malen – dreißig Tag lang. Dadurch, dass Sie jeden Tag ans Werk gehen, »üben« Sie Kunst und treten in einen Dialog mit Ihrer Kreativität.

Fangen Sie mit fünf Minuten an und arbeiten Sie dann immer länger. Es ist nicht so wichtig, wie lange Sie malen, sondern dass Sie aktiv sind. Spielen Sie mit allem, was Ihnen in den Sinn oder vor Augen kommt, und konzentrieren Sie sich voll und ganz auf den Prozess – nicht auf das Ergebnis, denn Sie haben kein bestimmtes Ziel. Sie müssen die folgende Aufgabenliste ist nicht zwingend einhalten, können sie aber als Anregung nutzen. Sie können konkrete Gegenstände malen, aber vielleicht entstehen daraus auch neue Ideen. Hören Sie immer auf Ihre eigene Inspiration. Am Anfang kann eine Aufgabe stehen, Sie können recherchieren, zufällig malen, sich von der Natur, einem Foto oder einem Gegenstand auf Ihrem Schreibtisch inspirieren lassen. Aber vielleicht kommt Ihnen auch einfach etwas in den Sinn, wenn Sie die Hand über das Papier bewegen. Wichtig ist, dass Sie anfangen, aufmerksam bleiben und schauen, was passiert.

TAGE 1 BIS 5
Wählen Sie einen Gegenstand aus der Aufgabenliste.

TAGE 6 BIS 10
Kombinieren Sie zwei unterschiedliche Gegenstände.

TAGE 11 BIS 15
Kombinieren Sie drei unterschiedliche Gegenstände.

TAGE 16 BIS 30
Experimentieren Sie fünfzehn Tage lang – jeden Tag.

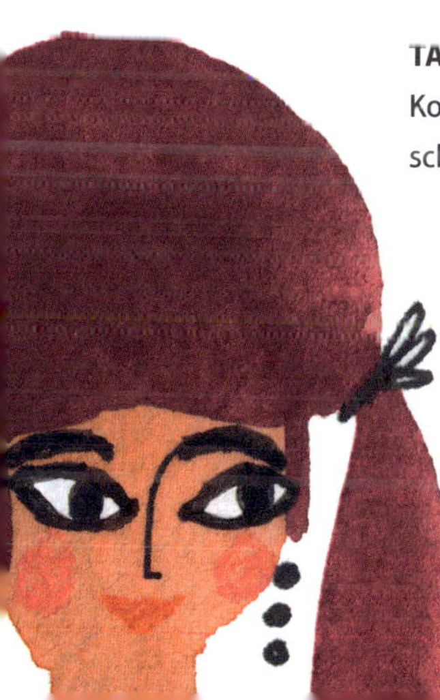

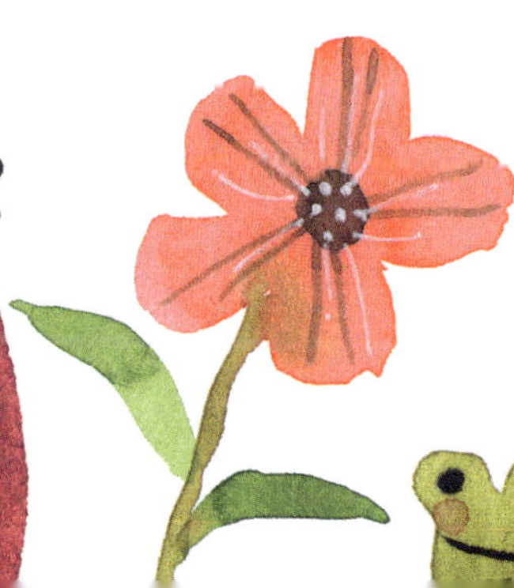

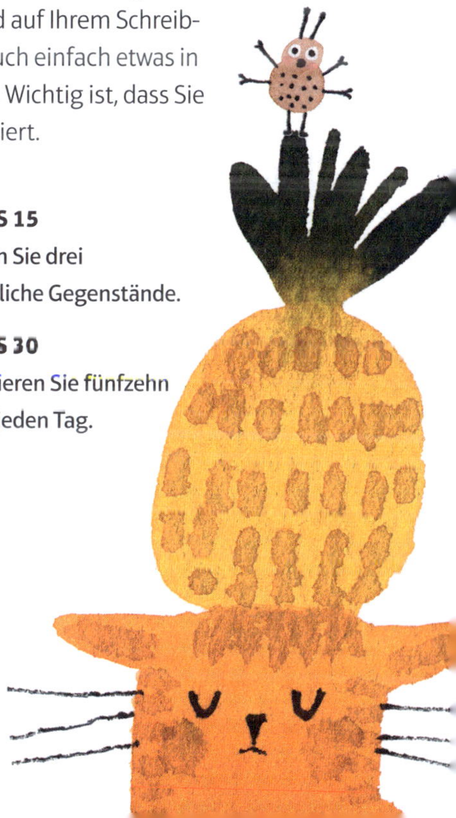

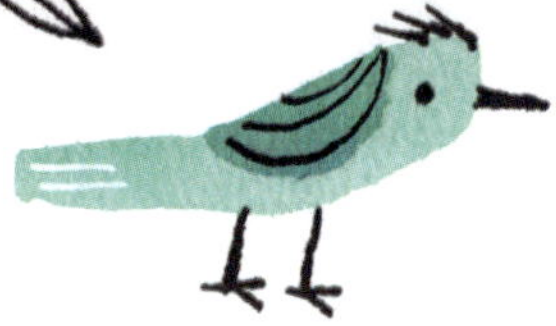

Aufgabenliste

- Boot
- Gesicht
- Hund
- Baum
- Krake
- Kaktus
- Hamster
- Fahrrad
- Pferd
- Kleidung
- Affe
- Katze
- Garten
- Bauernhof
- Unter Wasser
- Stuhl
- Huhn
- Obst
- Muster
- Schwein
- Monster
- Unterwäsche
- Topfpflanze
- Selbstportrait
- Auto
- Gemüse
- König*in
- Symbole
- Strickzeug
- Drache
- Eichhörnchen
- Stiefel
- Zebra
- Brille
- Küche
- Tiger
- Punkte
- Bär
- Hut
- Spielzeug
- Haus
- Walfisch
- Socke
- Engel
- Löwe
- Bonsai-Baum
- Fuchs
- Kamera
- Locken
- Giraffe
- Gebäude
- Märchenfee
- Musical-Figur
- Instrument
- Dschungel
- Mode
- Dinosaurier
- Familie
- Sportarten
- Struktur
- Schaf
- Blatt
- Schmetterling
- Zahnwal
- Terrarium
- Wald
- Landschaft
- Fisch
- Bett
- Camping
- Aquarium
- Vogelkäfig

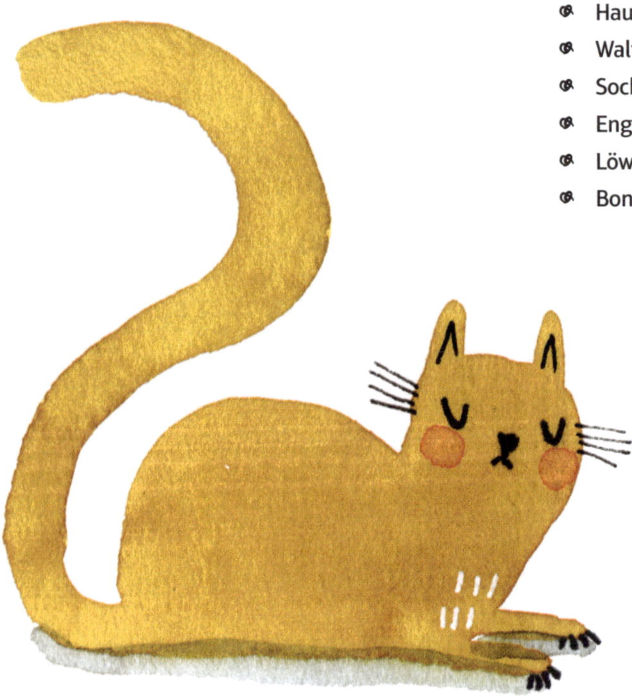

- Verkehr
- Blau
- Gelb
- Violett
- Schwarz & Weiß
- Rot
- Orange
- Möbel
- Feuerwehrauto
- Baumhaus
- Haustier
- Kräuter
- Insekt
- Meerjungfrau
- Einhorn
- Elefant
- Geschwindigkeit
- Flamingo
- Kaninchen
- Faulheit
- Regen
- Regenschirm
- Raumschiff
- Flugzeug
- Yoga
- Festnetz-Telefon
- Tee und Kaffe
- Tierkreiszeichen
- Mittagstisch
- Getränk
- Hausschuh
- Traum
- Gewürze
- Zoo
- Stinktier
- Vogeltränke
- Springbrunnen
- Vogel
- Umhang
- Bettdecke
- Chamäleon
- Hände
- Füße
- Maus
- UFO
- Pilz

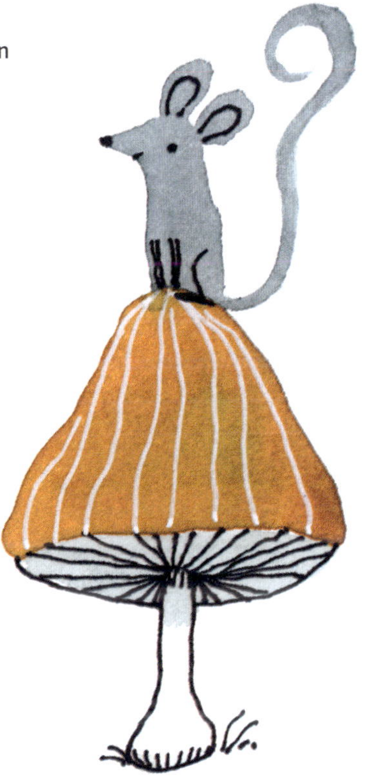

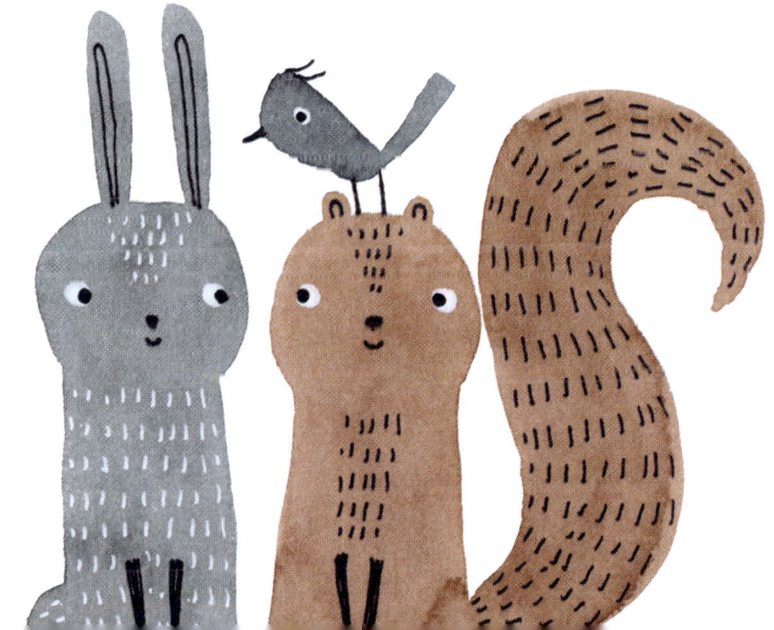

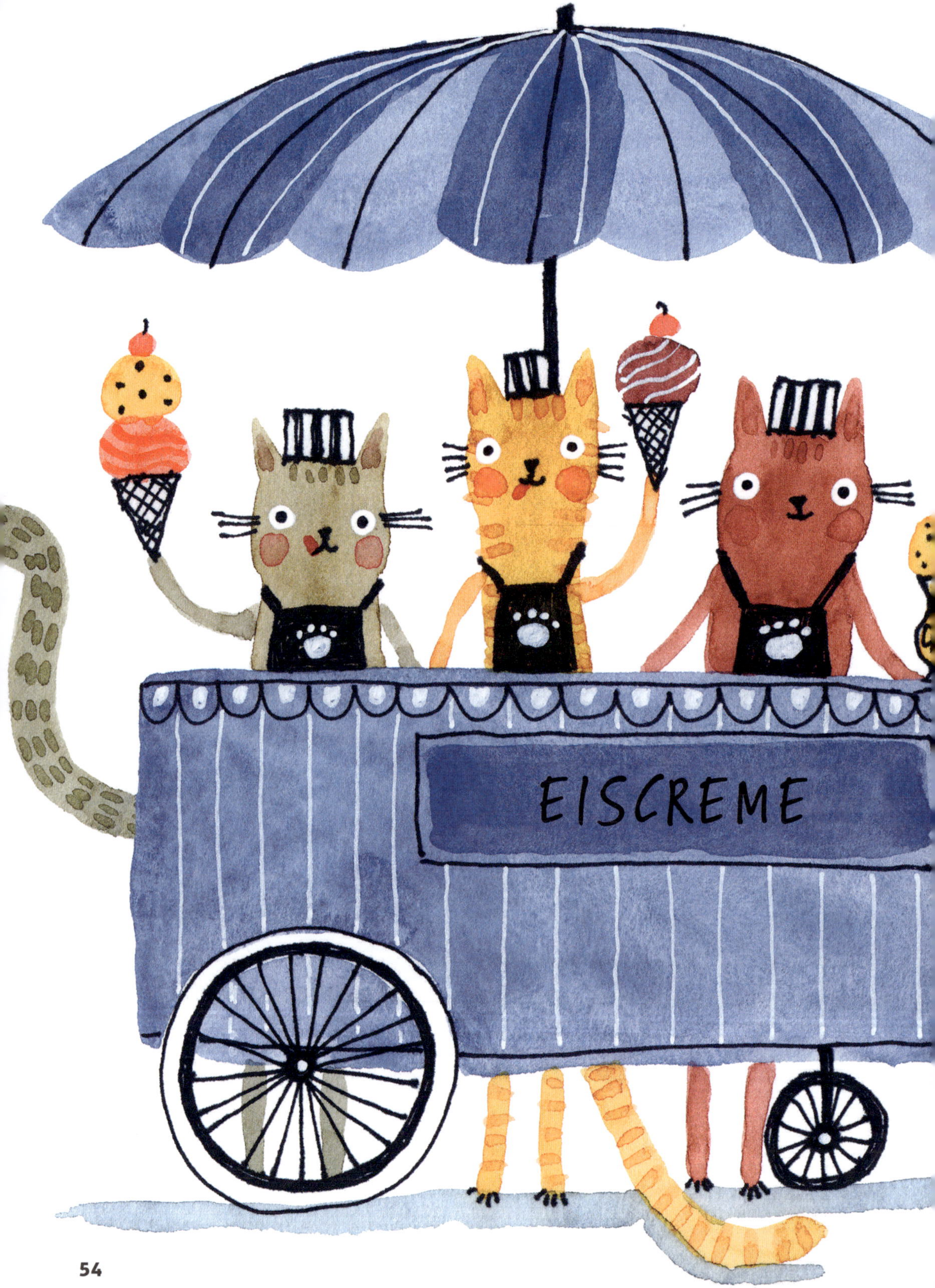
EISCREME

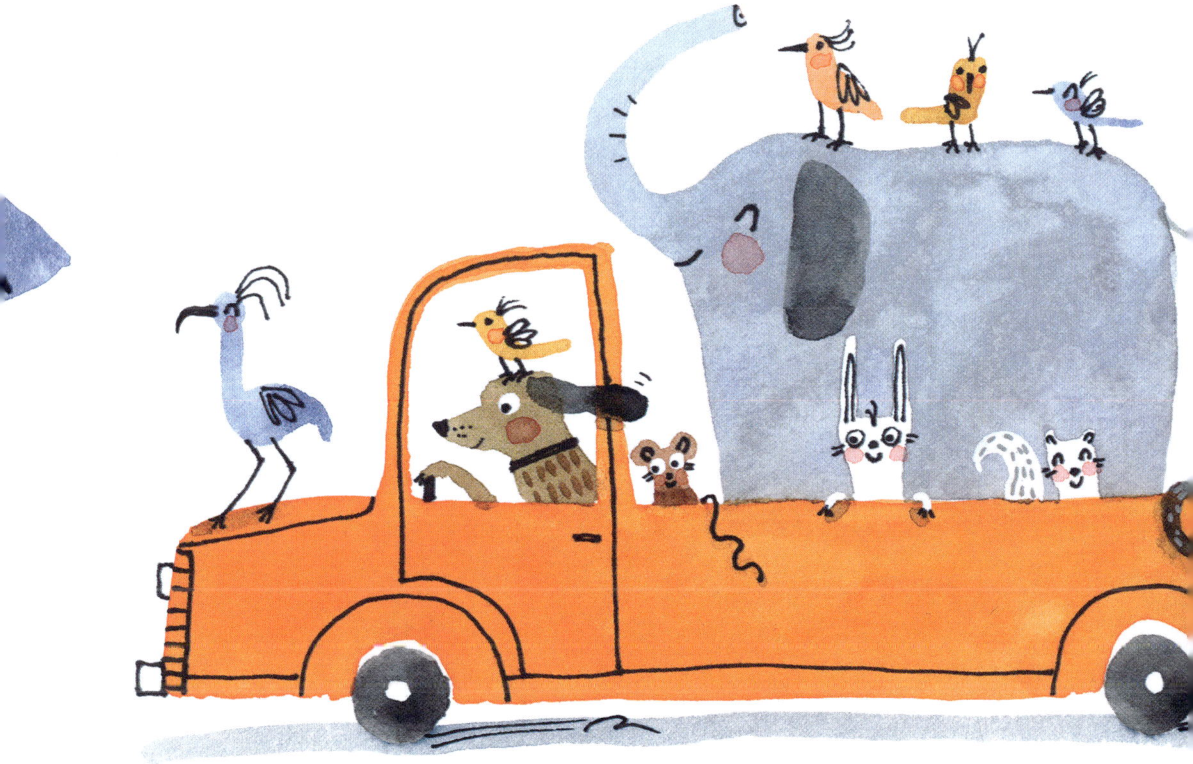

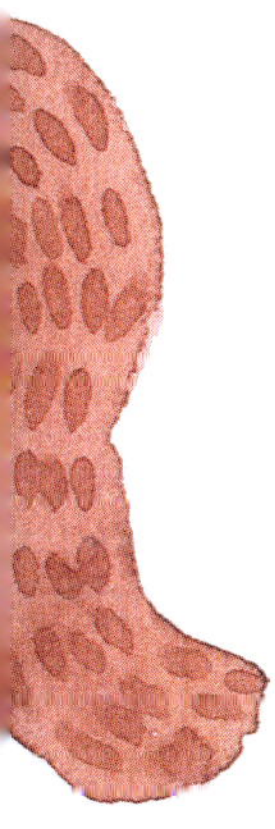

Kombinieren Sie verschiedene Motive und Ideen aus der Liste oder aus Ihrer Fantasie zu einer Geschichte.

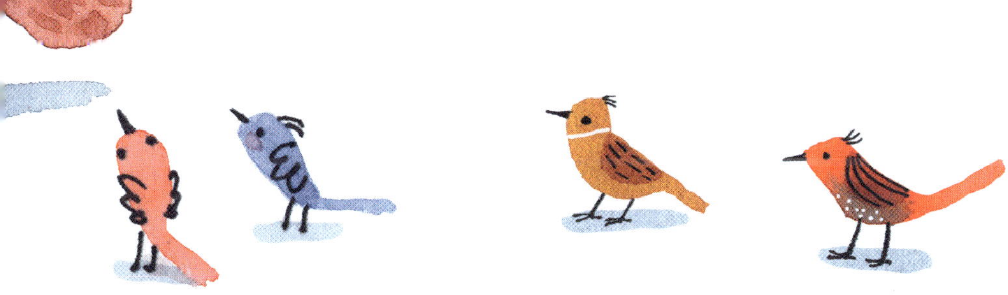

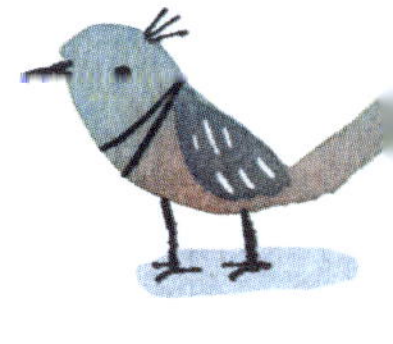

Beobachten, malen und zeichnen

In Ihrem 30-Tage-Projekt können Sie auch etwas malen oder zeichnen, das Sie beobachten. Achten Sie auf Dinge in Ihrer Umgebung und malen oder zeichnen Sie sie, ohne ein bestimmtes Ergebnis zu erwarten. Vielleicht hilft Ihnen die »blinde Kontourzeichnung«: Zeichnen Sie, was Sie sehen, aber schauen Sie dabei nicht auf das Papier. Darum sollten Sie auch immer ein Skizzenbuch bei sich haben, wenn Sie unterwegs sind. Gehen Sie zum Beispiel mit der Absicht spazieren, etwas zu malen oder zu zeichnen. Auf diese Weise können Dinge, die Sie beobachten, Ihre Kreativität wecken. Indem Sie Ihre Ideen notieren oder skizzieren, können Sie nicht nur diese Momente festhalten, sondern auch später in Ihrem Atelier oder zu Hause verwenden.

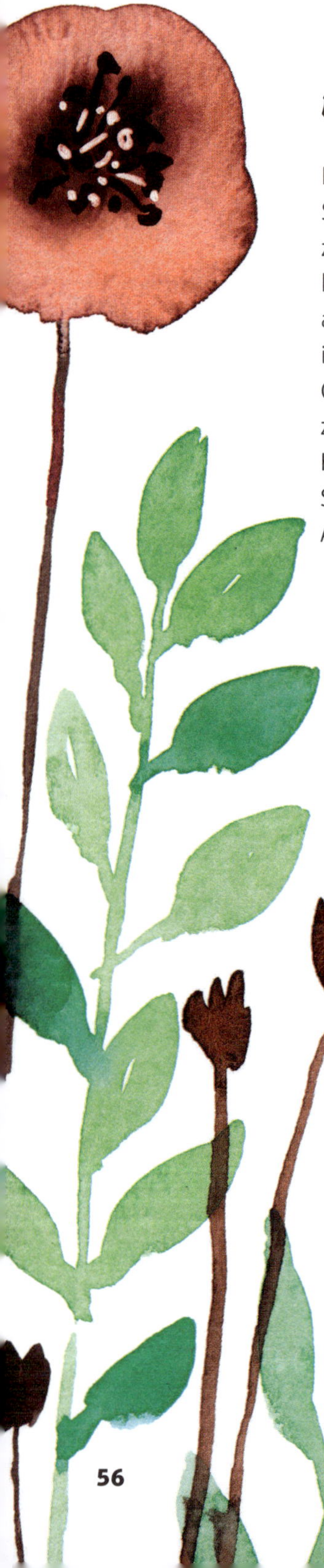

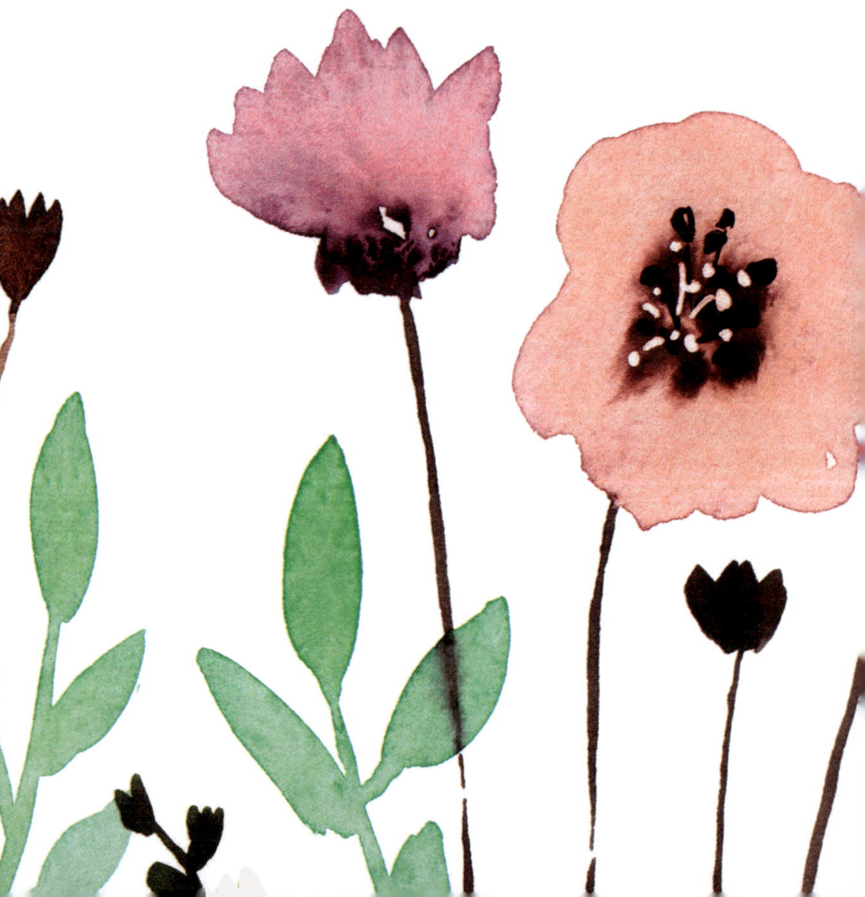

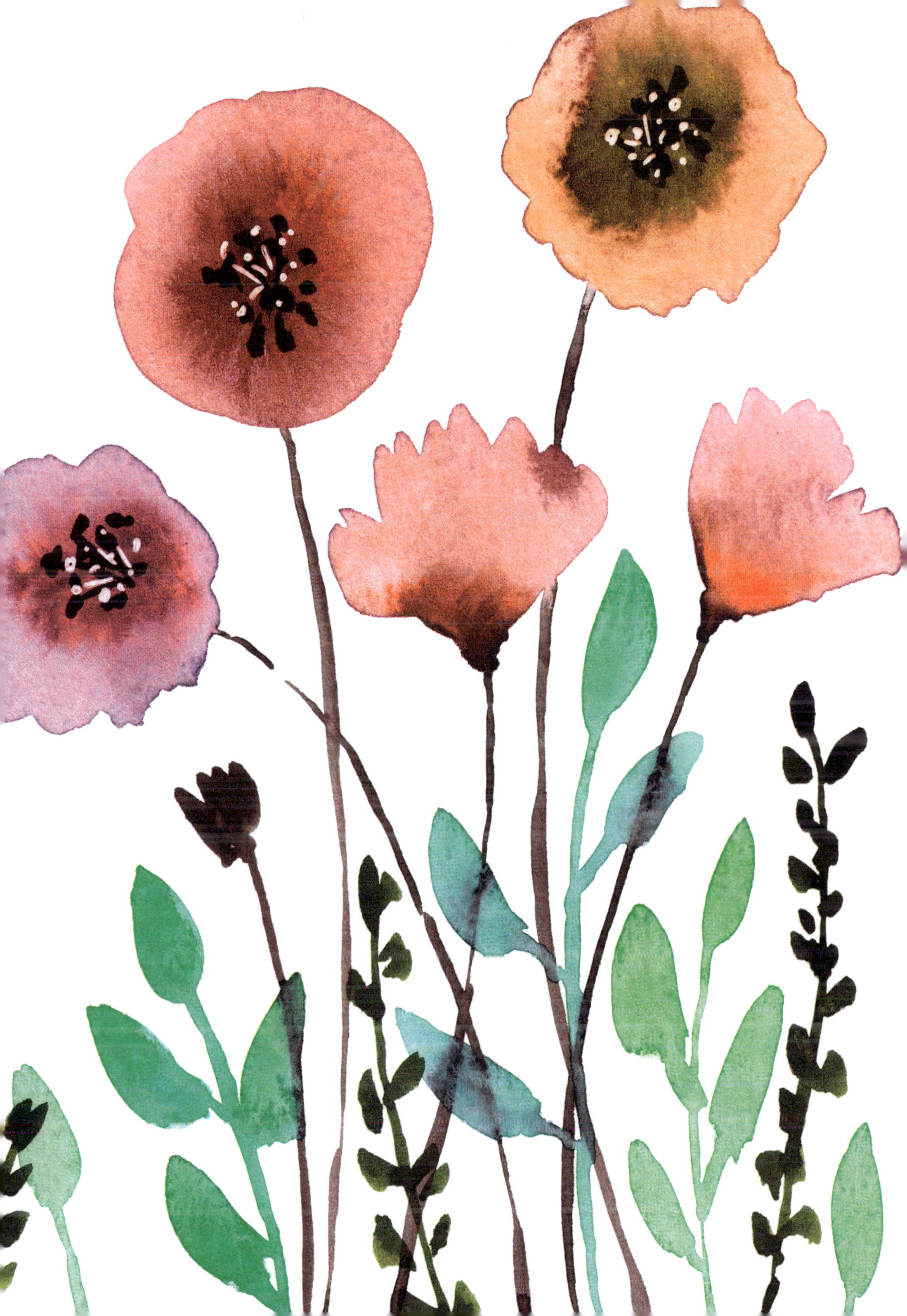

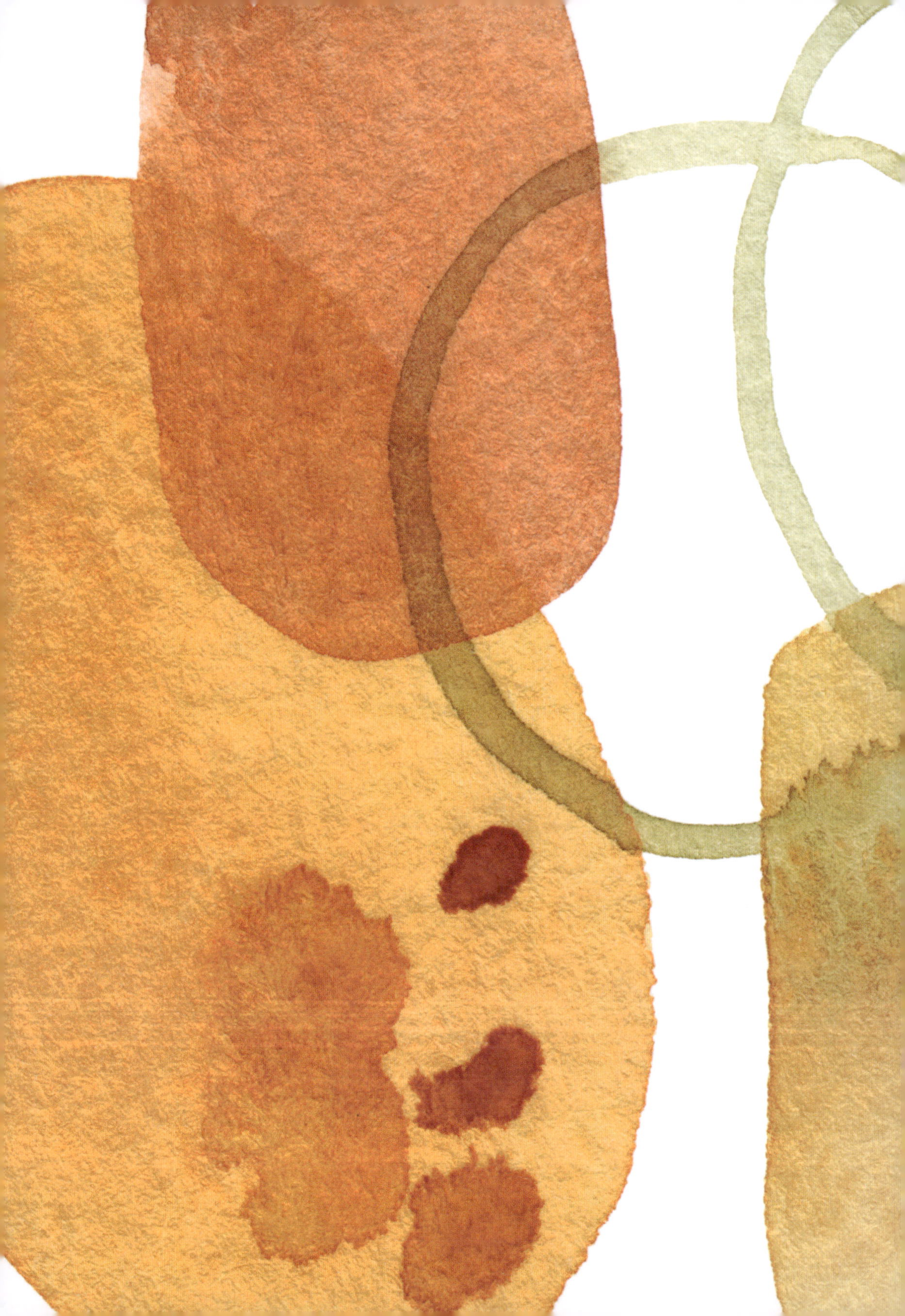

5

Los geht's mit Malen!

Locker werden

Wie wertvoll es ist, Farbe auf das Papier zu »werfen« und sich zu lockern, stellen Sie erst fest, wenn Sie es ausprobieren. Nehmen Sie sich fünf Minuten Zeit und malen Sie Punkte und Kleckse und matschen Sie Farben zusammen. Das Chaos regiert Ihr Tun! Damit bekommen Sie einen großartigen Einstieg ins Malen. Willkür macht den Kopf frei, öffnet das Herz für alle Möglichkeiten und hilft Ihnen, im Augenblick anzukommen.

Vergessen Sie dabei nicht, dass das Ergebnis bei dieser Vorgehensweise keine Rolle spielt. Sie haben kein Ziel, sondern sollen nur erkunden und entdecken. Denn wenn Sie unbedingt ein bestimmtes Ziel erreichen möchten, kann sich die Tür nicht für Neues öffnen. So können Sie zum Beispiel an einer Katze arbeiten und im Verlauf des Malens das Ziel aus den Augen verlieren. Die Überraschung, die dabei entsteht, ist häufig erfrischender und ganz anders als das, was Sie erwartet haben.

Ich selbst weiß nie, wohin der Pinsel läuft, aber am Ende macht es sehr viel Freude, ein Bild zu sehen, das ich nie erwartet hätte.

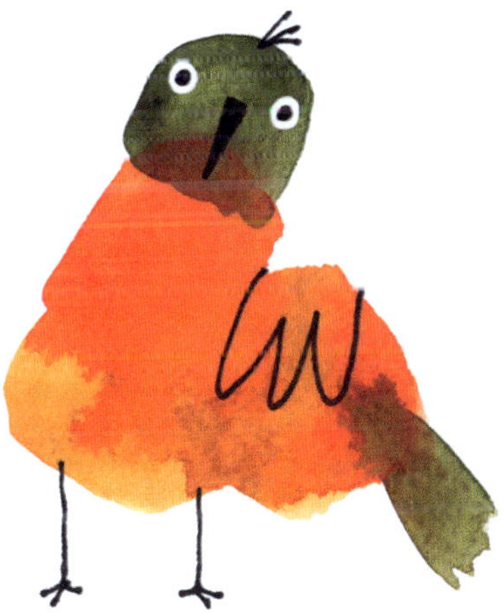

Kritzeln

Zum Aufwärmen können Sie auch fünf Minuten lang etwas auf das Papier kritzeln, um Ihre Kreativität freizusetzen. Auch Kritzeln ist kreative Arbeit!

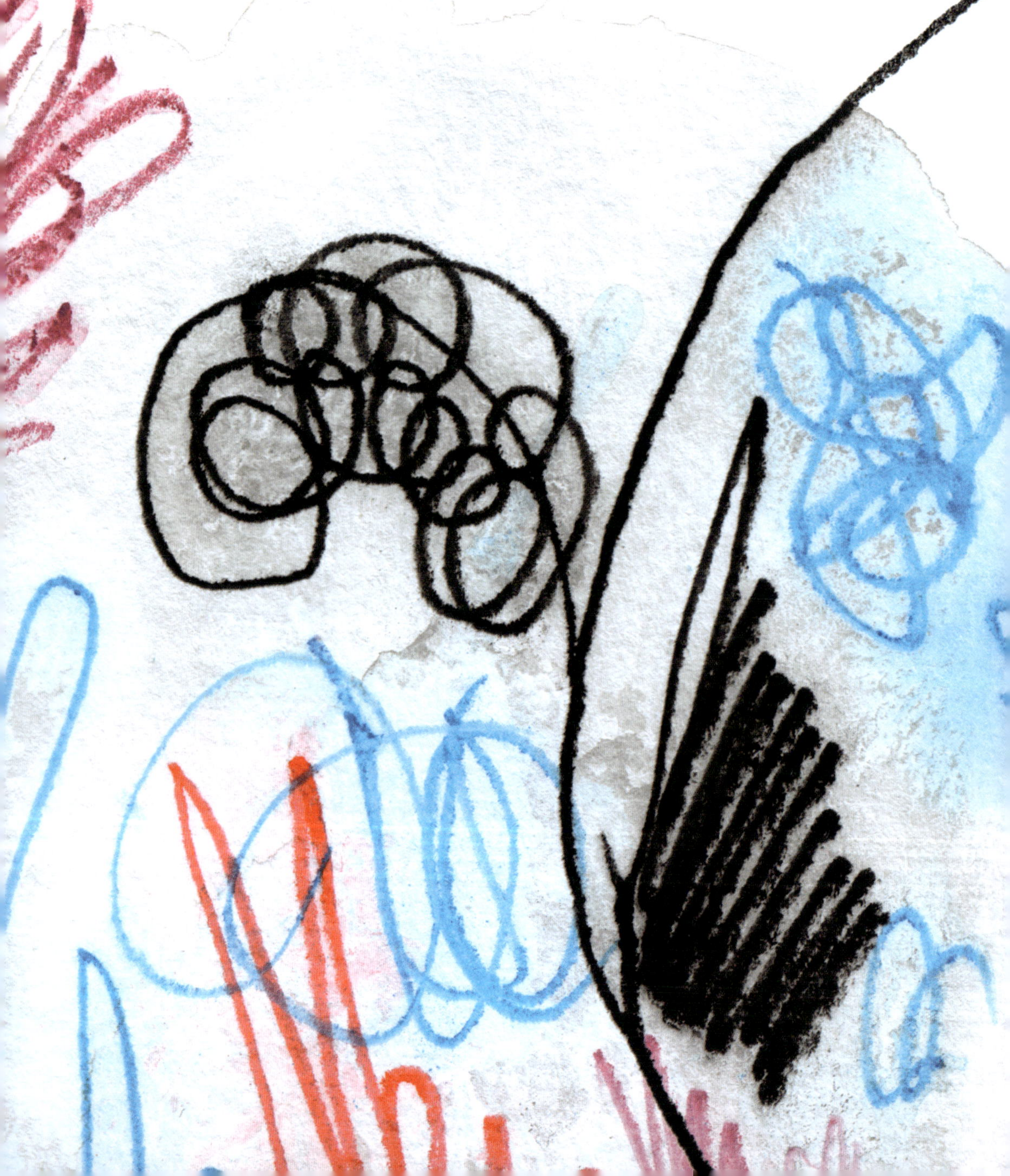

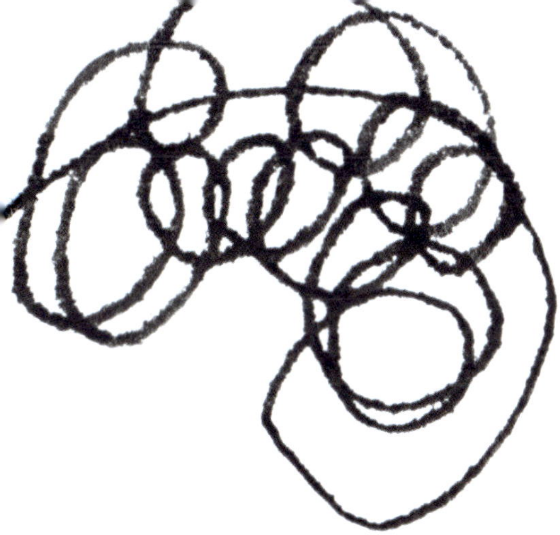

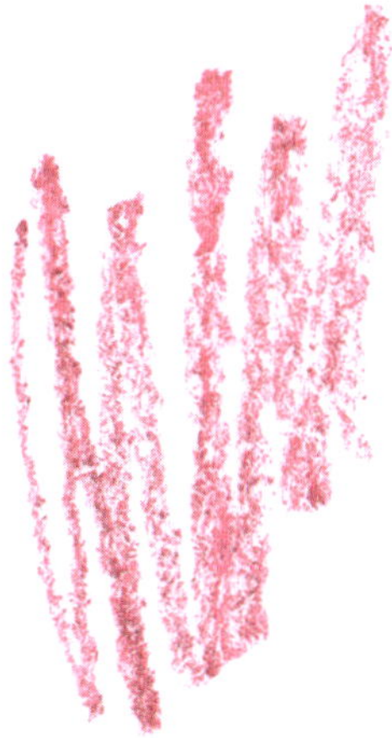

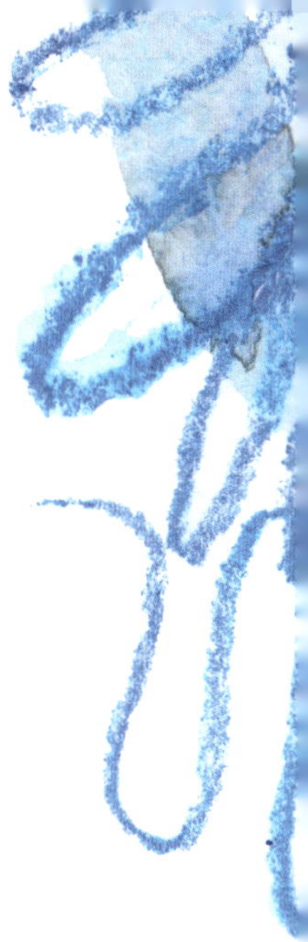

Linien malen

Eine Linie lässt sich auf unendlich viele Arten zeichnen. Gerade, verwackelt, in Mustern, rund, fließend, unregelmäßig … als Katzenbuckel!

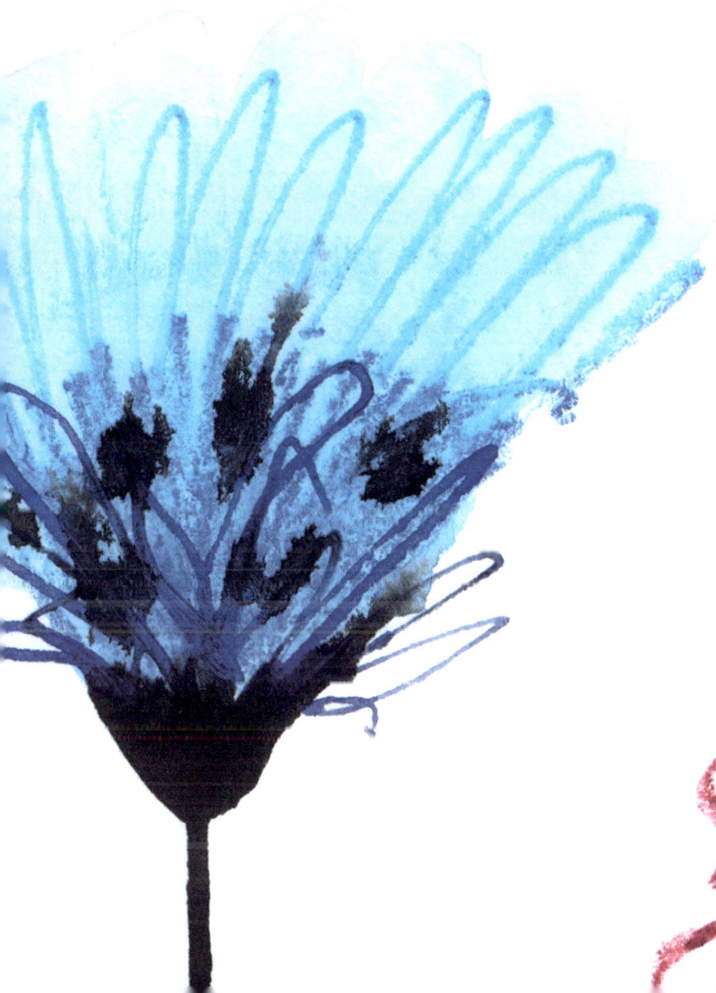

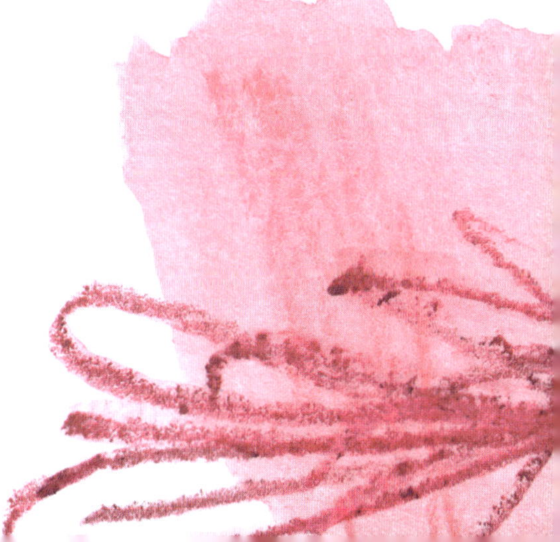

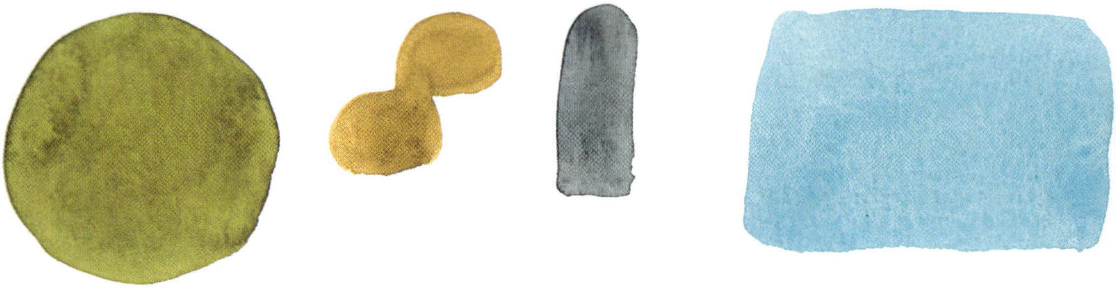

Mit Formen spielen

Es gibt unzählig viele Formen! Malen Sie mit dem Pinsel einen Kreis, ein Quadrat und ein Dreieck. Vergessen Sie die bekannten Formen und erschaffen sie unregelmäßige Formen. Sieht das vielleicht aus wie ein Vogel?

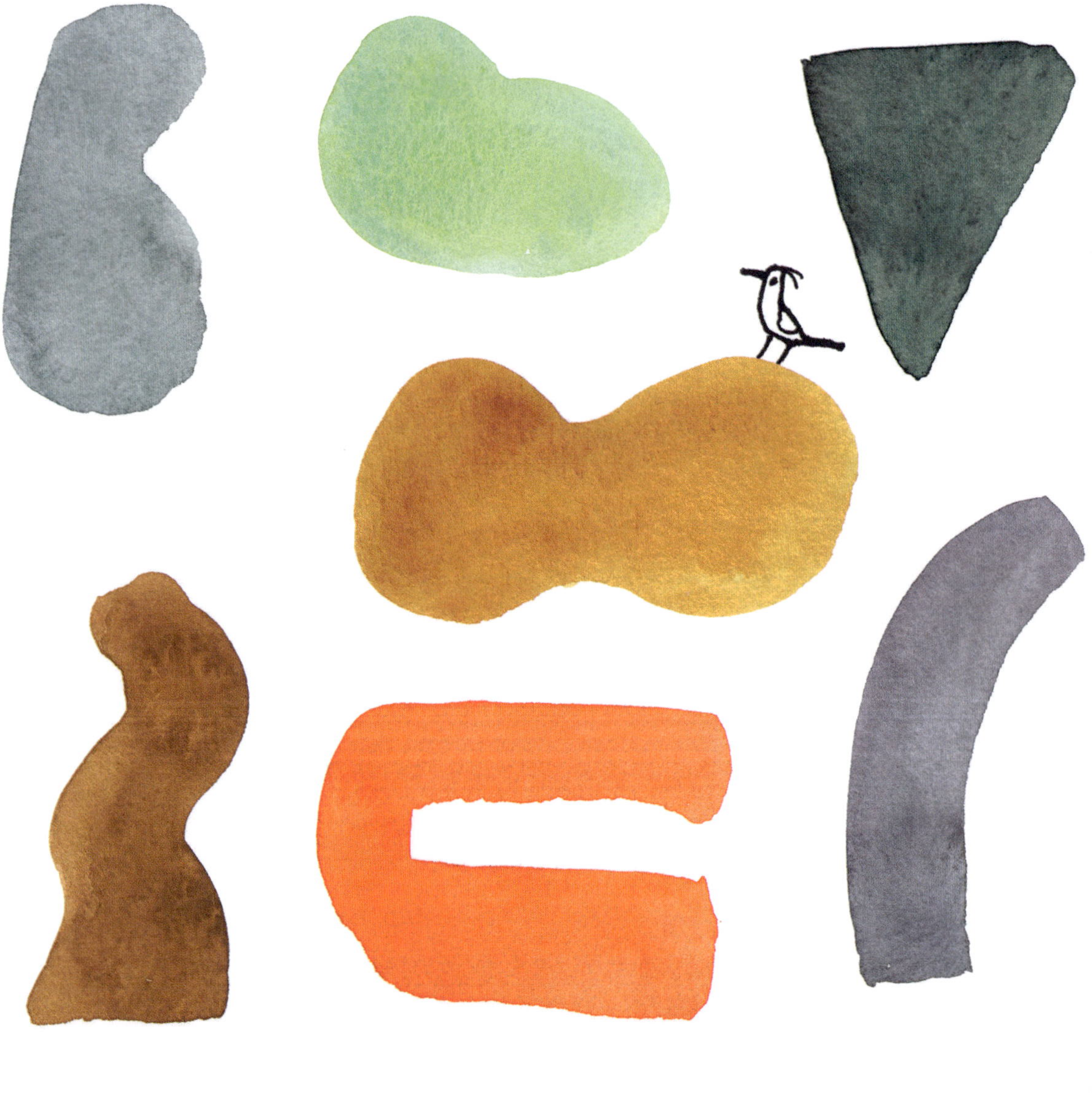

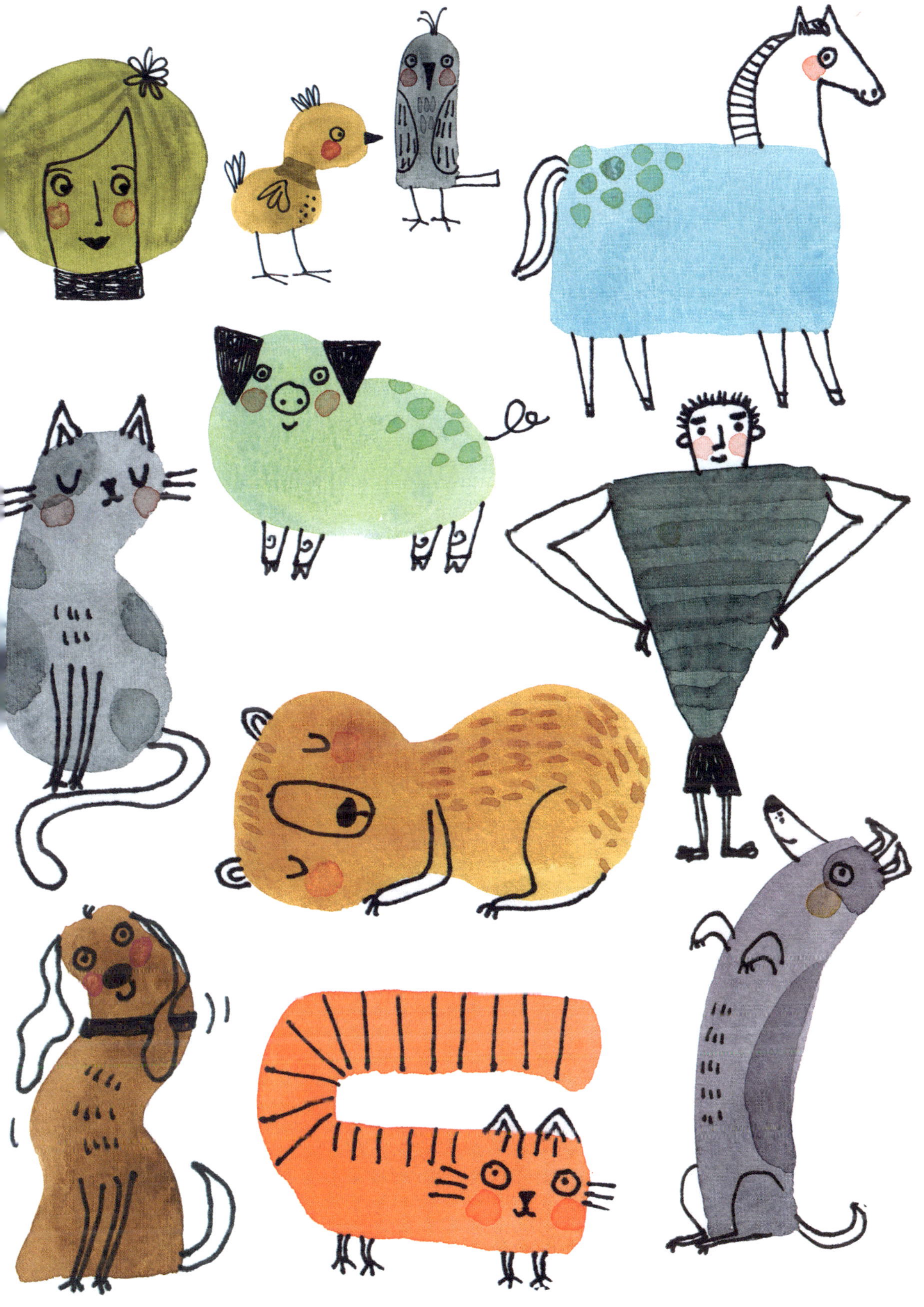

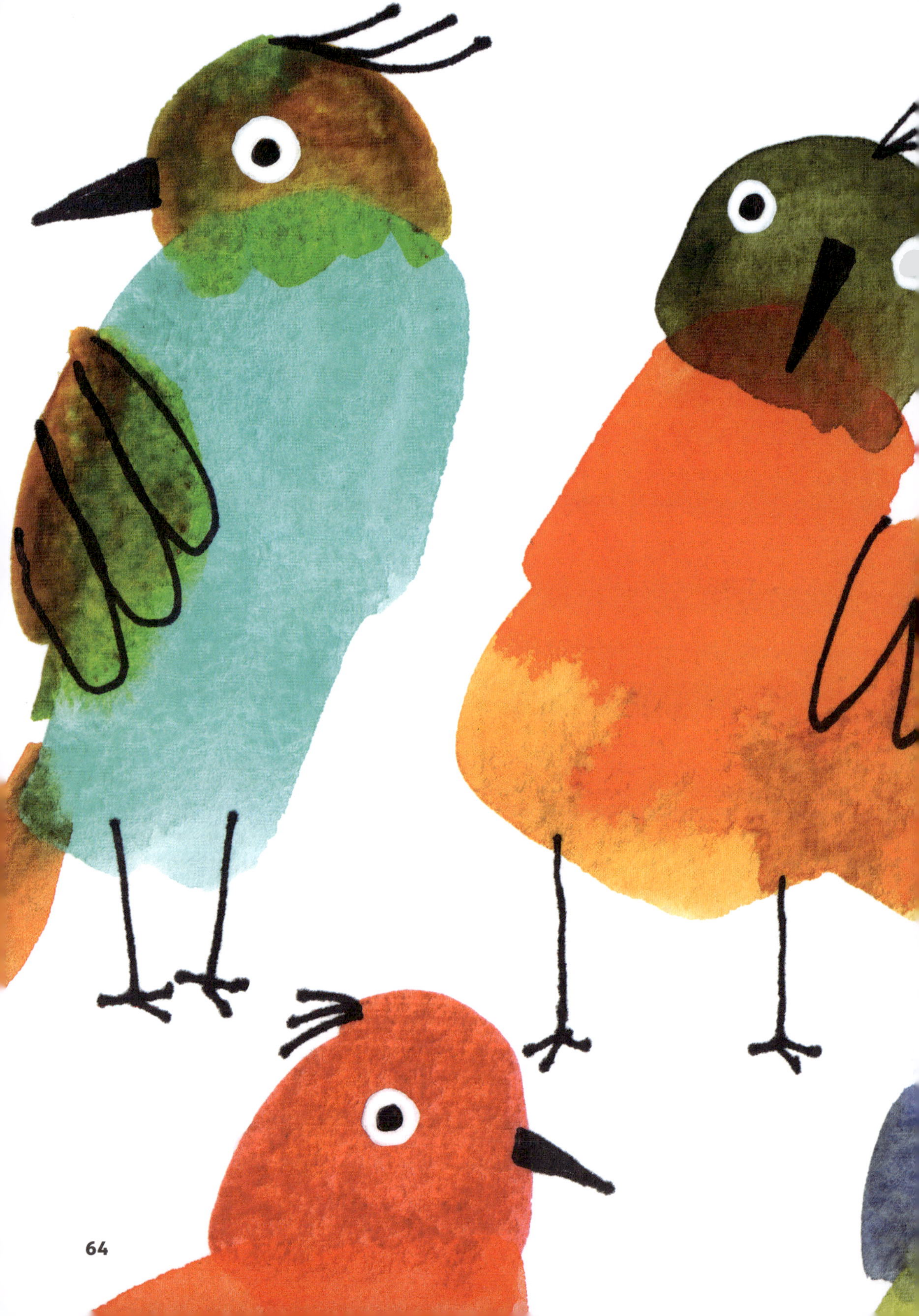

Projekt 2:

Vom Klecks zum Vogel

Auch Vögel können die unterschiedlichsten Formen, Größen und Farben haben und eignen sich daher wunderbar als Einstieg in das Aquarellieren. Das fertige Werk spielt keine Rolle. Genießen Sie es, zu beobachten, wie sich ein Farbklecks in einen Vogel verwandelt.

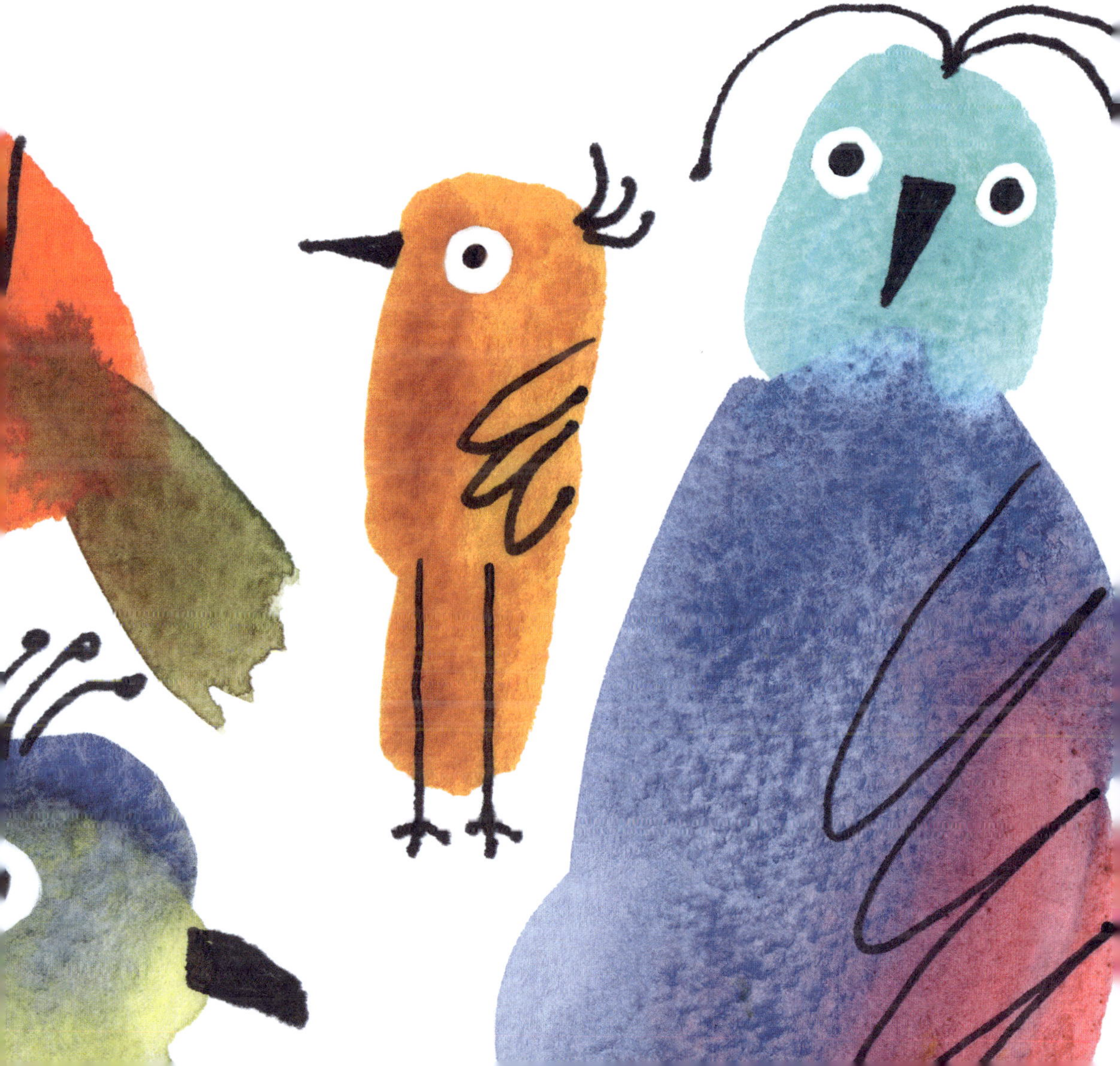

Malen Sie einige Farbkleckse.

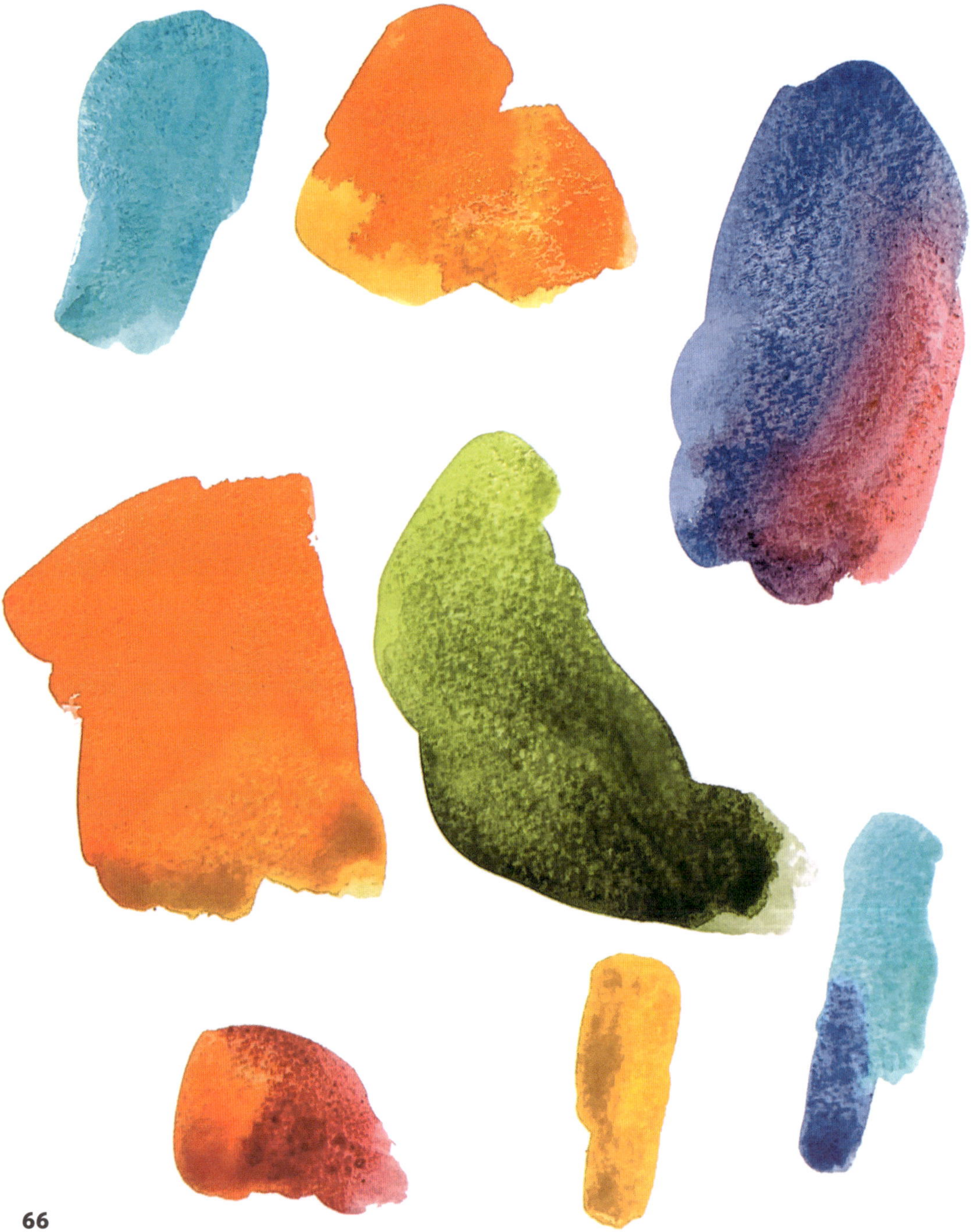

Fügen Sie ein paar Details, z. B. Flügel hinzu.

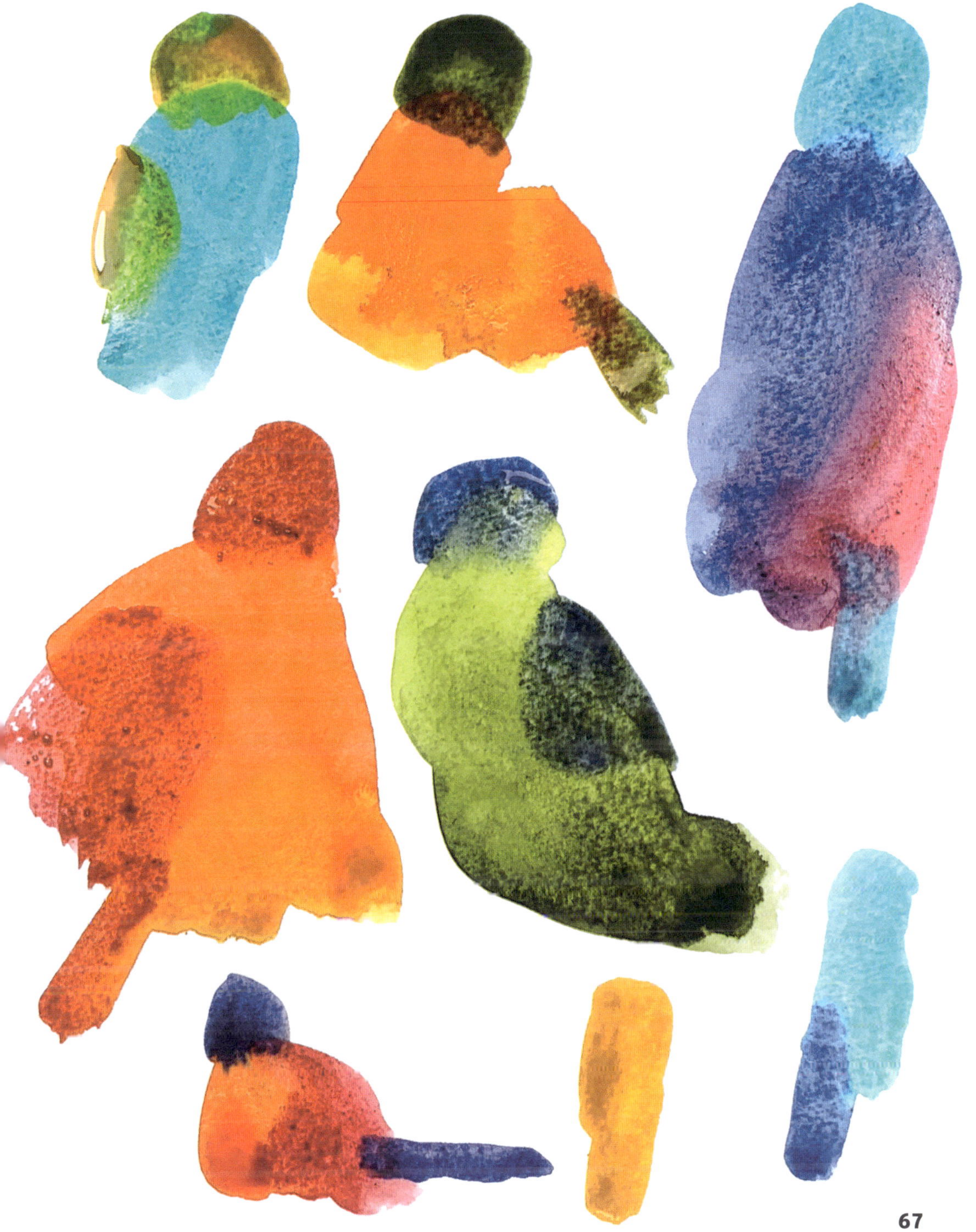

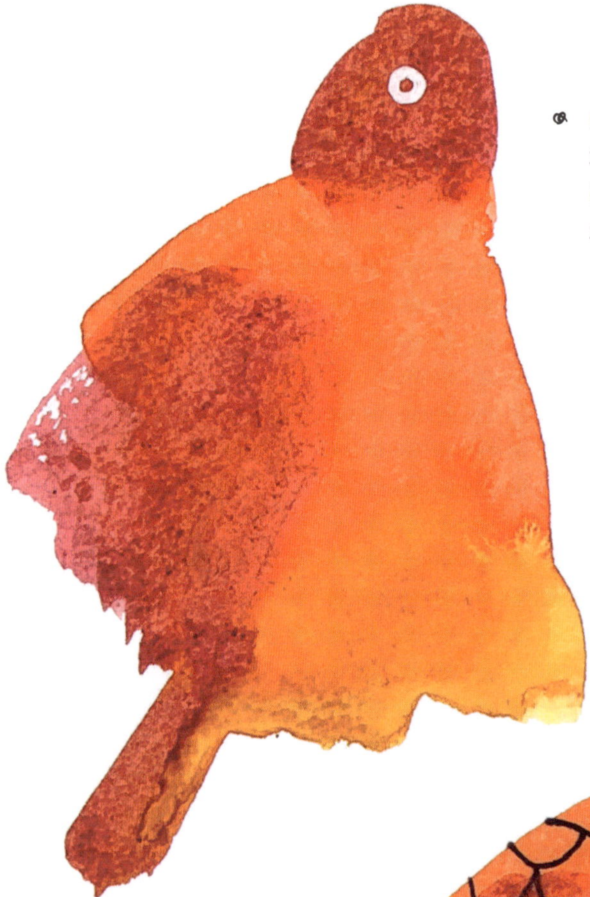

- Nehmen Sie einen schwarzen oder weißen Stift oder tauchen Sie einen feinen Pinsel in schwarze Aquarellfarbe und zeichnen Sie Augen, Schnabel und Beine.

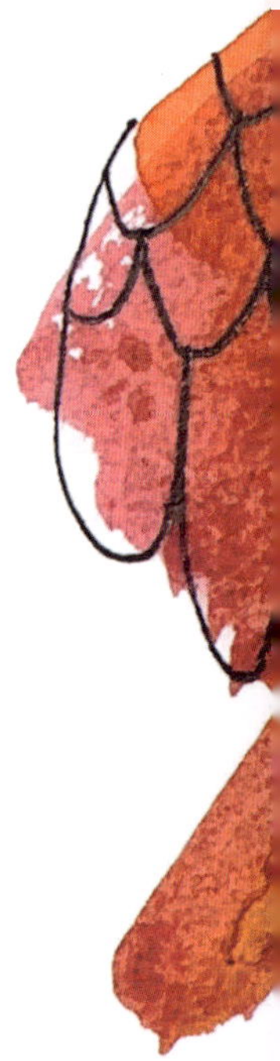

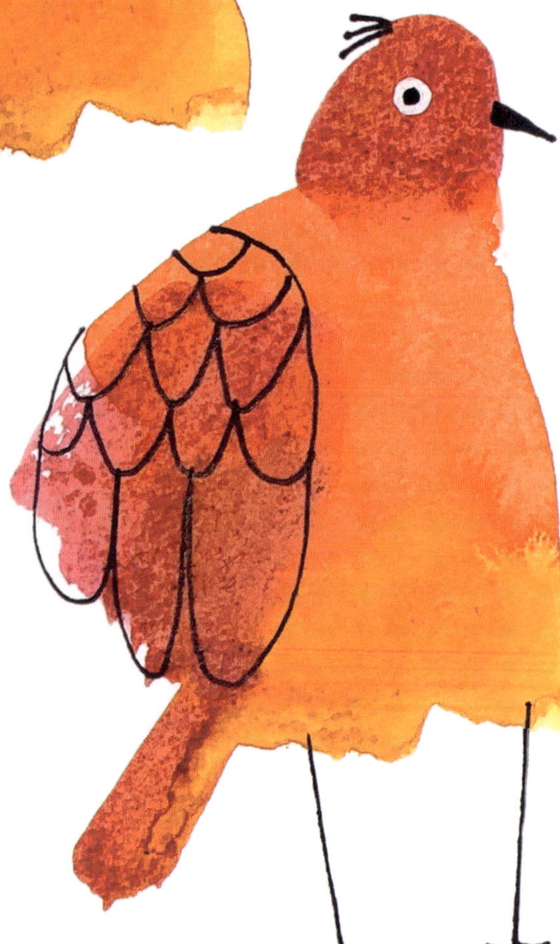

- Fügen Sie weitere Details hinzu. Vielleicht ein wenig Gras? Oder einen Zweig als Geschenk für einen Freund?

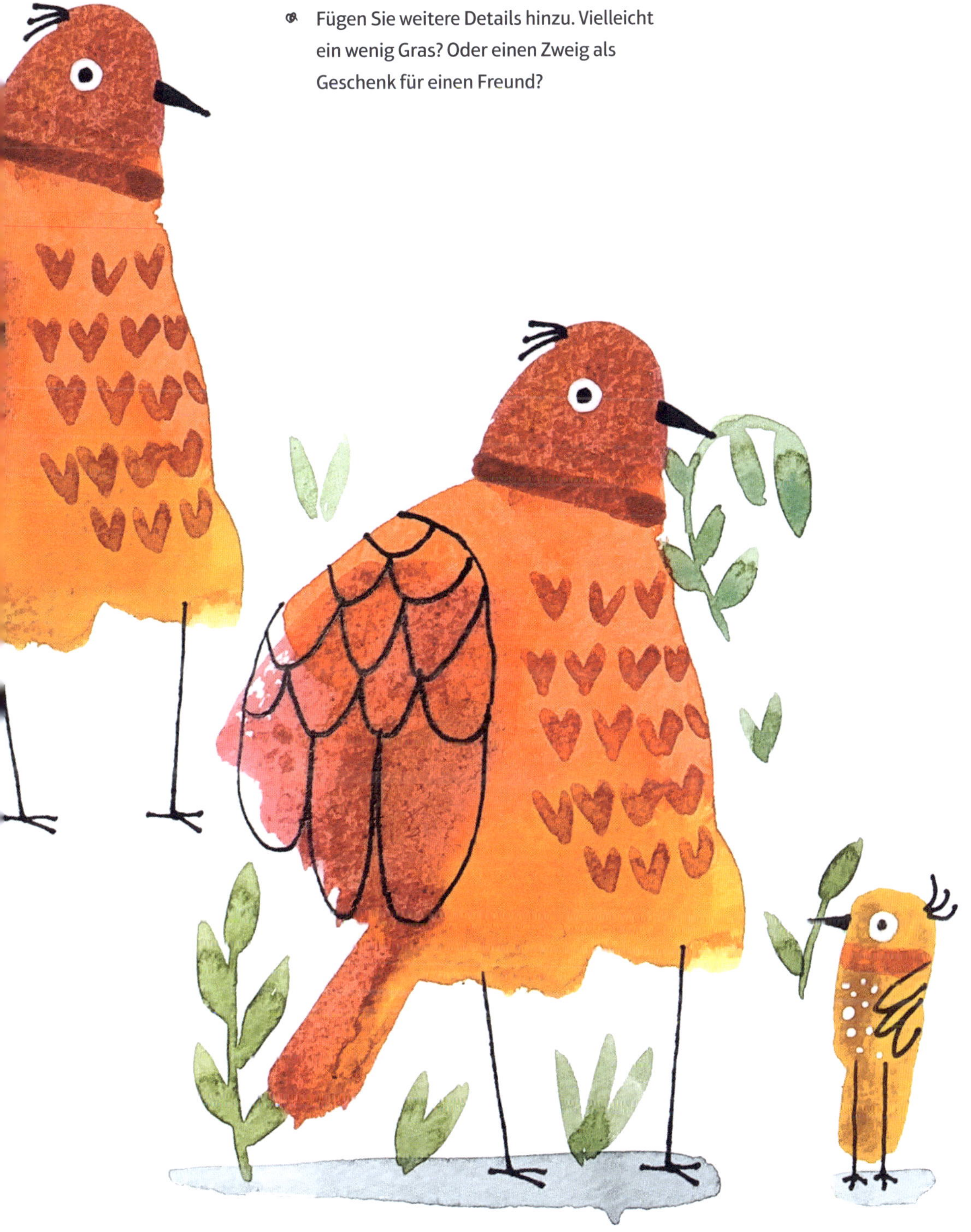

Farben mischen

Arbeiten Sie mit wenigen Farben, um sich nicht durch die Auswahl blenden zu lassen und zu lernen, wie Sie selbst Farben mischen können. Aus Primärfarben werden Sekundärfarben gemischt.

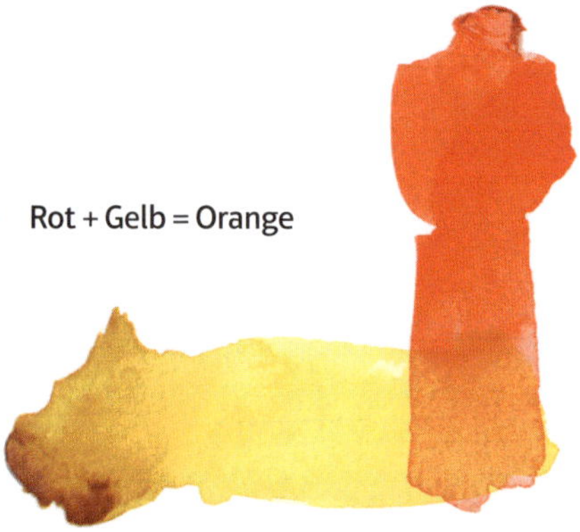

Rot + Gelb = Orange

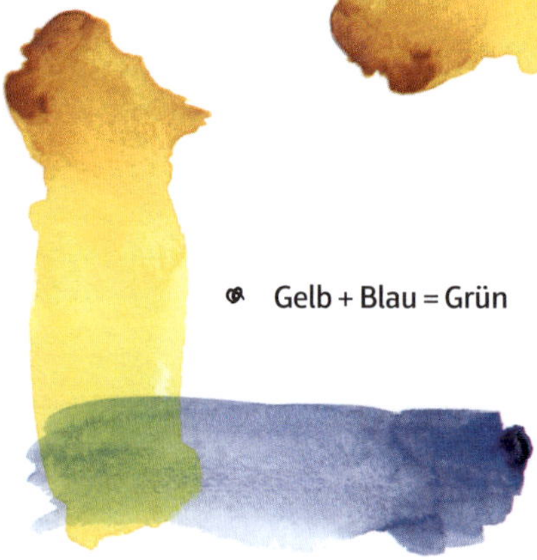

Gelb + Blau = Grün

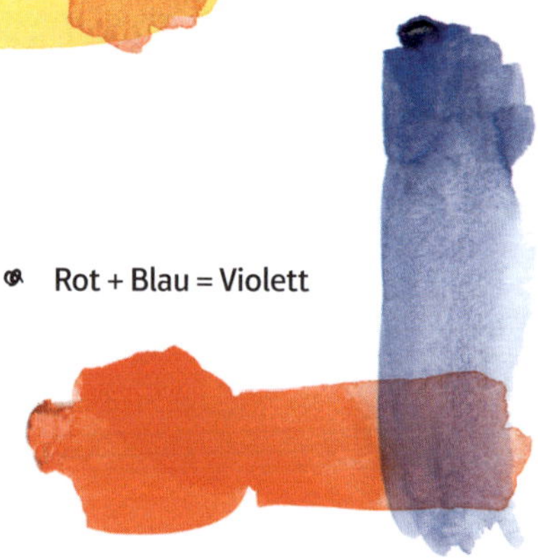

Rot + Blau = Violett

Das Farbrad

Auf dem Farbrad rechts sind die Primär- und die Sekundärfarben dargestellt. Die Primärfarben – Rot, Gelb und Blau – können nicht durch Mischen anderer Farben hergestellt werden. Sekundärfarben entstehen, wenn Sie zwei Primärfarben miteinander mischen.

Die Farben, die sich auf dem Farbrad gegenüberliegen, heißen Komplementärfarben. Wenn Sie Komplementärfarben in einem Werk verwenden, wird das Bild lebendiger und aussagekräftiger. Ähnliche Farben, die auf dem Farbrad nebeneinander liegen, sorgen für Harmonie.

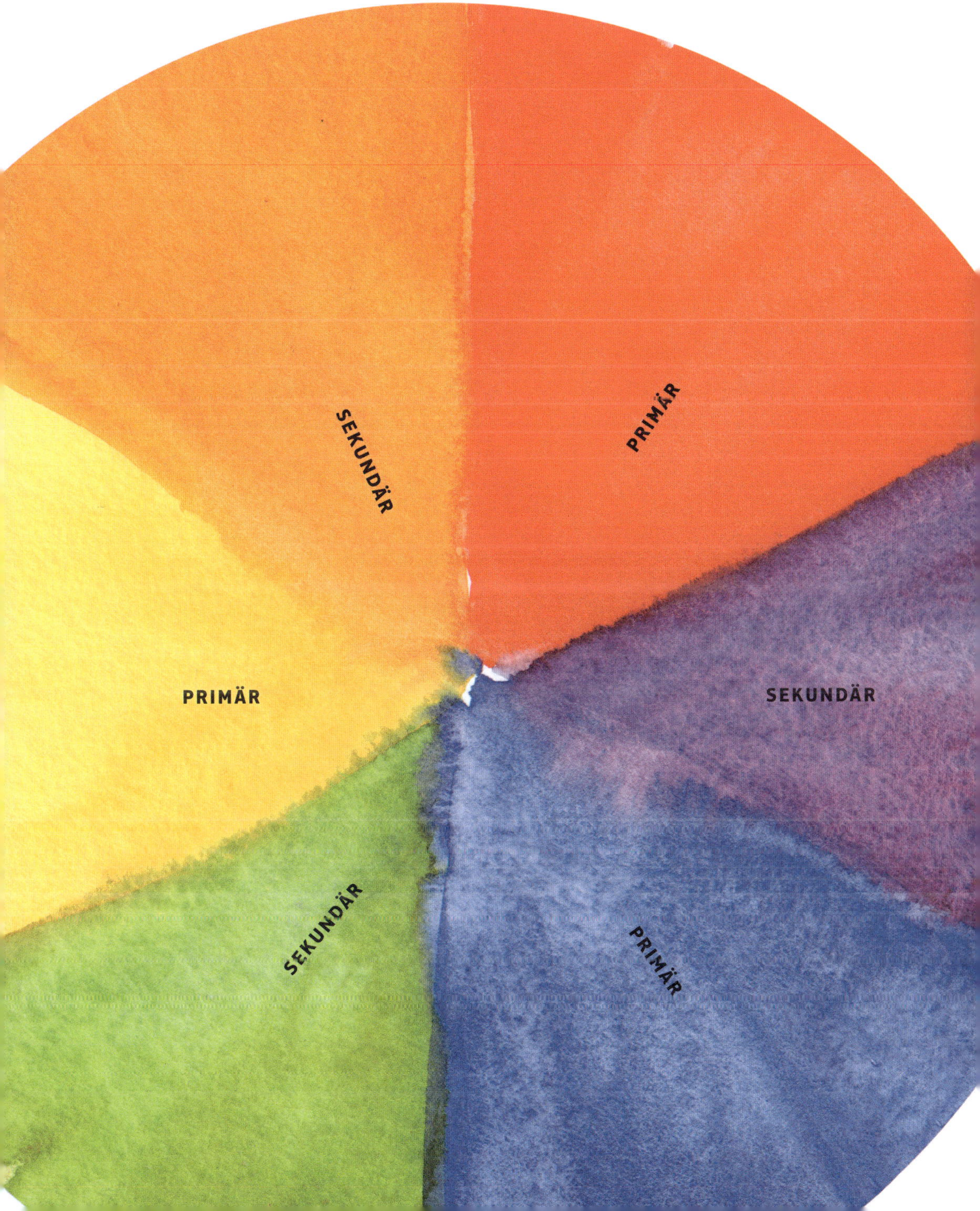
SEKUNDÄR
PRIMÄR
PRIMÄR
SEKUNDÄR
SEKUNDÄR
PRIMÄR

Beim Mischen experimentieren

Wenn Sie warme und kalte Farben in unterschiedlichen Kombinationen einsetzen, wird die Farbe reiner oder grauer. Die Mischung aus einem kalten Rot mit einem kalten Blau ergibt also ein reines Violett, während die Mischung aus einem warmen Rot mit einem warmen Gelb ein getrübtes Orange ergibt..

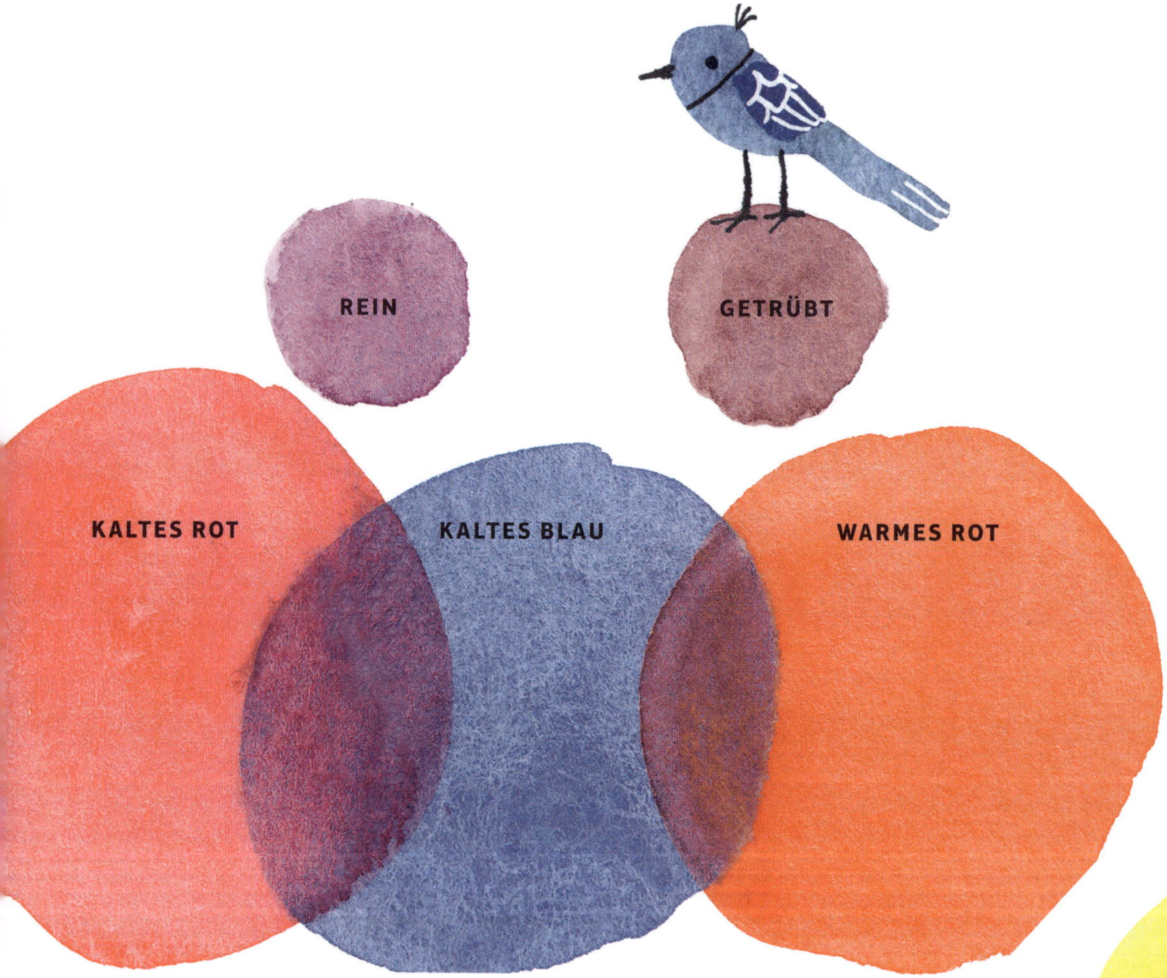

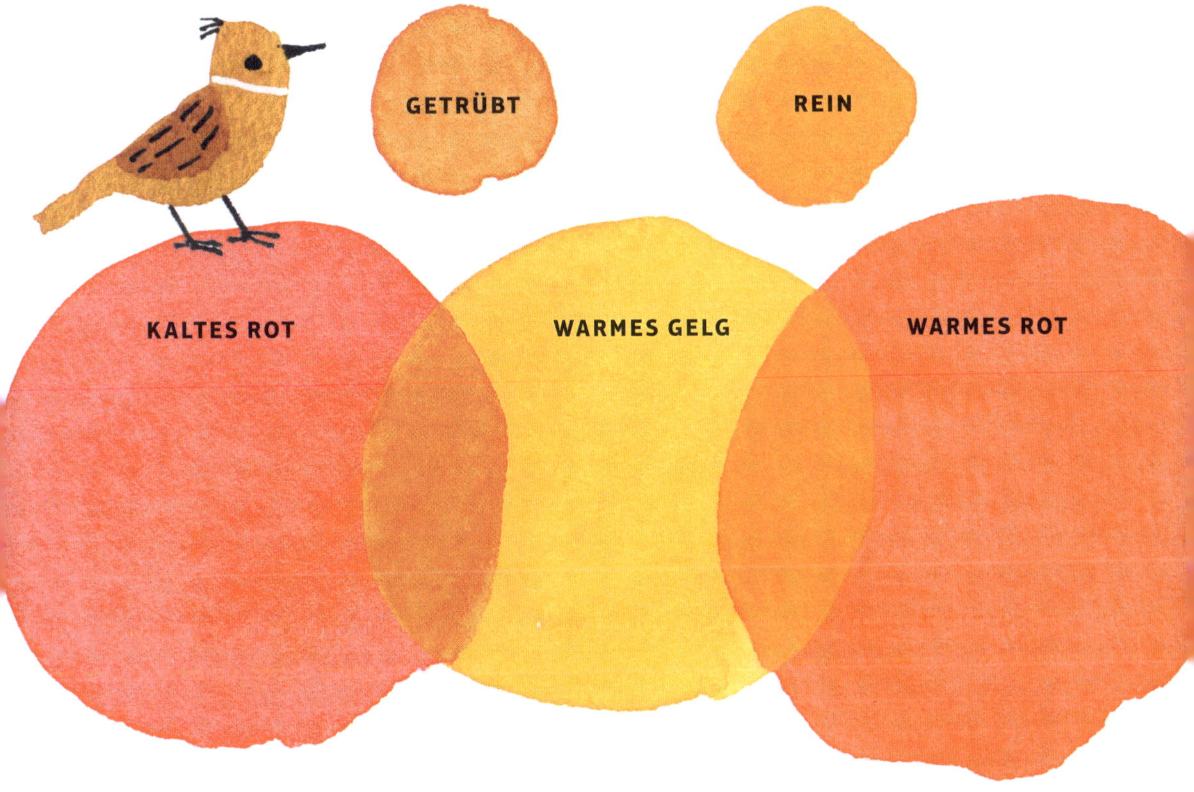

Keine Regel ohne Ausnahme! Warmes Gelb enthält mehr Rot. Grün und Rot sind komplementär, ergeben also einen getrübten (graueren) Farbton.

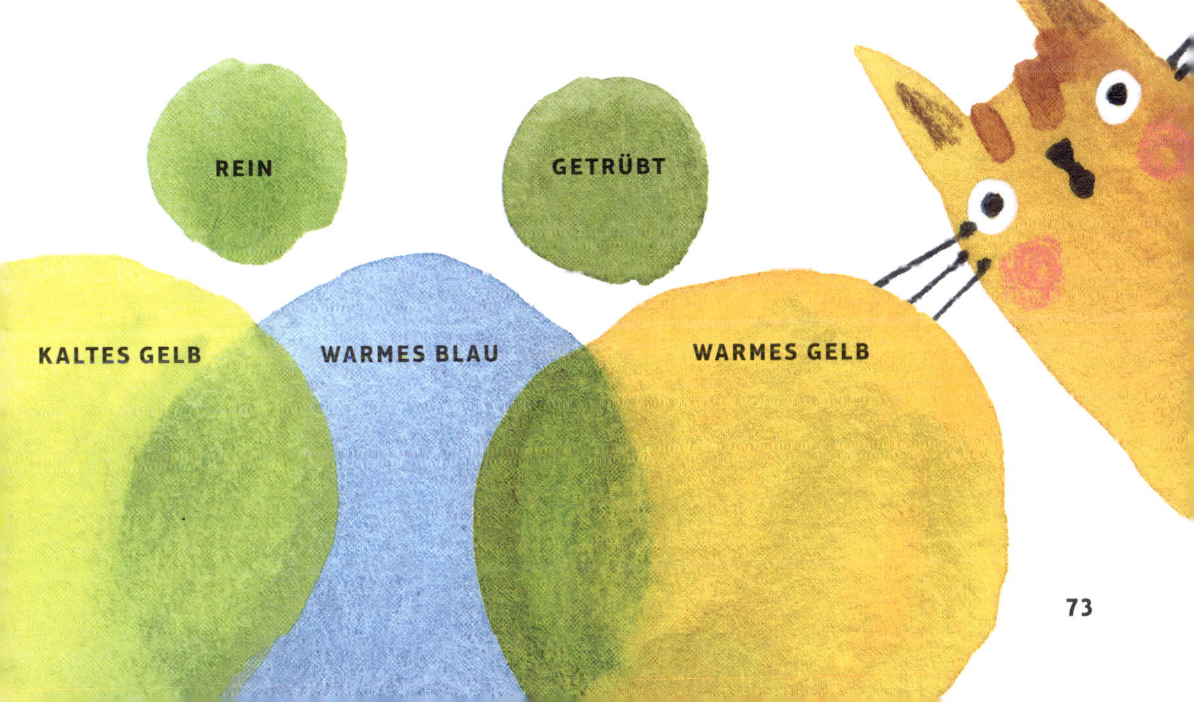

Farbharmonie

Um ein farblich harmonisches Bild zu malen, fügen Sie jeder Farbe, die Sie mischen, eine kleine Menge einer dominanten Farbe hinzu. Damit wird der Farbton zwar etwas grauer, das Auge nimmt die Farbe auf dem Bild aber als harmonischer wahr.

Für dieses Bild habe ich bei jeder Katze ein kleines bisschen rötliches Pink eingemischt.

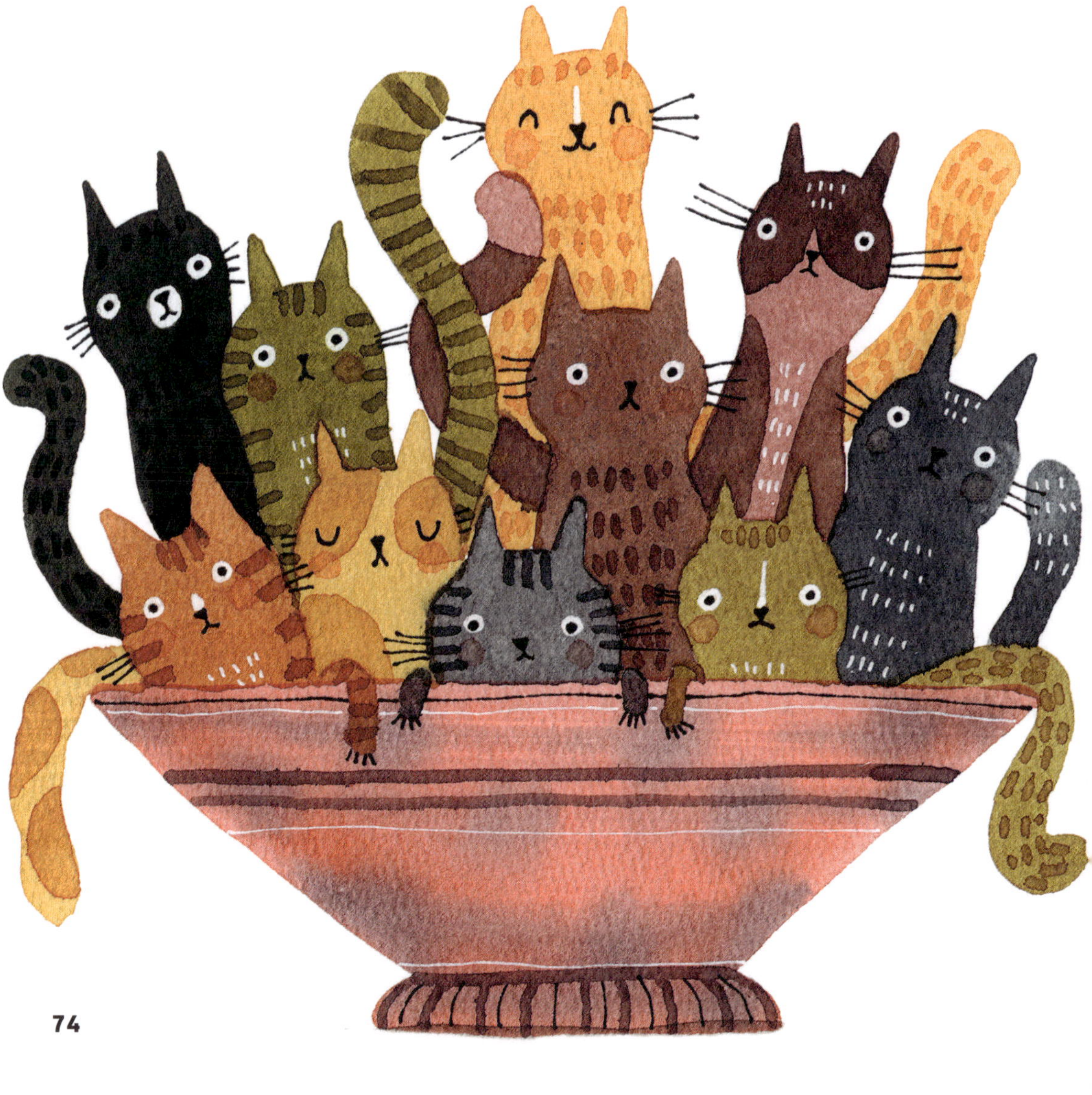

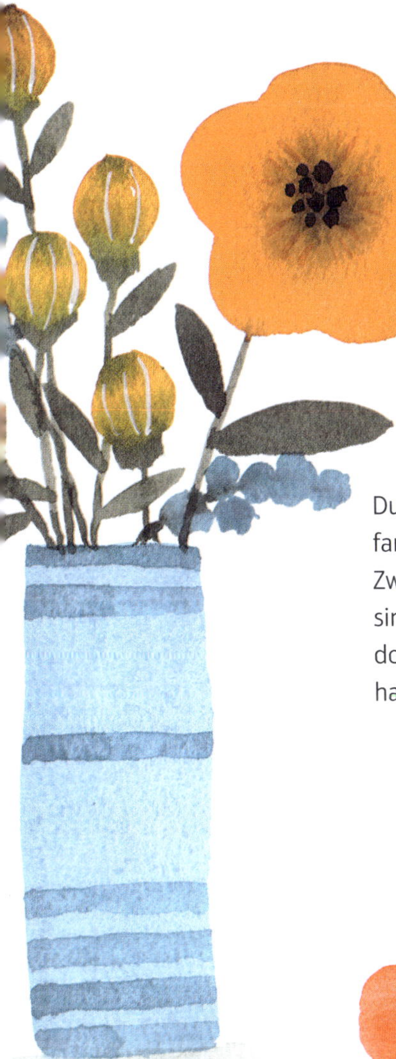

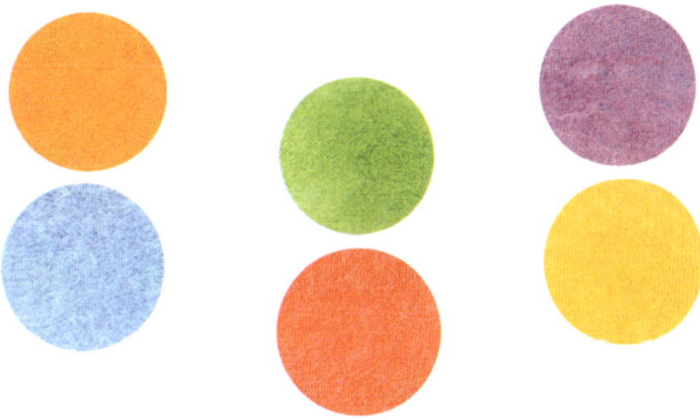

Durch die gemeinsame Verwendung von Komplementärfarben erzielen Sie ebenfalls ein harmonisches Farbbild. Zwei Farben, die sich auf dem Farbrad gegenüber liegen, sind komplementär. Auch der Einsatz von Farben, die auf dem Farbrad nah beieinander liegen, sorgt für einen harmonischen Eindruck.

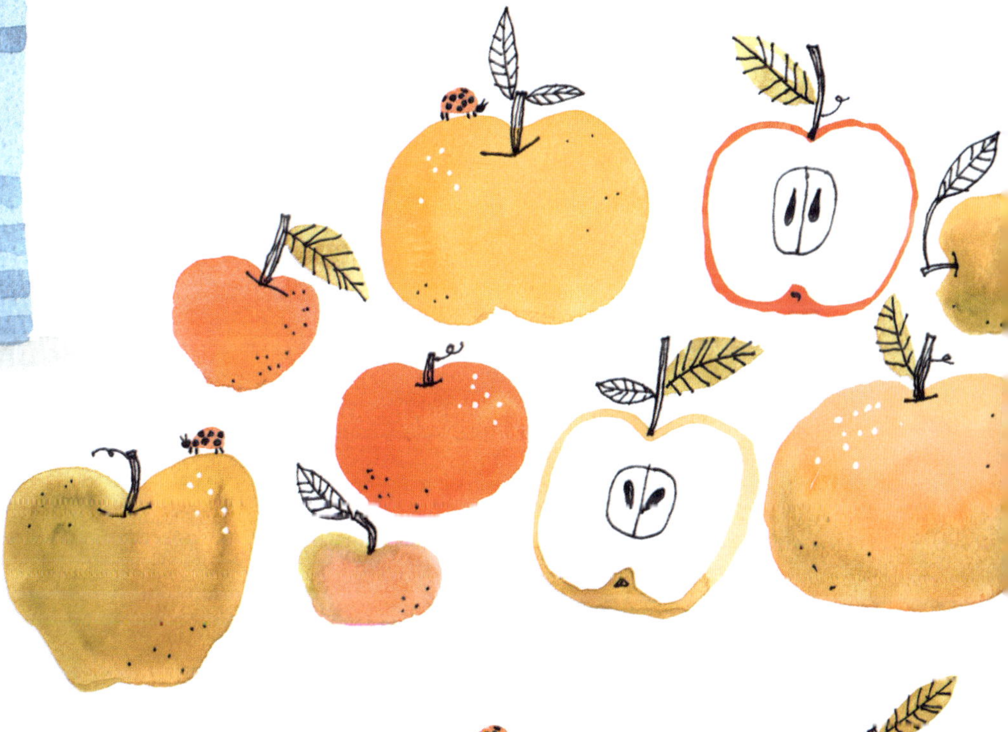

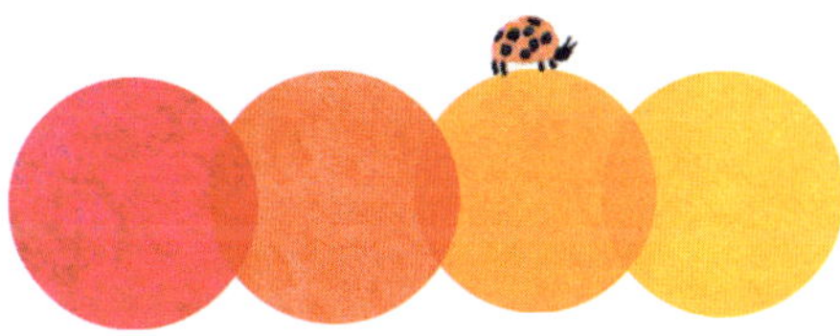

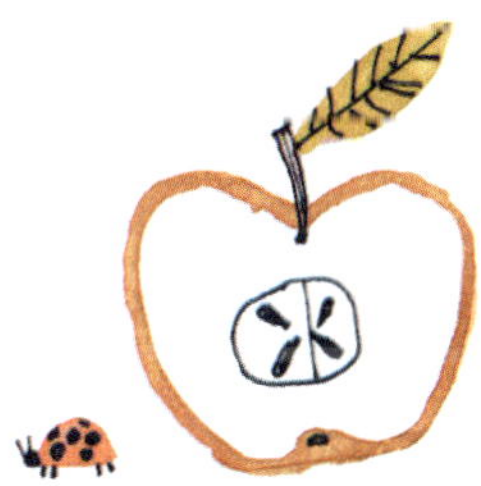

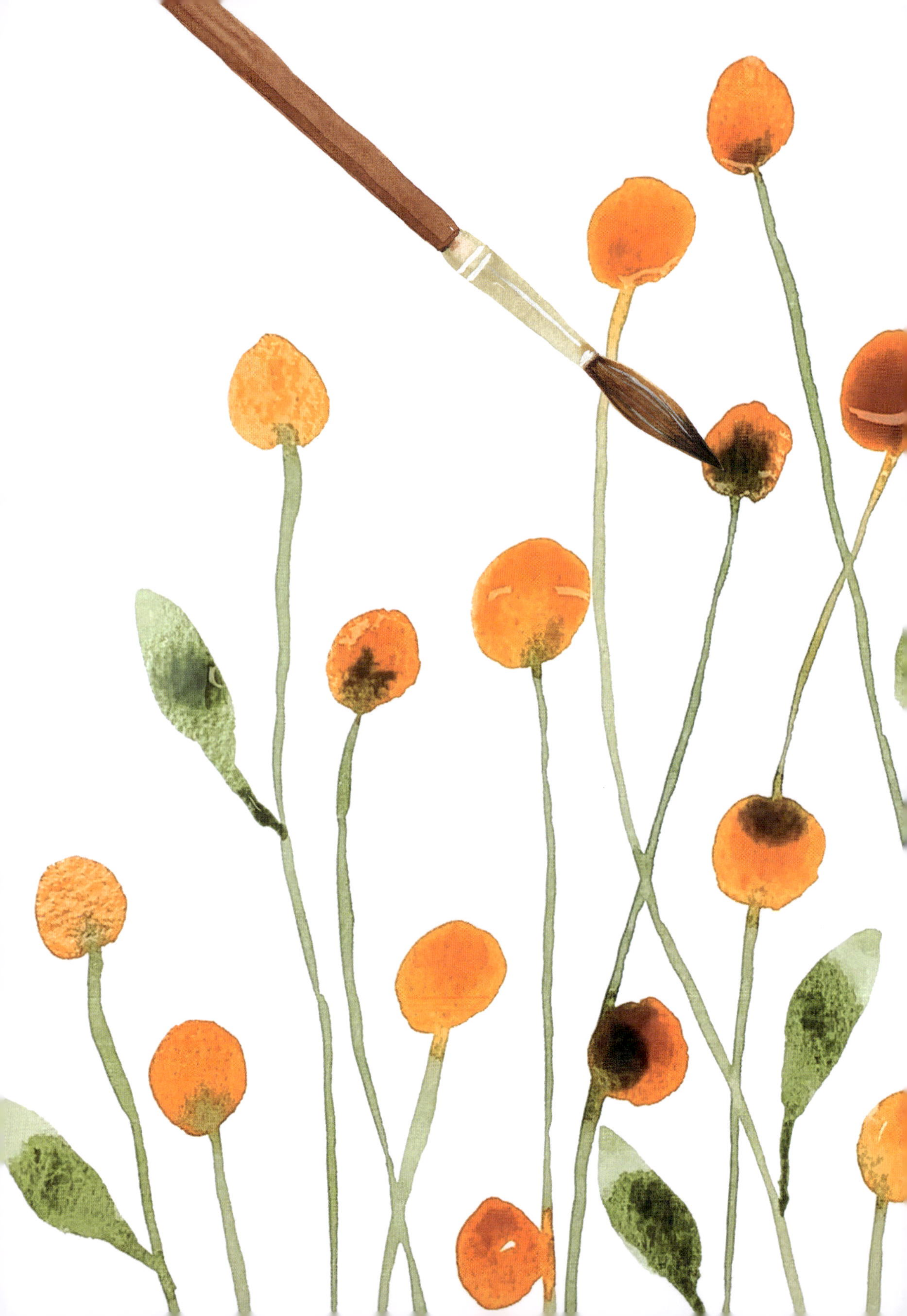

Den Pinsel in Farbe tränken

Verwenden Sie immer viel Wasser und viel Farbe. Verabschieden Sie sich dabei von der Angst, zu viel Material zu verwenden. Es ist einfacher, Wasser und Farbe hinzuzufügen, als die Farbe neu auf der Palette zu mischen.

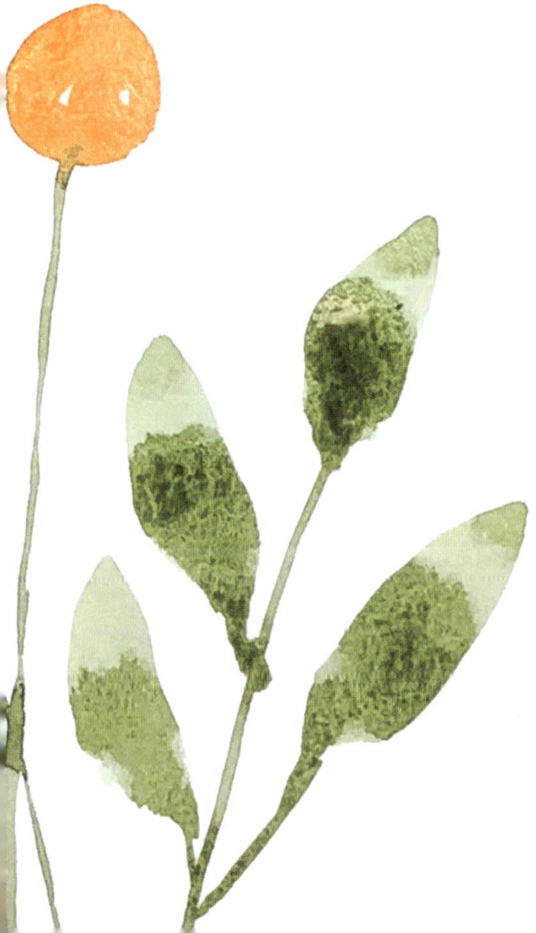

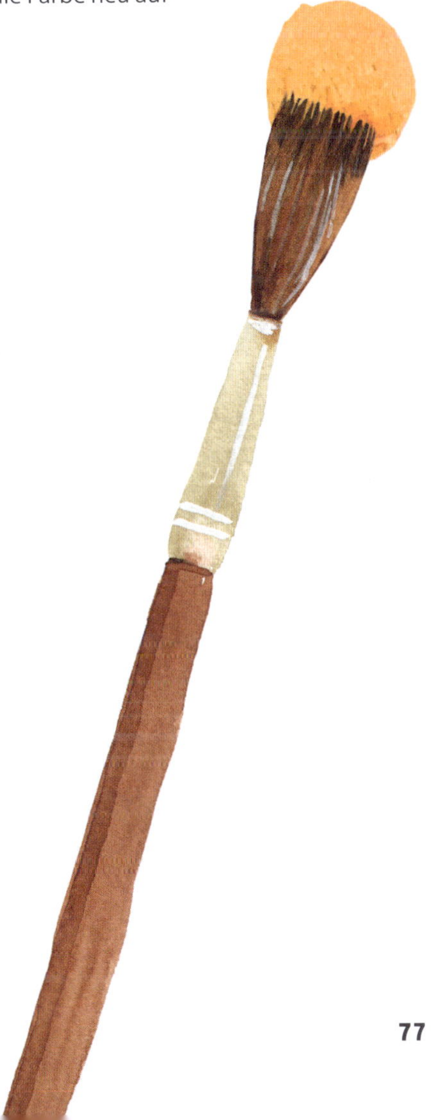

Hintergrundfarbe

Für einen Hintergrund in Aquarellfarben müssen Sie sehr konzentriert sein und die Stelle, an der Sie arbeiten, feucht halten, während der Rest des Bildes bereits trocknet. Sie müssen daher rasch und aufmerksam arbeiten, wenn Sie die Aquarellfarbe auf dem Papier verteilen. Sobald sie getrocknet ist, lässt sie sich nämlich nicht mehr verändern und Ränder und Übergänge können nicht mehr ausgeglichen werden. Aber Sie können ja immer wieder von vorn anfangen und die Variationen genießen, die entstehen, wenn die Farbe teilweise trocknet und wieder nass gemacht wird. In jedem Fall haben Sie am Ende ein farbiges Papier hergestellt, das Sie ausschneiden und für Collagen nutzen können!

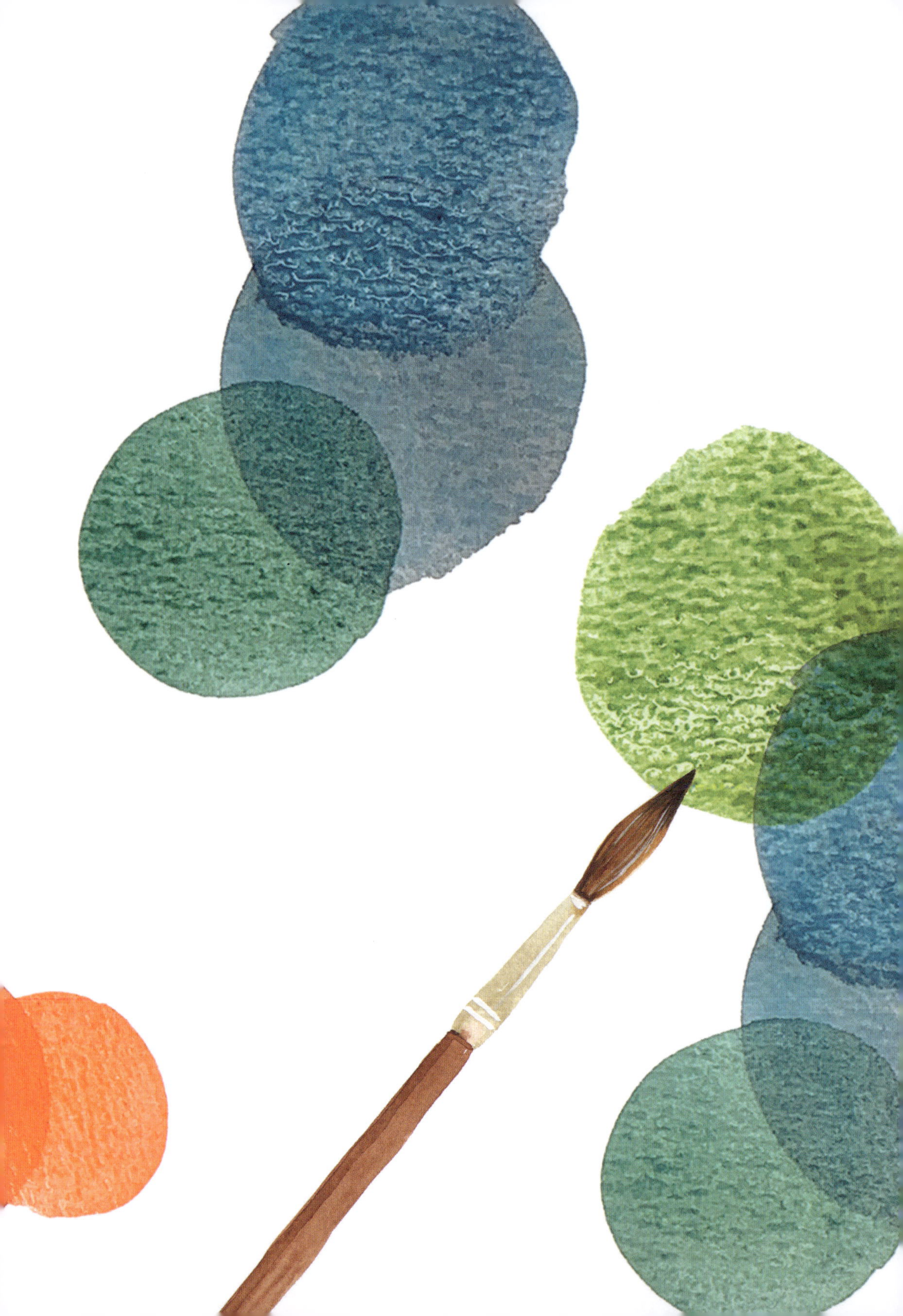

Nass auf Trocken

Auch wenn die Aquarellfarbe getrocknet ist, können Sie weitere Farbe auftragen. Wenn Sie zum Beispiel die gleiche Farbmischung auf die getrocknete Farbe auftragen, entsteht eine dunklere Farbe, weil doppelt so viel Pigment wie bei den ersten Pinselstrichen vorhanden ist. Mit diesem Vorgehen können Sie Tiefe im Bild erzeugen. Egal, ob durch Texturen, Schatten oder andere Details – der Klang der Farben wird so immer vielgestaltiger.

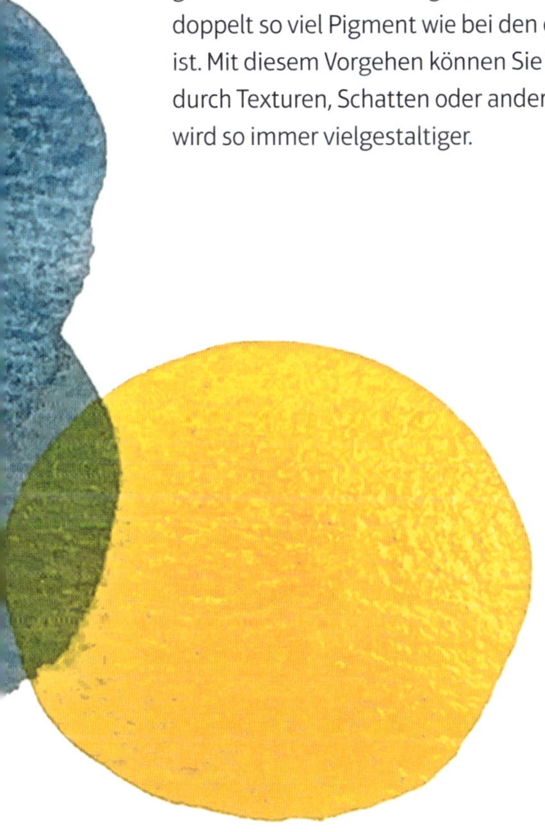

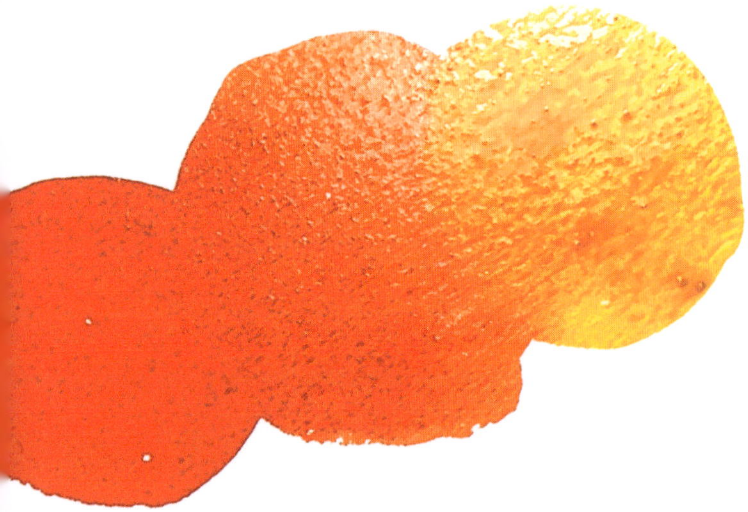

Nass in Nass

Bei dieser Technik tragen Sie auf einen noch nassen Pinselstrich einen weiteren Pinselstrich auf. Damit mischt sich die Farbe auf interessante Weise und erzeugt überraschende Effekte. Wie bei allen Aquarelltechniken können sich durch die Nass-in-Nass-Technik Pfützen bilden, die beim Trocknen oft einen dunklen Rand hinterlassen. Nehmen Sie überschüssiges Wasser mit einem trockenen, abgeschrägten Pinsel auf, um zu verhindern, dass sich Farbe in Pfützenrändern absetzt.

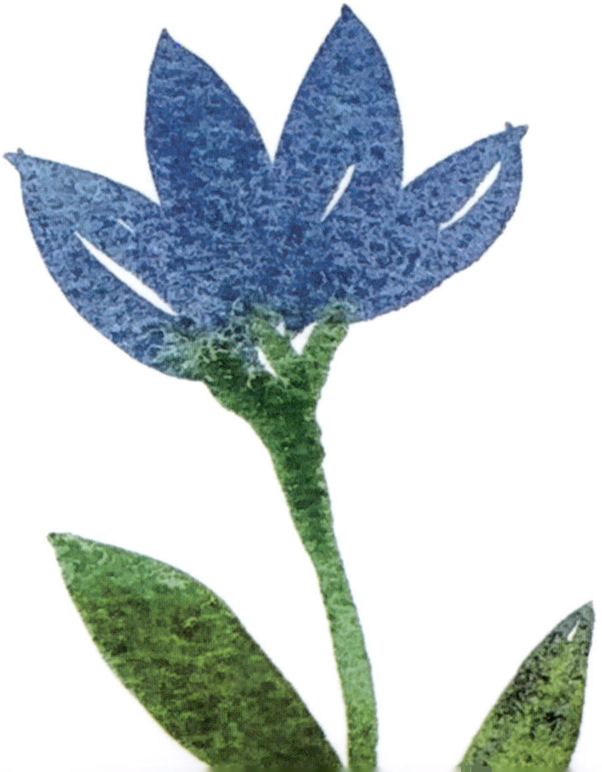

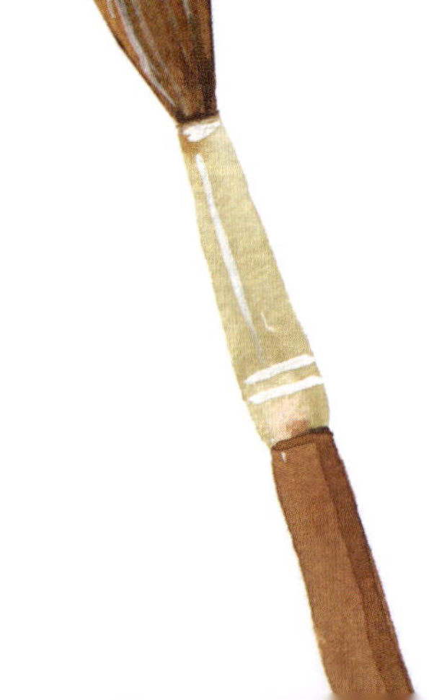

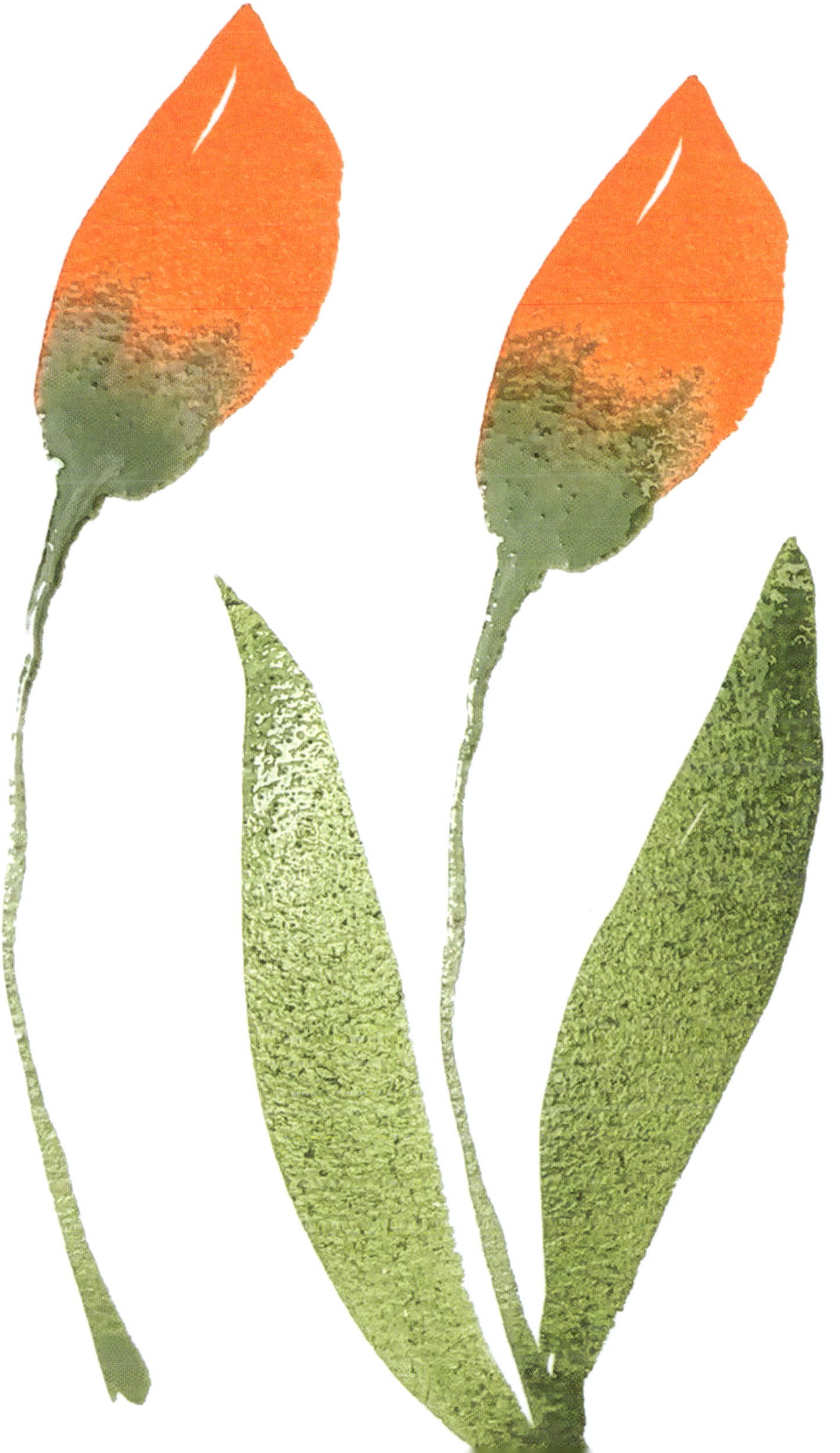

Farbwert und Farbintensität

Mit Farbwerten (der Dunkel- und Hellbereich einer Farbe) können Sie die Aufmerksamkeit des Betrachters anziehen. Der gleiche Effekt lässt sich mit Farbtönen (die Leuchtkraft oder Mattigkeit einer Farbe) erzielen. Eine Stelle, an der Dunkel und Hell aufeinanderstoßen, ist besonders intensiv und zieht häufig den Blick des Betrachters an.

Genauso weckt die lebhafteste Farbe eines Bildes die Aufmerksamkeit des Betrachters. Neben ihr wirken alle anderen Farben grauer. Mit diesen beiden Methoden können Sie den Blick des Betrachters auf das wichtigste Element Ihres Werkes lenken.

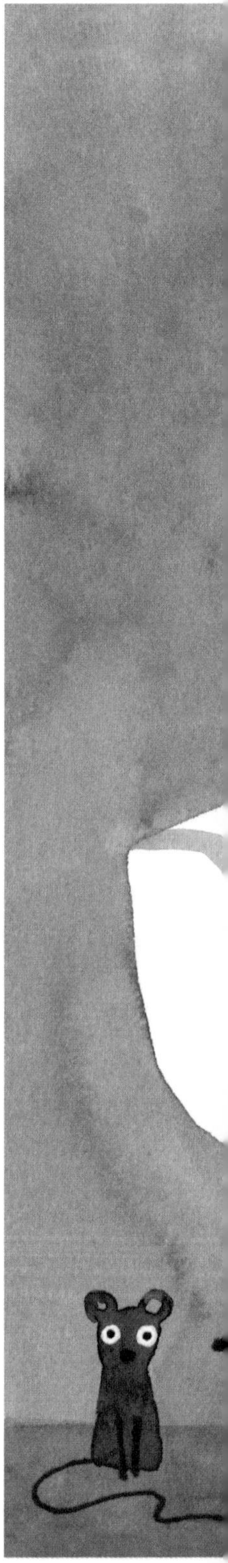

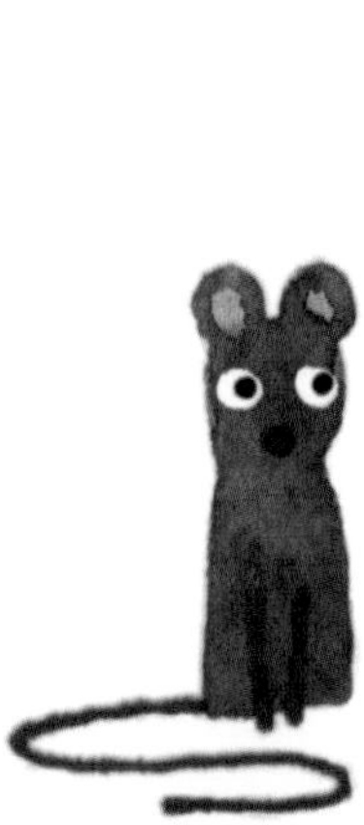

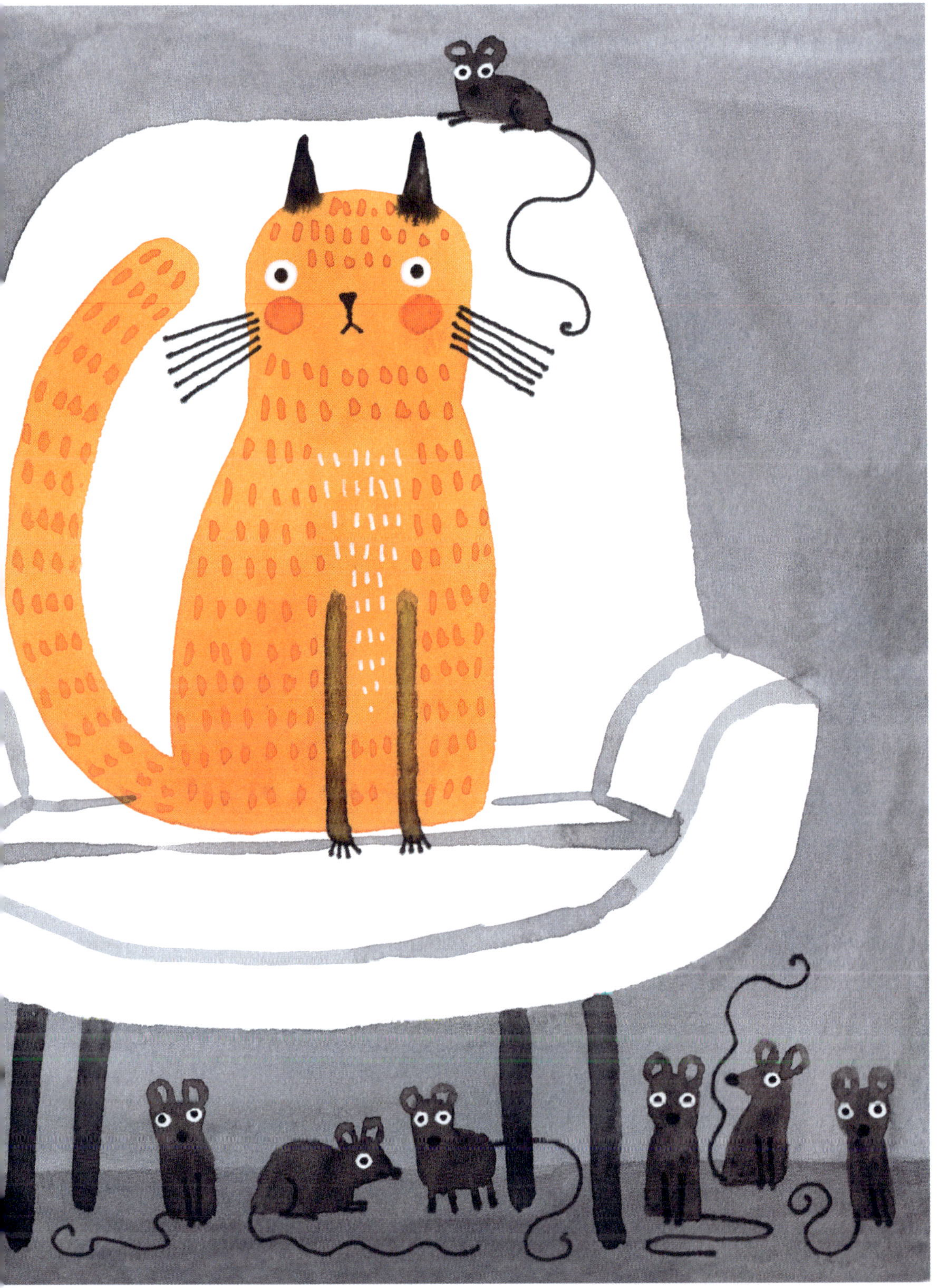

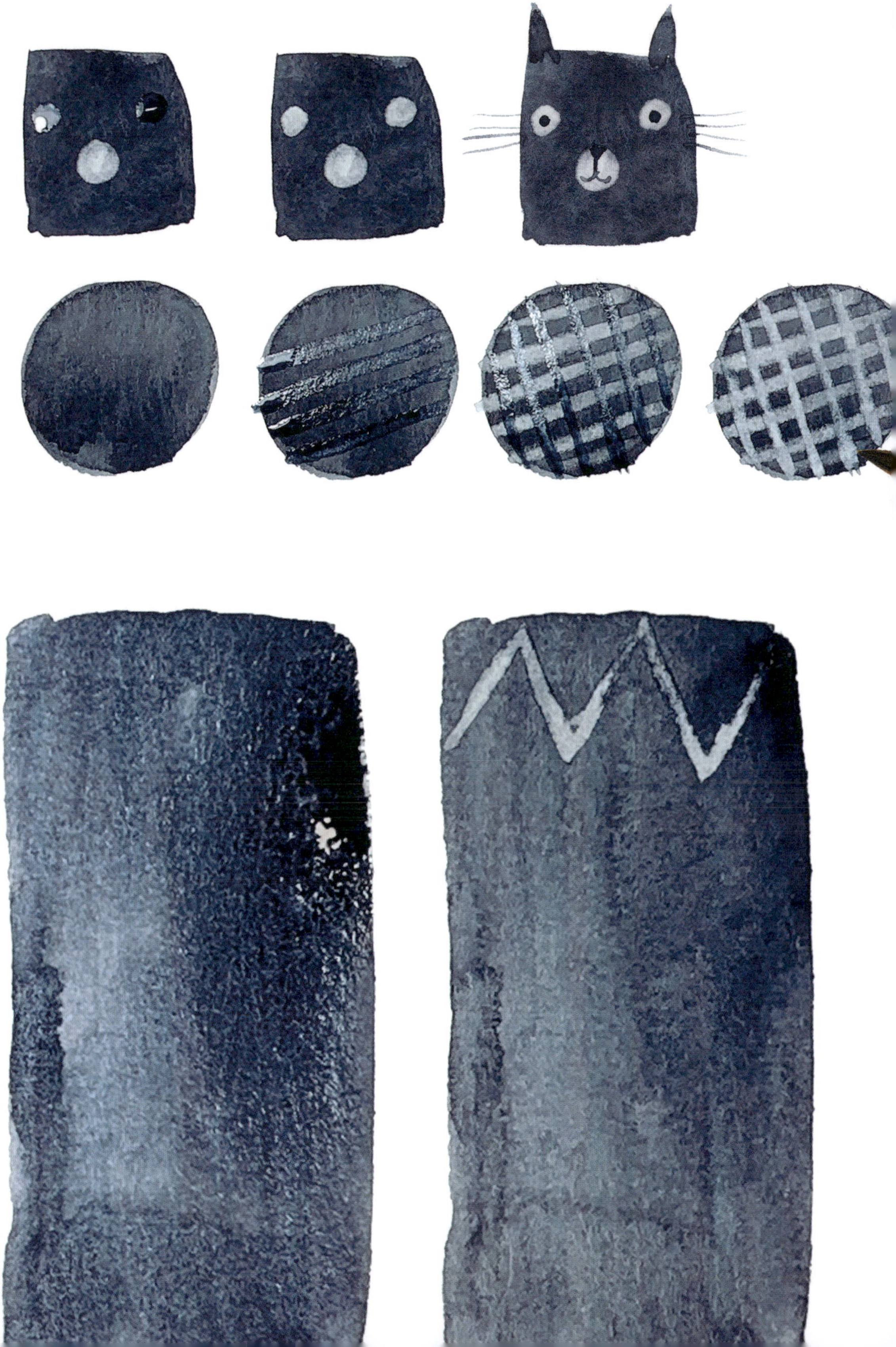

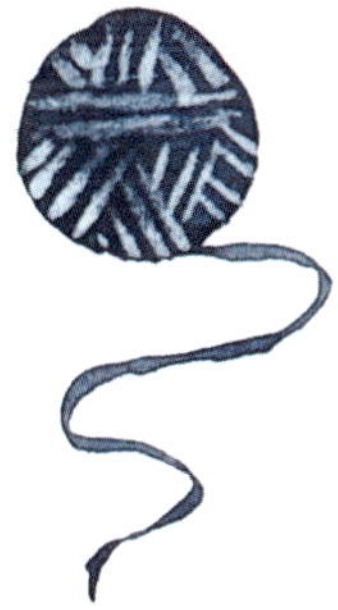

Farbe auf dem Papier hervorheben

Vielleicht möchten Sie eine aufgetragene Farbe durch eine Art »Spotlight« hervorheben. Je nach Papier und Farbe können Sie den gewünschten Bereich anfeuchten und einen Teil der Pigmente mit einem sauberen Tuch aufsaugen. Dieses Verfahren wende ich besonders gern an, wenn ich dunkle Tiere wie beispielsweise eine schwarze Katze gemalt habe. Ich gebe ein wenig Wasser auf die Schnauze und sauge das Pigment mit einem Tuch auf. So entsteht ein heller Bereich rund um Nase und Mund.

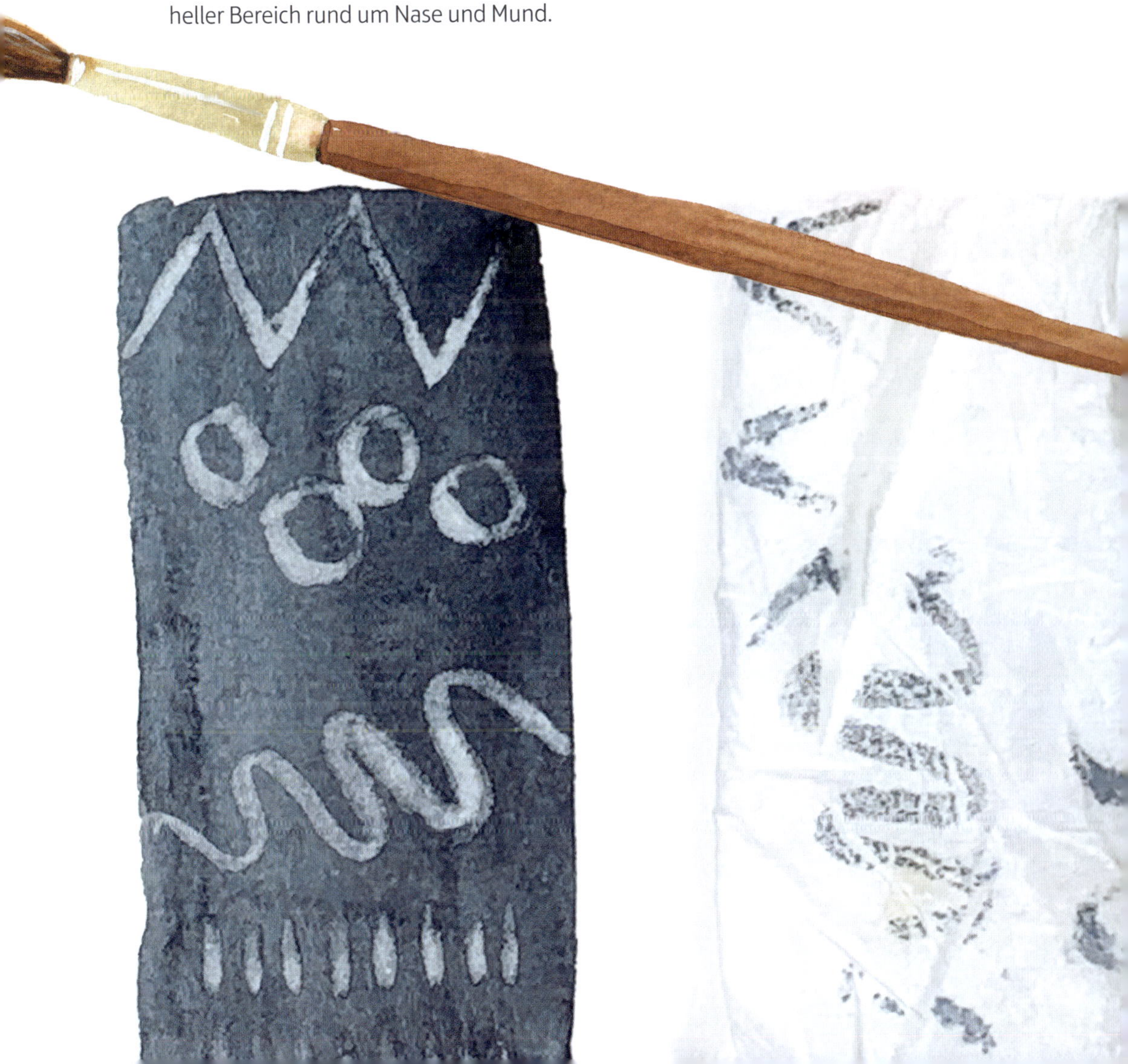

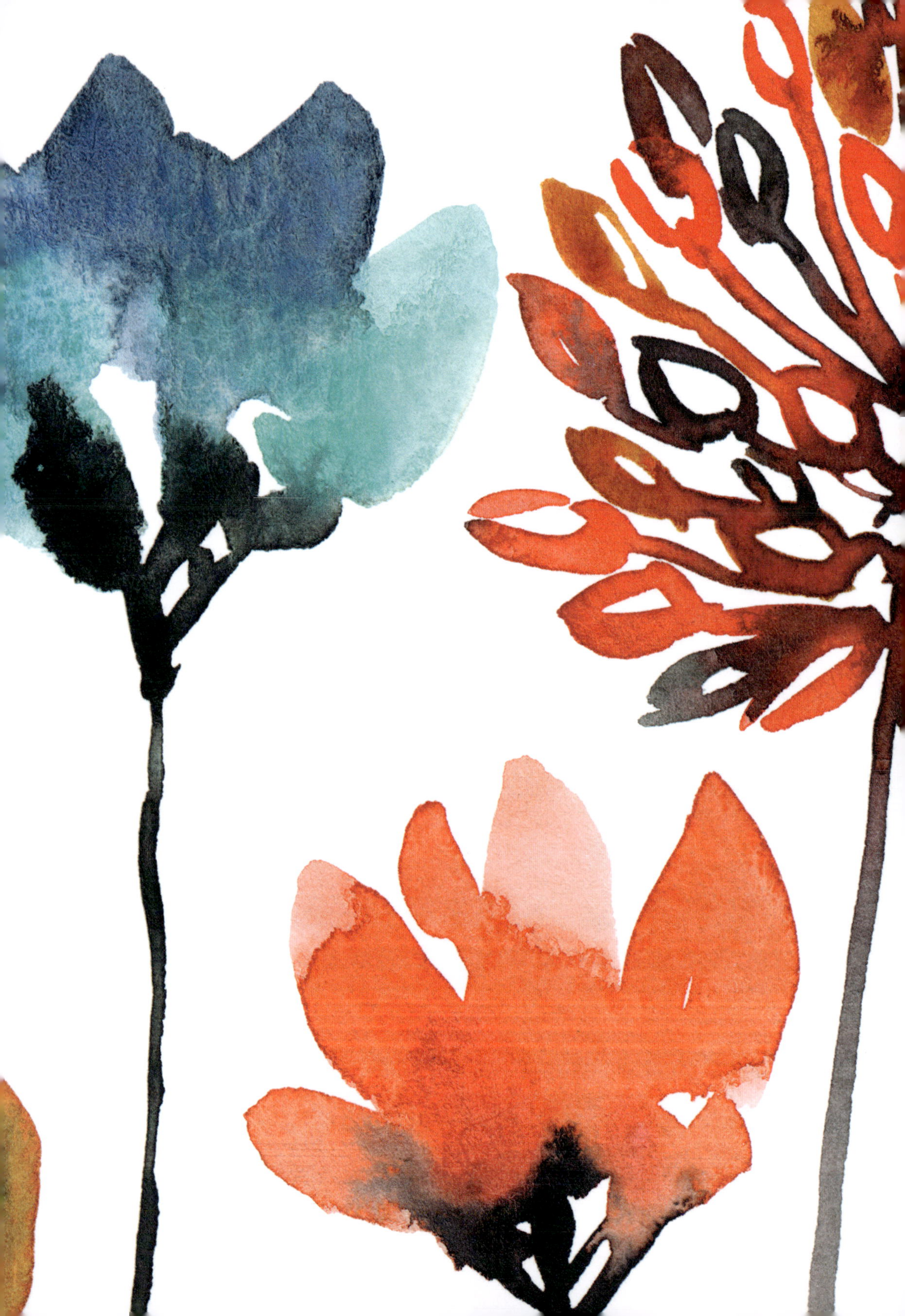

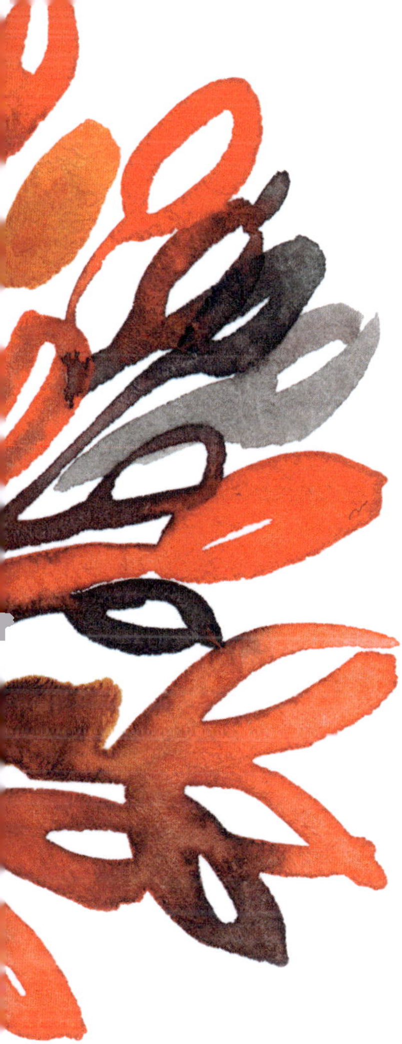

Projekt 3:

Blumenfreuden

In diesem Projekt malen Sie verschiedene Blumen.
Wir wenden hier die Nass-in-Nass- und die
Nass-auf-Trocken-Technik an.

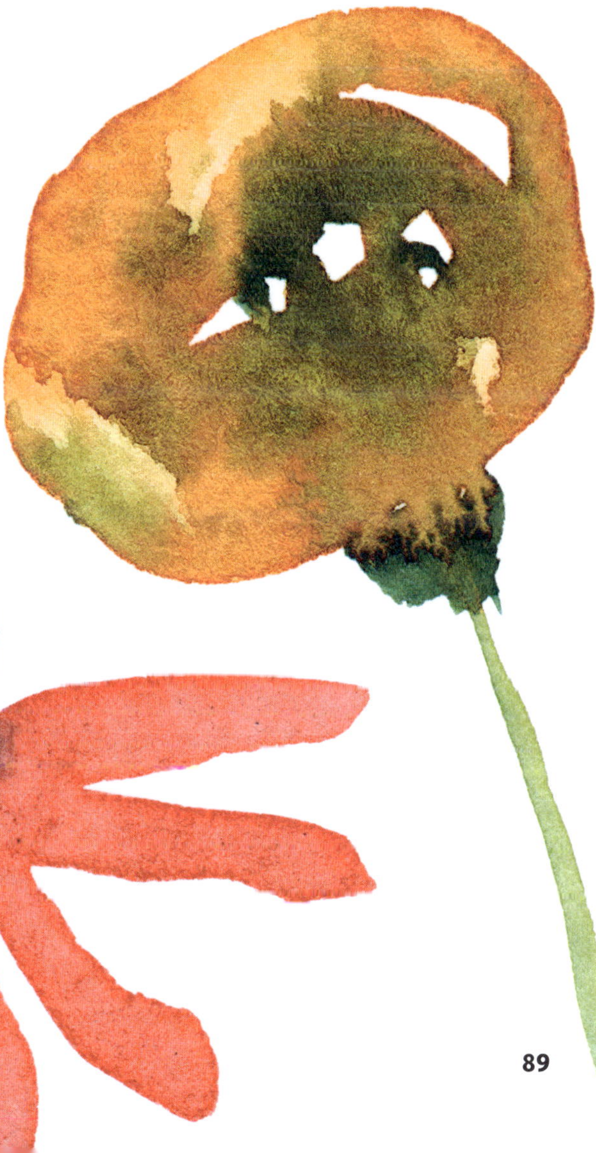

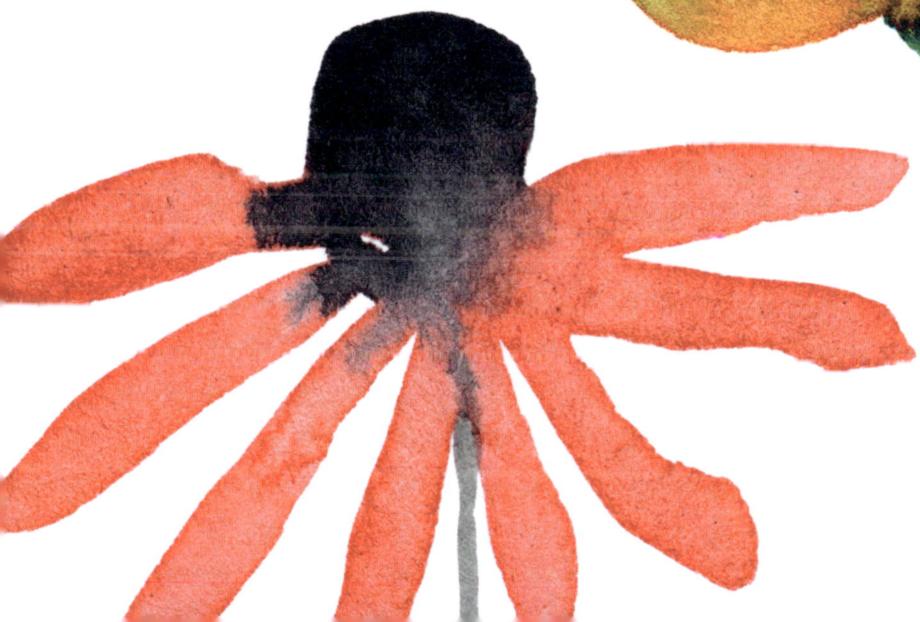

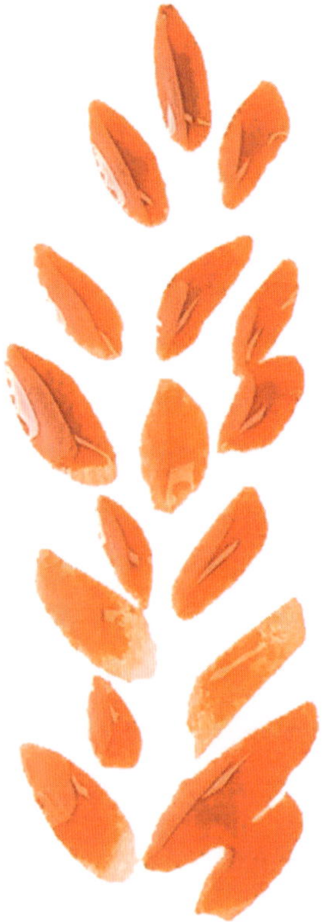

Beginnen Sie mit Farbklecksen.

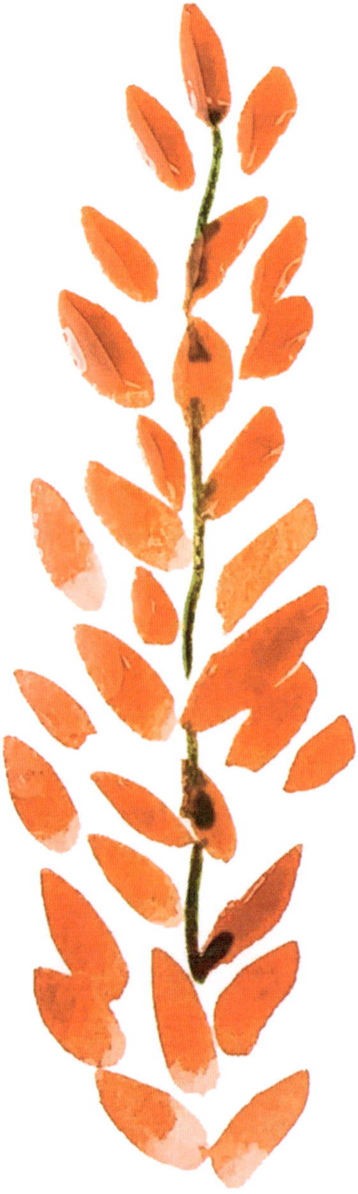

Fügen Sie weitere Farbkleckse und einen Stängel hinzu.

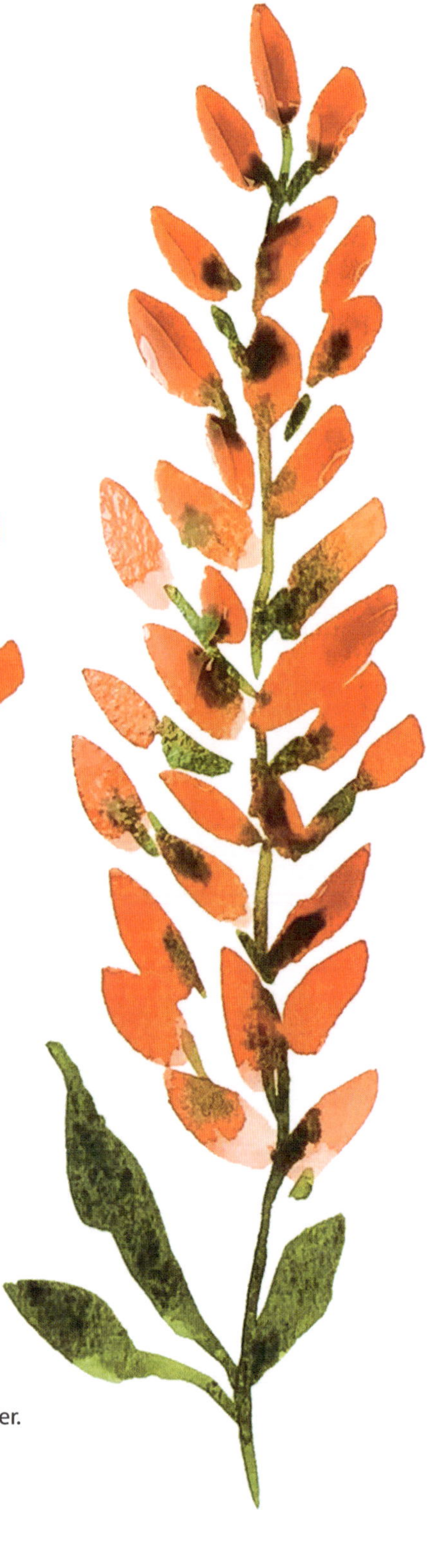

Und nun noch einige Blätter.

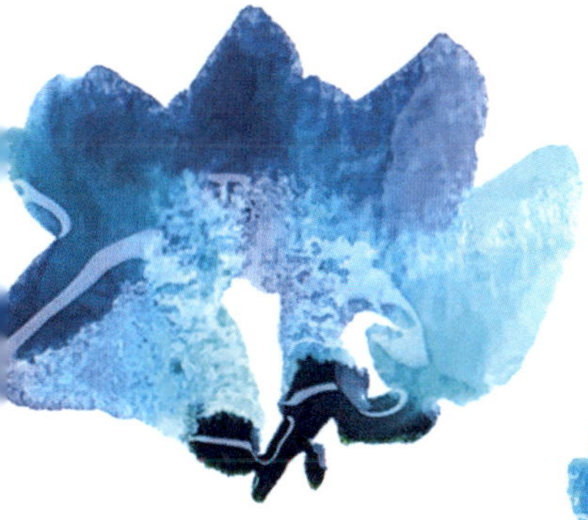

- Malen Sie einen größeren Klecks, der oben wellig ist. Unten lassen Sie ein oder zwei weiße Stellen.

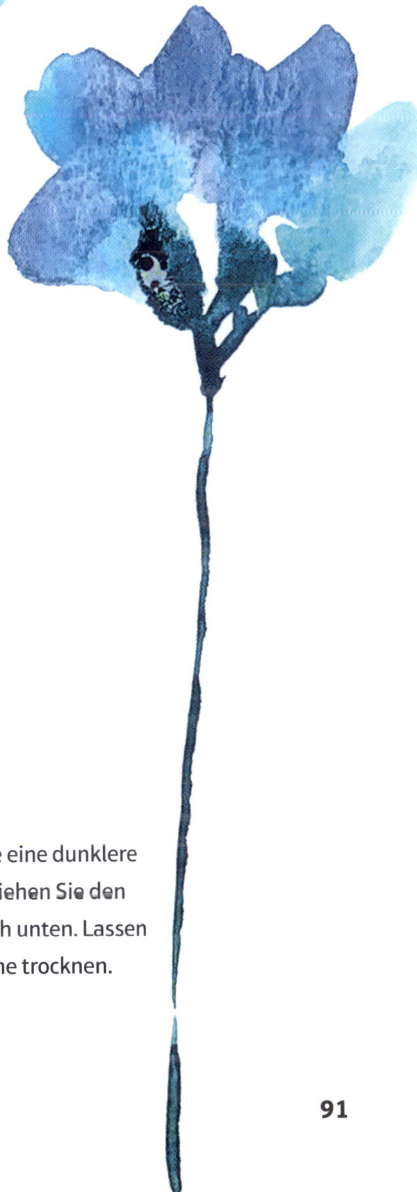

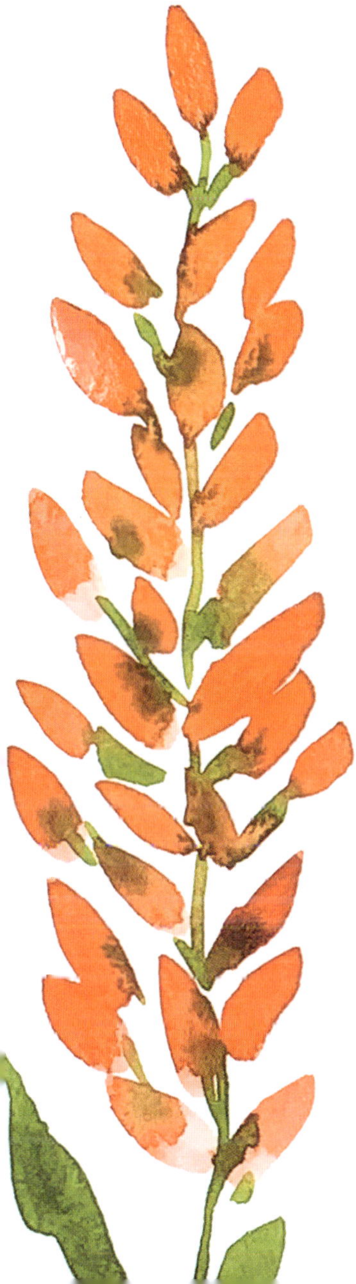

- Nehmen Sie eine dunklere Farbe und ziehen Sie den Stängel nach unten. Lassen Sie die Blume trocknen.

- Malen Sie nochmals einige Kleckse und setzen Sie einen Tupfen der gleichen Farbe in die Mitte. Ziehen Sie unten einen Stängel heraus.

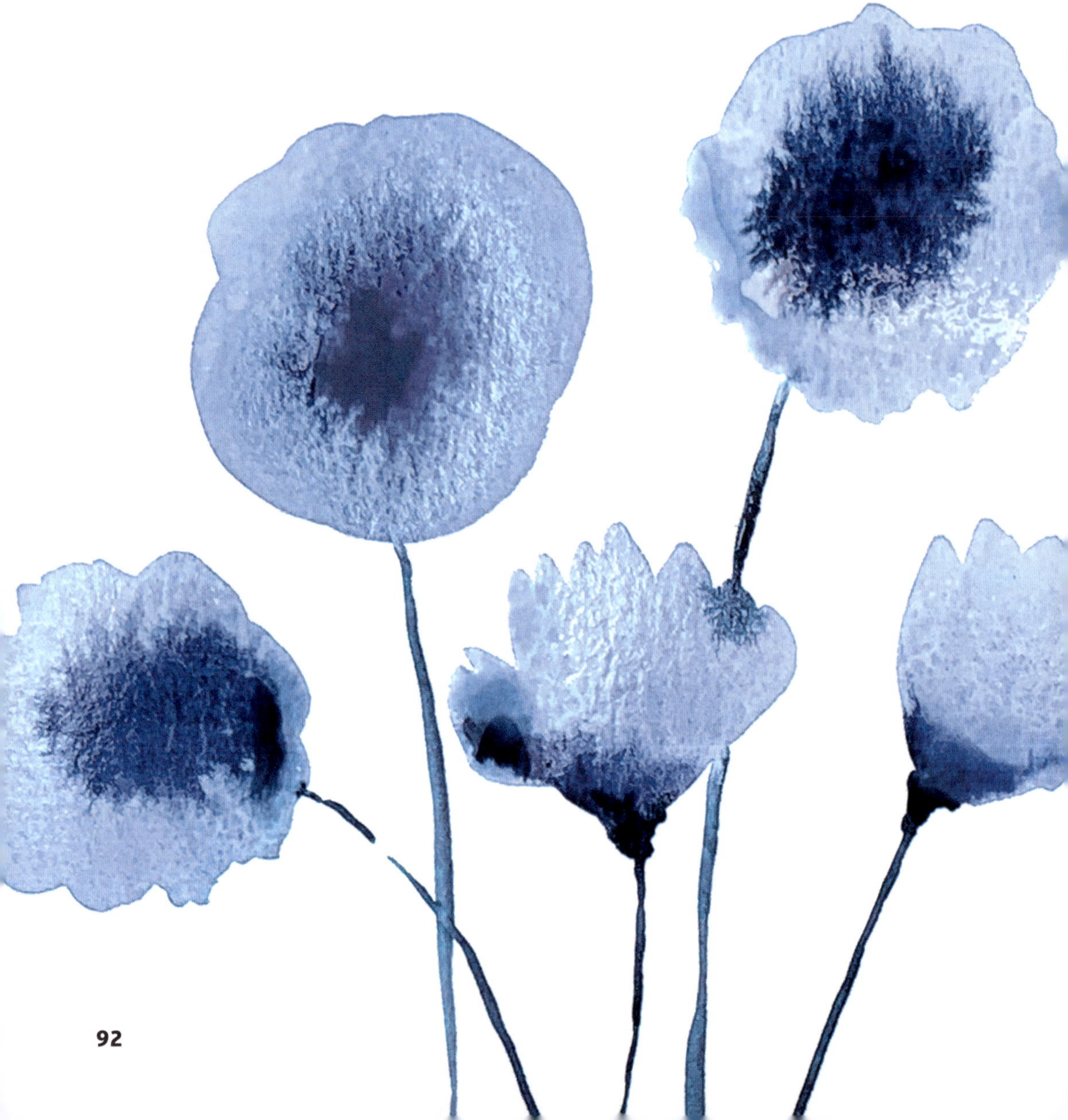

- Fügen Sie Details in Schwarz und Weiß hinzu. Experimentieren Sie!

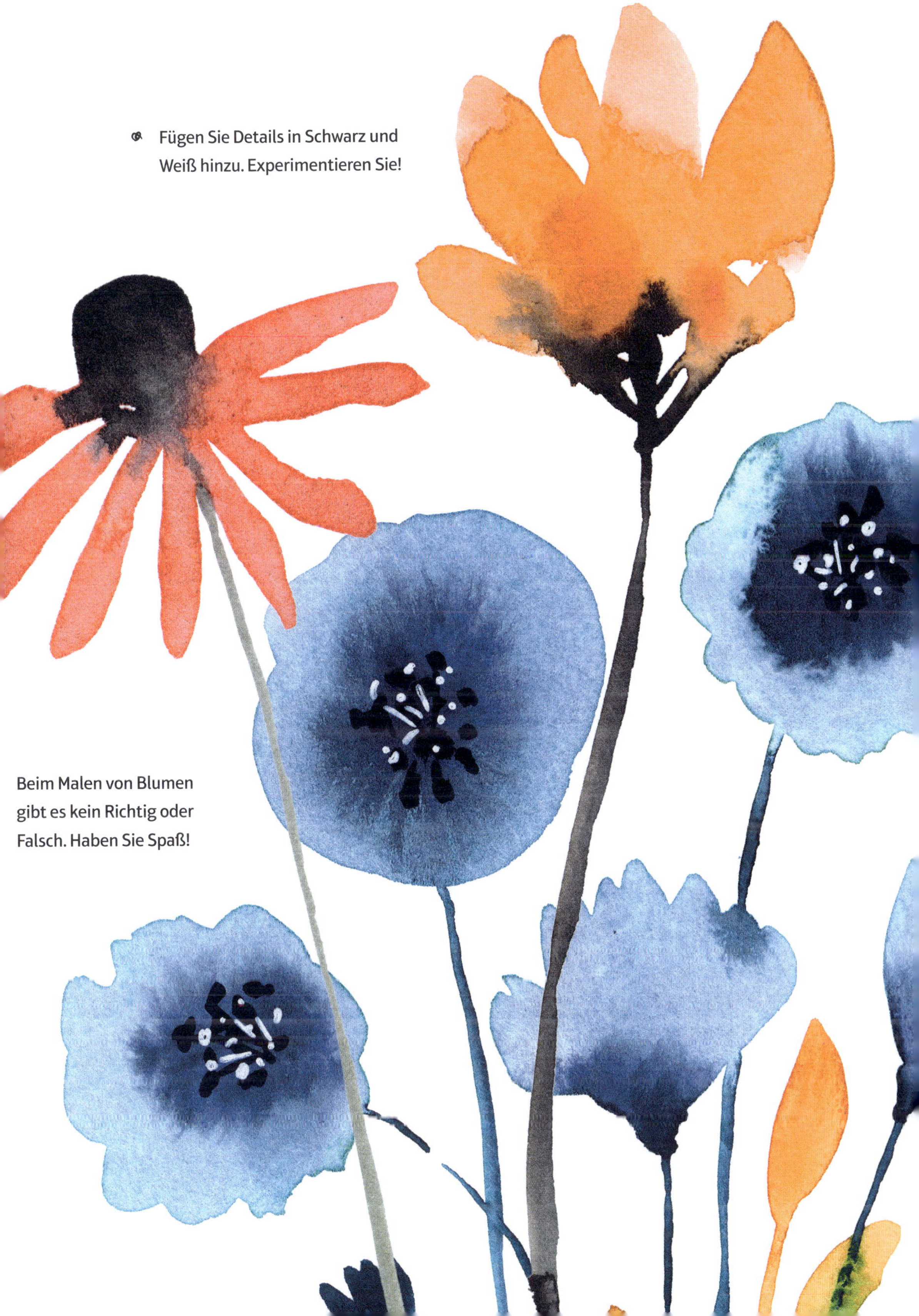

Beim Malen von Blumen gibt es kein Richtig oder Falsch. Haben Sie Spaß!

Trockentechnik

Mit der Trockentechnik erzielen Sie eine wunderschöne Textur. Tauchen Sie den Pinsel in eine Farbmischung und ziehen Sie ihn über eine trockene Oberfläche, um einen Großteil des Wassers zu entfernen. Setzen Sie den Pinsel nun in unterschiedlichen Winkeln auf dem Papier auf. Der Pinselstrich erzeugt unterschiedliche Texturen auf dem Papier.

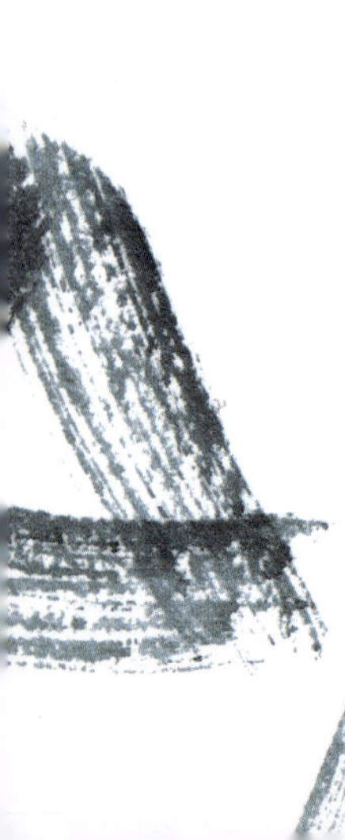

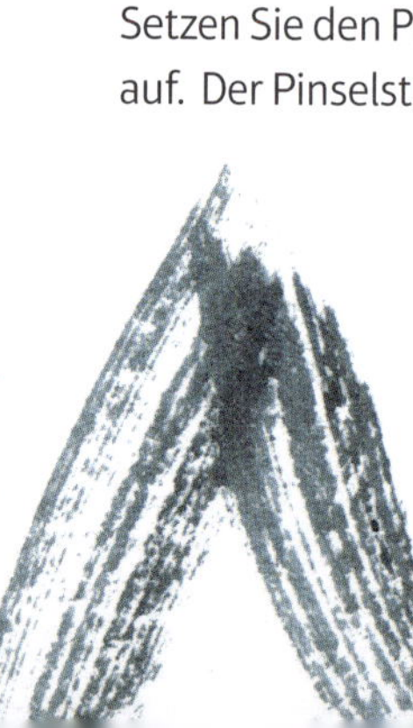

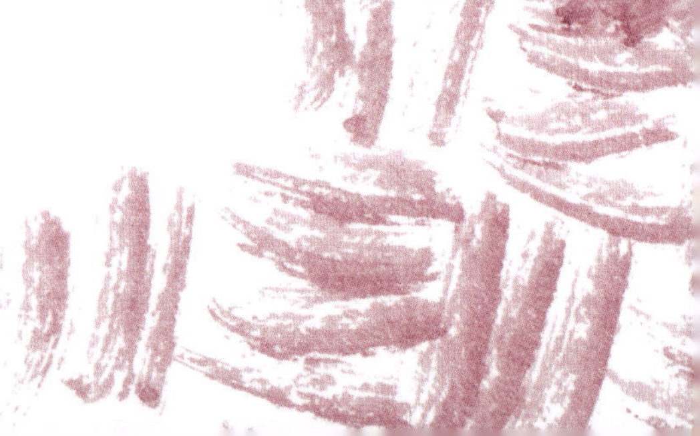

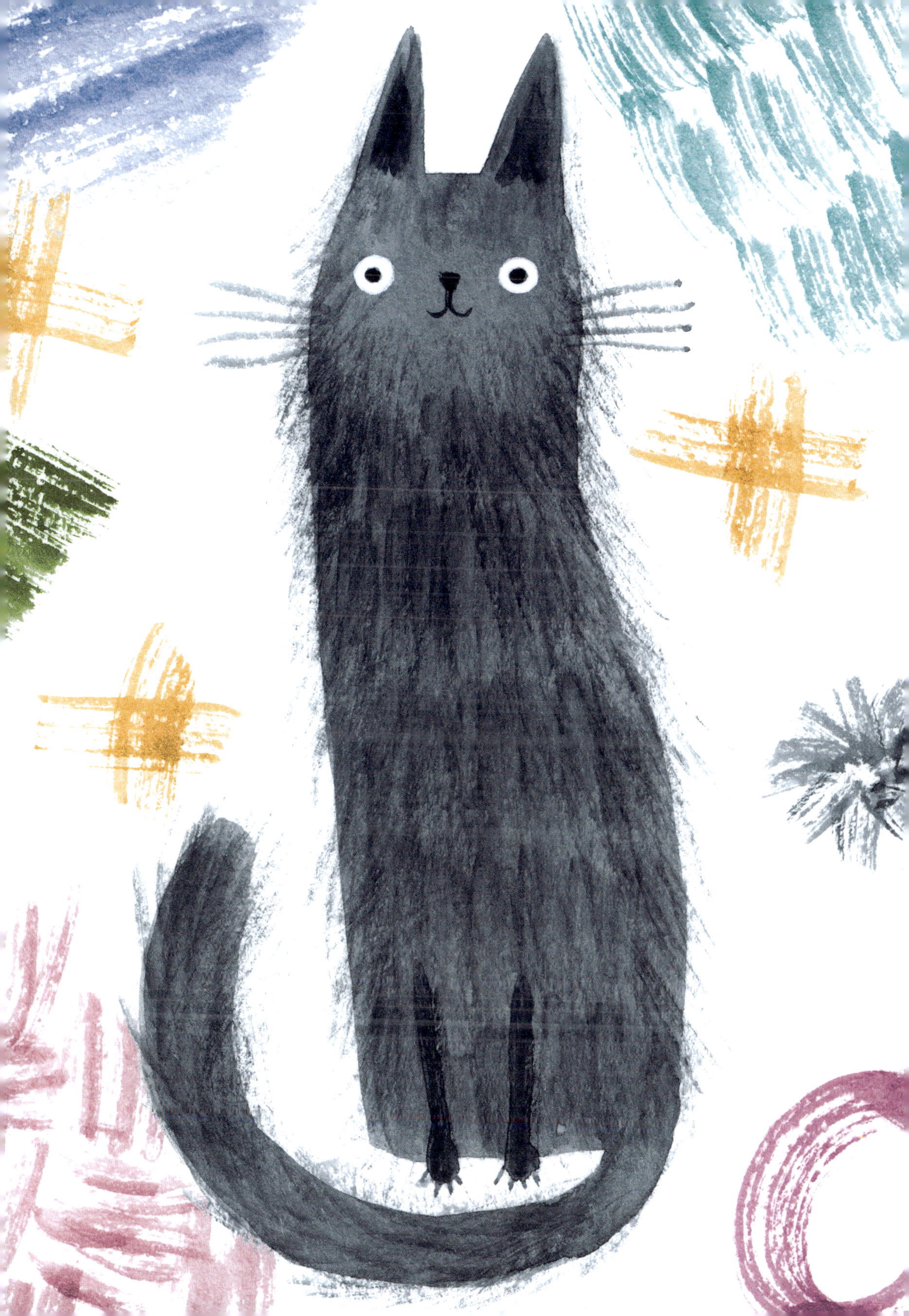

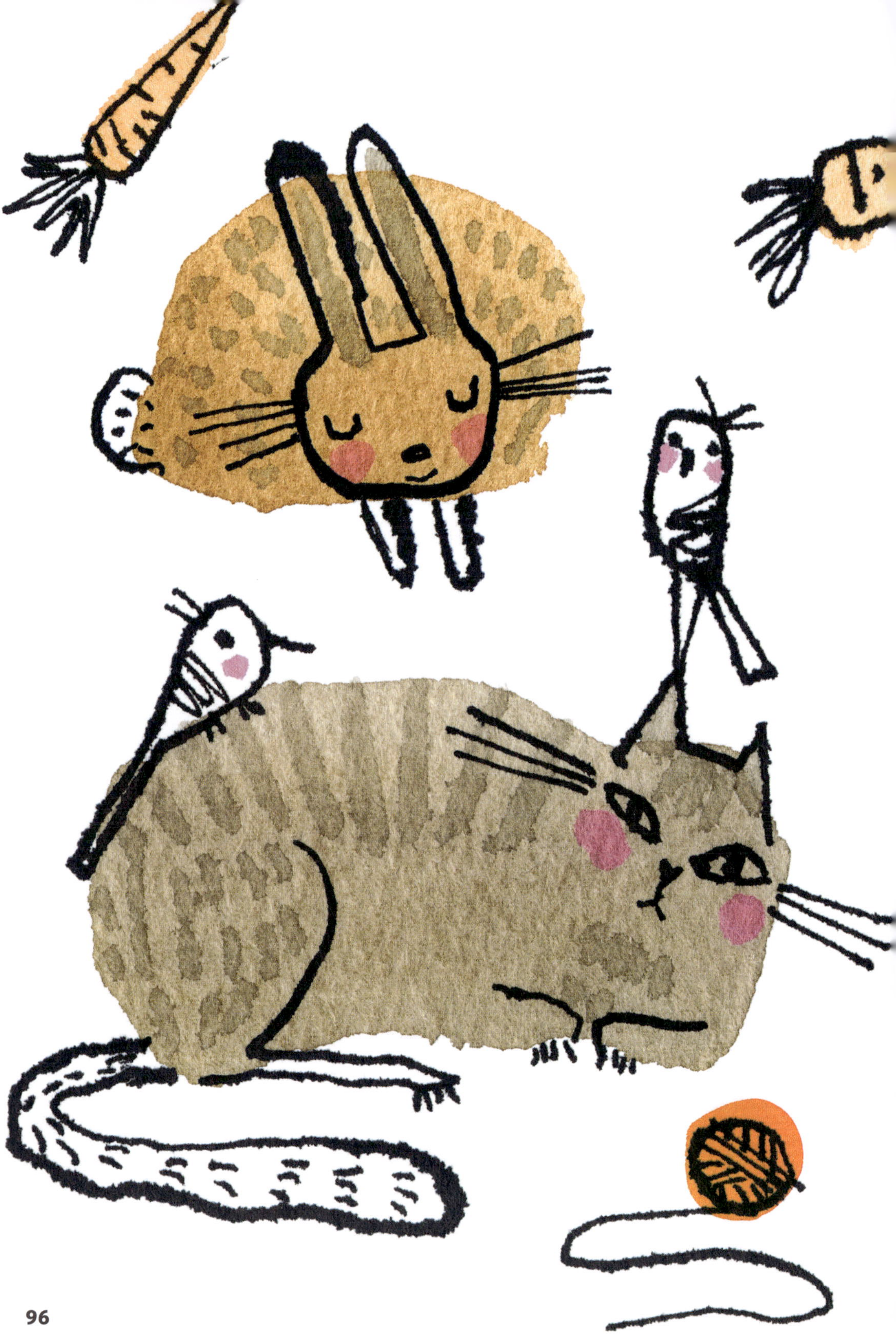

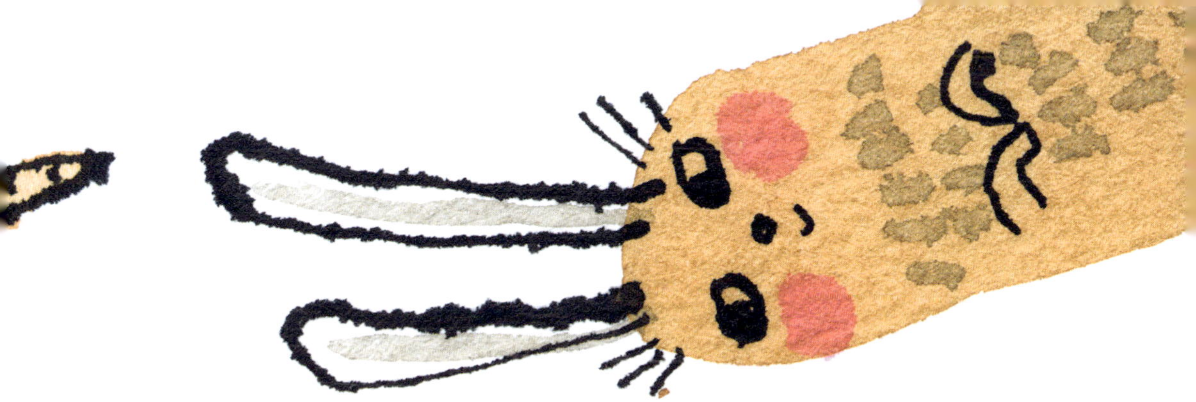

Formen

Formen spielen eine große Rolle beim Malen. Beginnen Sie einfach mit einer Form – einem undefinierbaren Farbklecks oder einer erkennbaren Form. Das ist die Grundlage für die fantasievollsten Bilder. Wie viele Dinge man in einer Form ohne Details erkennen kann, ist wirklich erstaunlich. Und es macht riesig Spaß, sich von der Form zu einem Motiv lenken zu lassen. Auf diese spielerische Weise bleiben Sie beim Malen locker und offen (Sie kennen das schon aus dem Projekt »Vom Klecks zum Vogel«). Bald schon werden Sie Hasen und Katzen malen, selbst wenn Sie nicht wissen, wie das geht. Sie müssen einfach nur Ohren, Schwanz und Schnauzhaare hinzufügen!

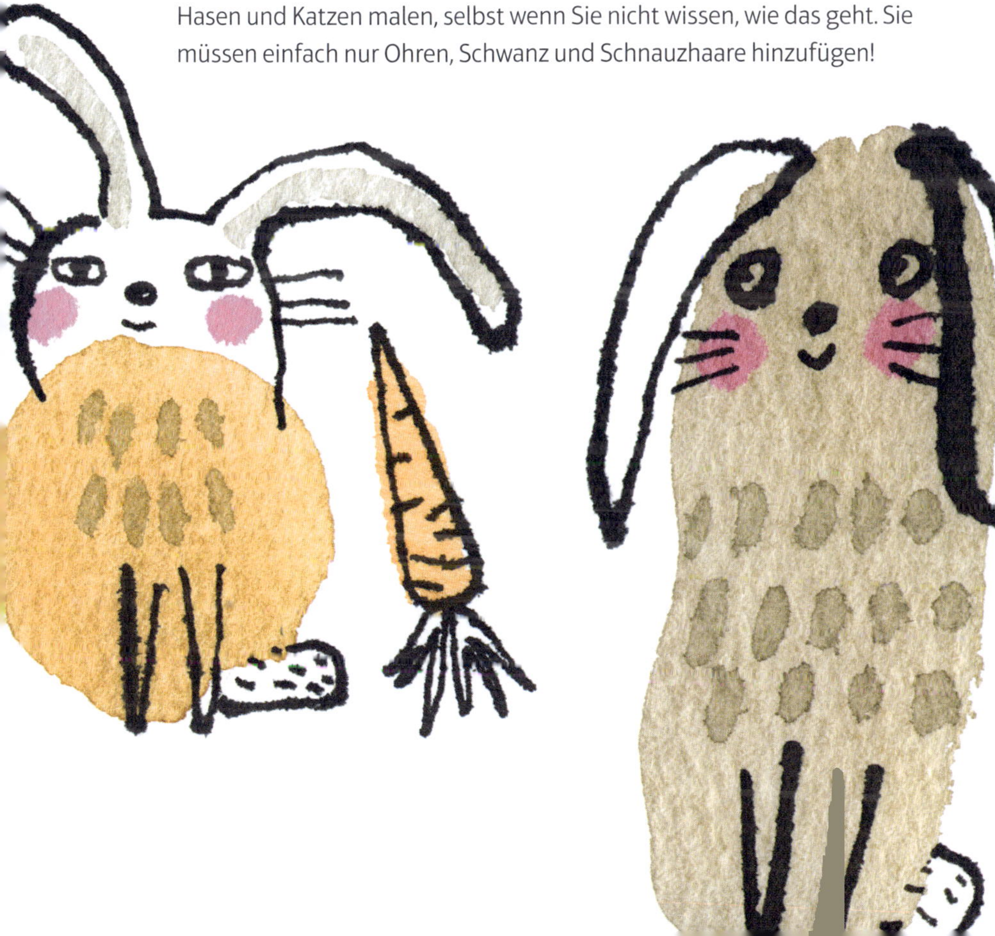

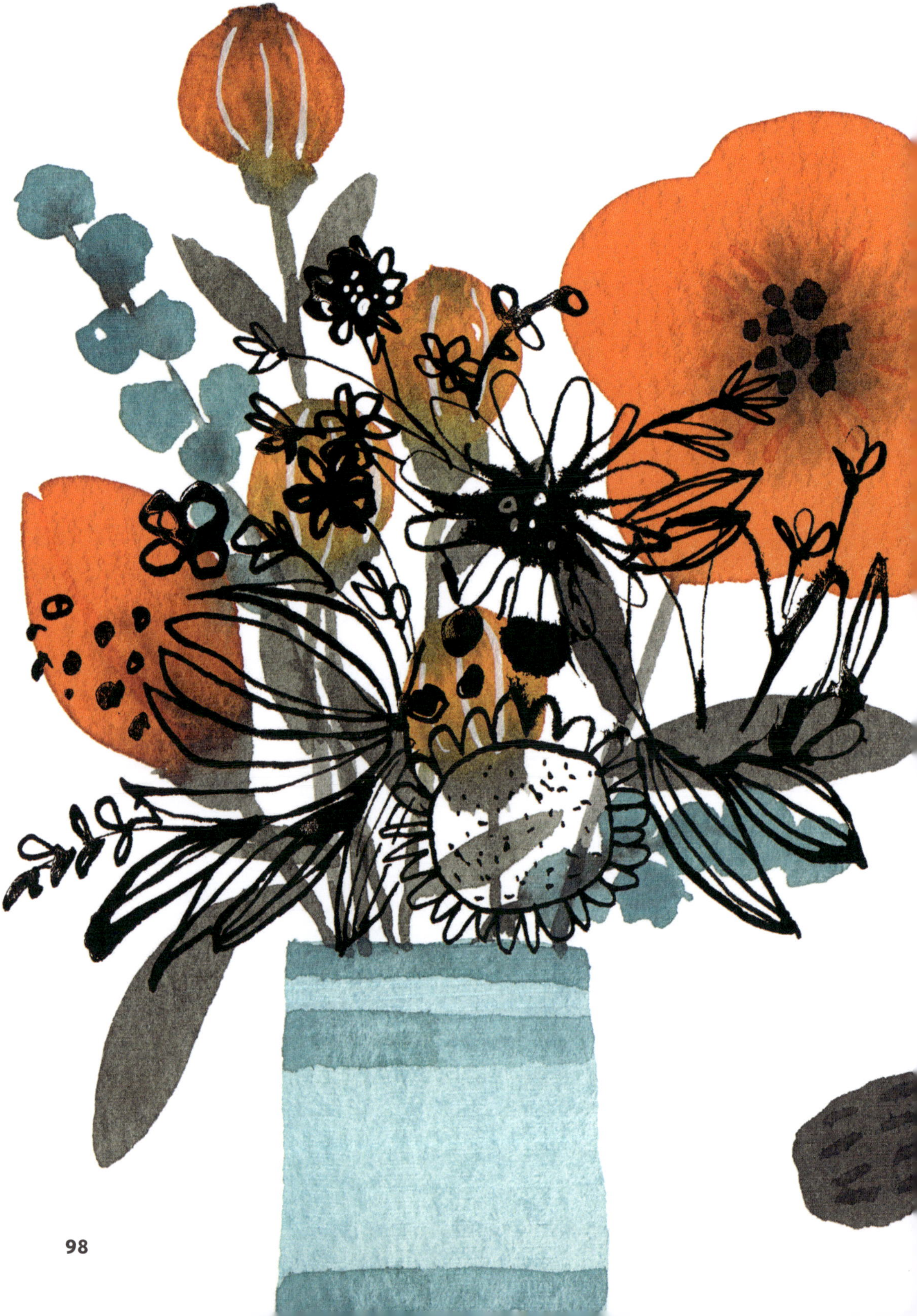

Linien

Mithilfe von Linien können Sie Details wie Augen, Mund, Blätter, Stängel und Fell hinzufügen, die die Darstellung definieren und Ihrem Werk Persönlichkeit verleihen. Ich persönlich konturiere meine Bilder auch gern, sodass die Form durch den Rand hervorgehoben wird. Wenn ein Element im Bild »auseinanderläuft« , weil die Farbwerte oder die Farben zu eng beieinander liegen, können Sie die einzelnen Motive durch eine feine Linie oder einen Schatten voneinander trennen. Manche Künstler umranden Ihre Objekte auch vollständig. Damit ähnelt das Bild ein wenig einem Malbuch oder, wenn Sie noch Text hinzufügen, einem Comic.

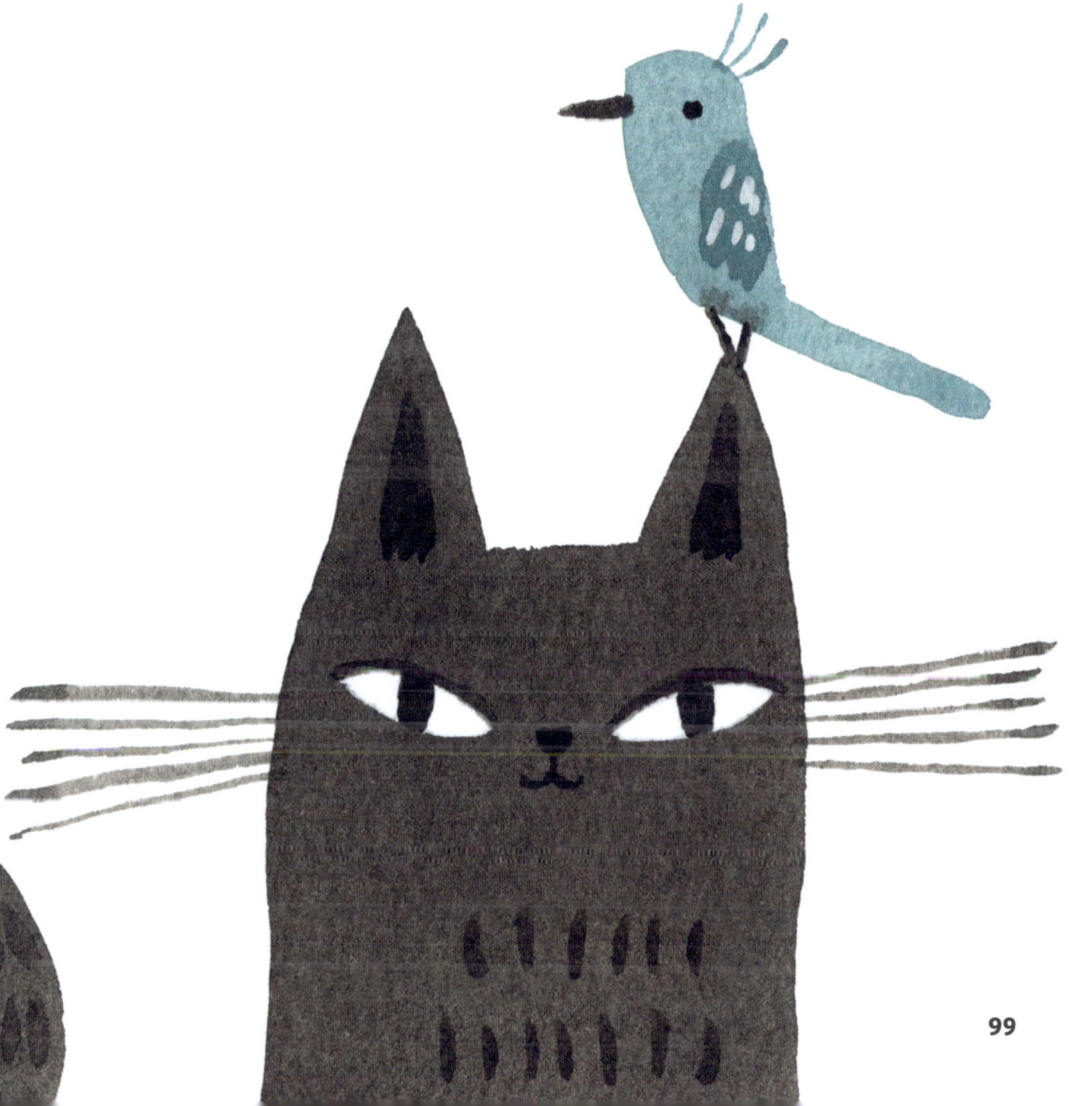

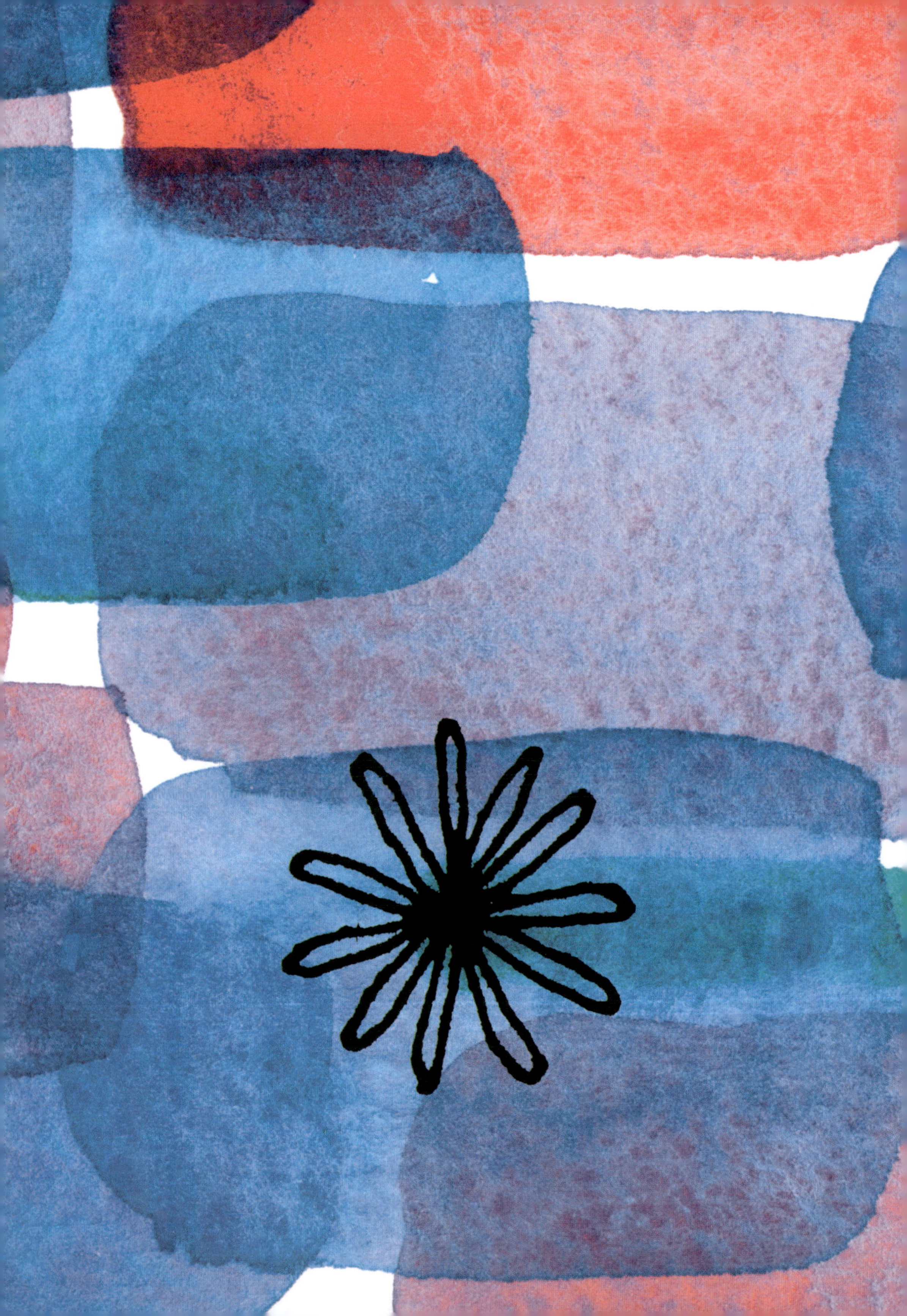

Design und Layout – ein Muss?

Ein gewisser Sinn für Design kann hilfreich sein, ist aber nicht unbedingt nötig, um Freude am Malen zu haben. Die Freiheit zu haben, Farbe fließen zu lassen, ist ein wunderbarer Weg, Kreativität zu erforschen. Ich mag es, wenn meine Bilder eine gewisse Balance haben. Natürlich ist auch ein unausgewogenes Bild nicht falsch, denn es weckt Gefühle beim Betrachter. Das Design für meine Bilder plane ich nicht strategisch, sondern lasse es eher intuitiv entstehen und verlasse mich auf das, was ich im Verlauf der Jahre über Gestaltung gelernt habe. Genauso, wie Sie auf Ihrer kreativen Reise einen eigenen Stil entwickeln, werden Sie auch einen Blick für die Bildgestaltung bekommen. Und wenn Sie noch mehr lernen möchten, gibt es viele gute Bücher zum Thema Design.

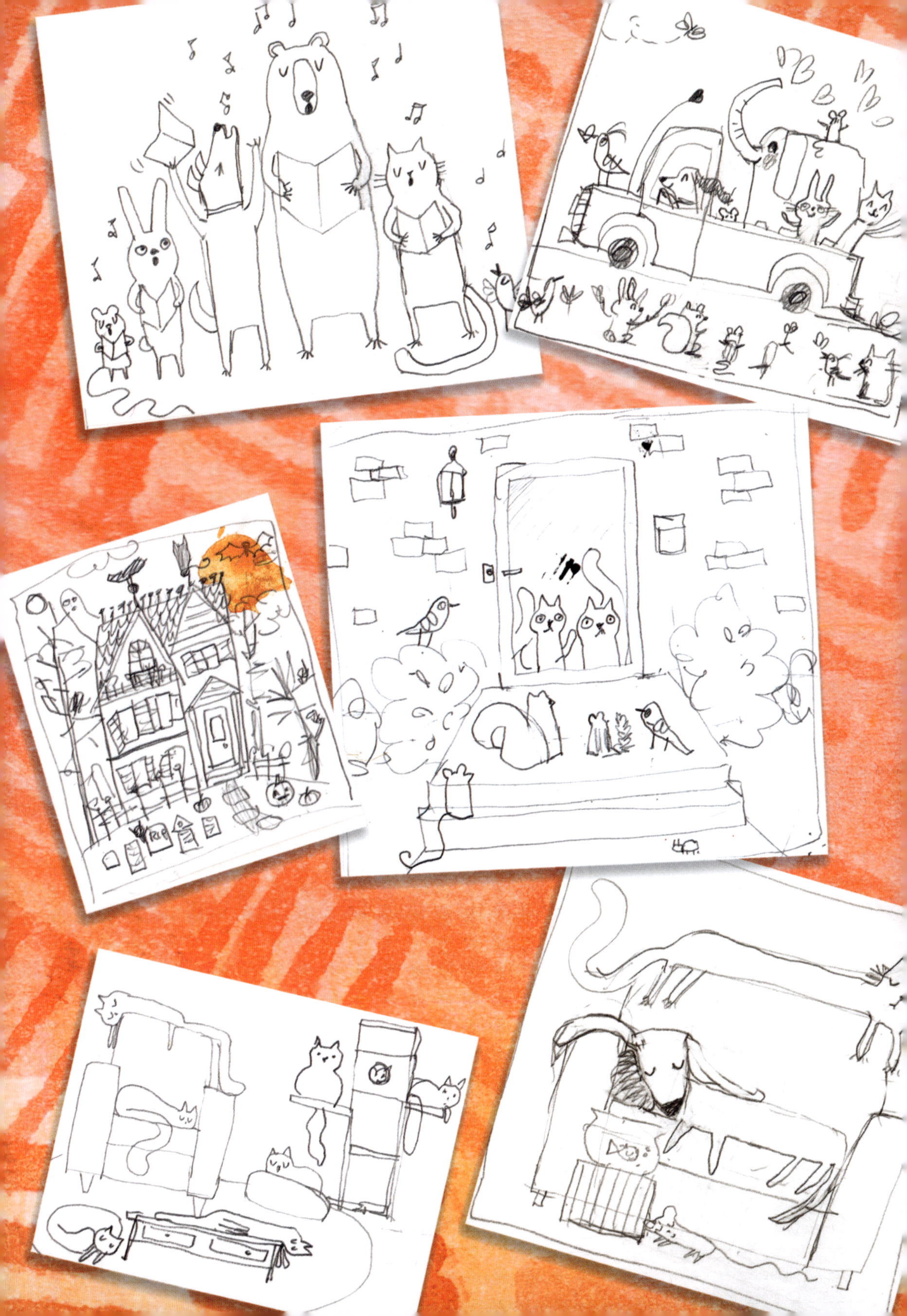

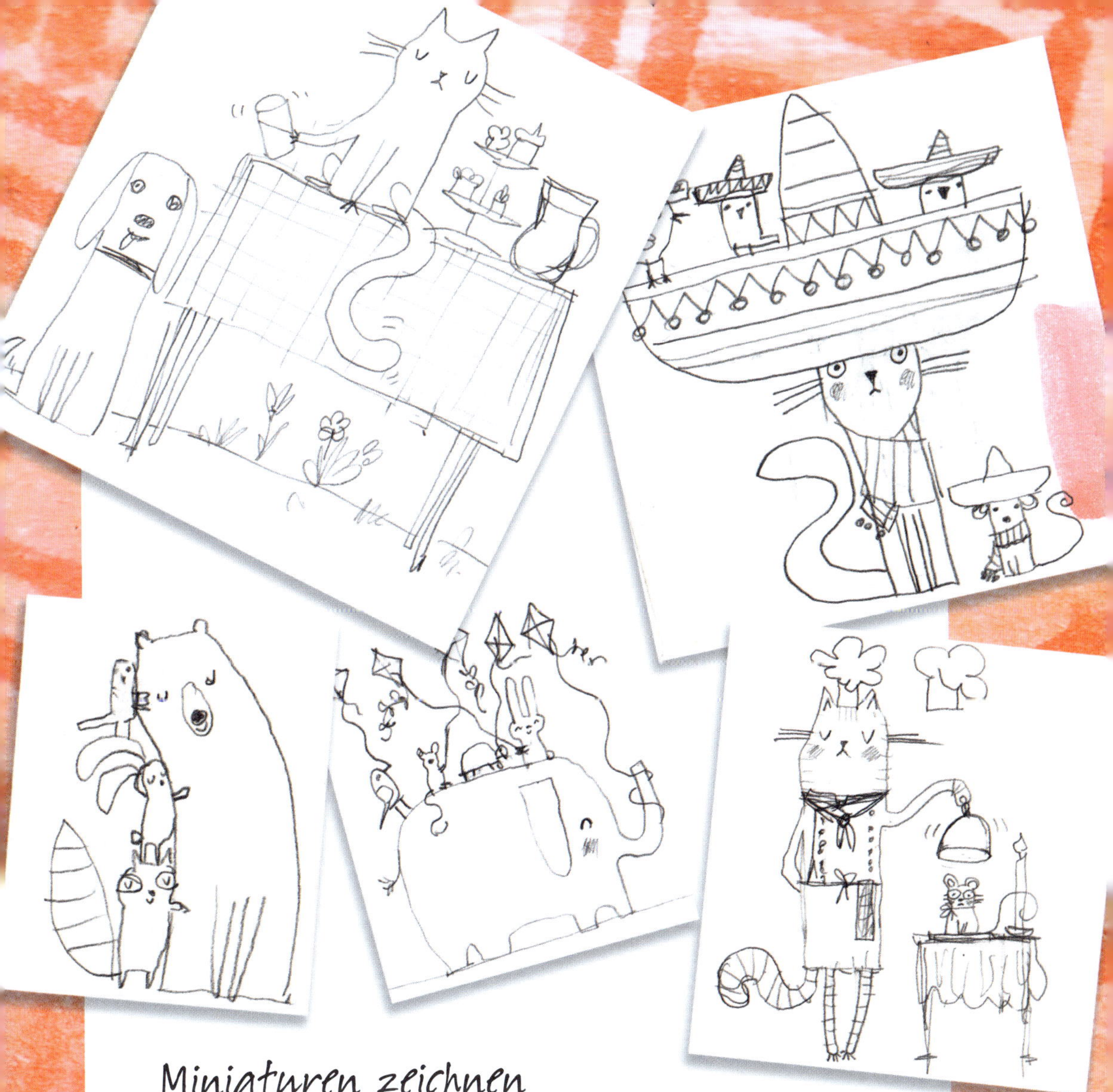

Miniaturen zeichnen

Manchmal ist es hilfreich, eine schnelle Skizze anzufertigen, bevor Sie Farbe auf das Papier aufbringen. Vor allem, wenn Sie auf einem Papier ohne Hilfslinien malen. Wenn Sie eine komplizierte Idee haben und mehrere Layouts ausprobieren möchten, können Sie auch Miniaturen zeichnen. Mit einer groben Skizze ist es oft leichter, ein Bild zu gestalten. Halten Sie es einfach, denn Ihr Pinsel und Ihre Kreativität können spontan andere Pläne entwickeln – aber genau darin liegt das große Abenteuer!

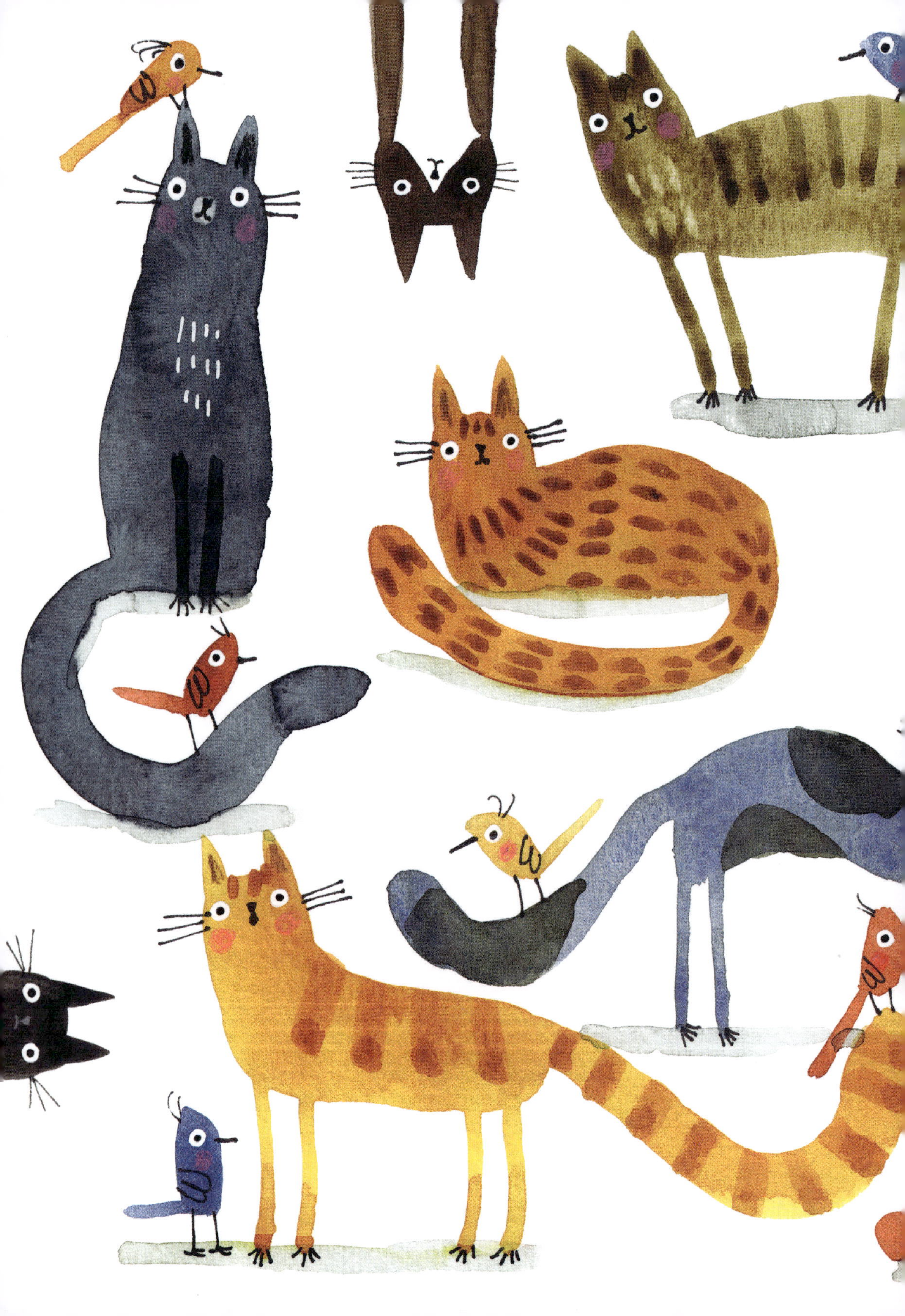

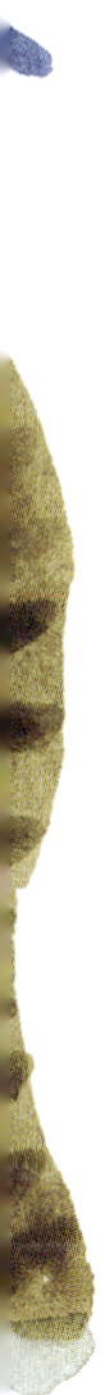

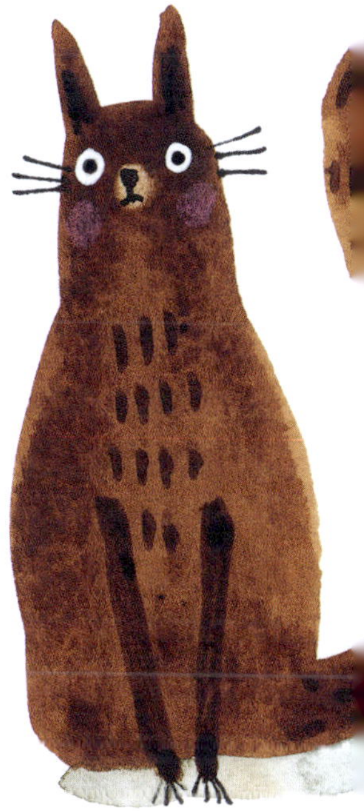

Projekt 4:

Katzen malen

Gehören Sie auch zu den Menschen, die behaupten, sie können nicht malen? Vielleicht haben Sie gerade erst mit dem Malen angefangen oder Ihr innerer Kritiker erklärt Ihnen, dass Sie kein Talent haben. Für dieses Projekt müssen Sie nur die folgenden einfachen Schritte durchführen. Ich verspreche Ihnen, Sie werden viel Spaß haben!

Denn: Jeder kann Katzen malen! Bleiben Sie offen und frei und freuen Sie sich darauf, wie aus einem Klecks Schritt für Schritt eine Katze wird. Es gibt unendlich viele Möglichkeiten!

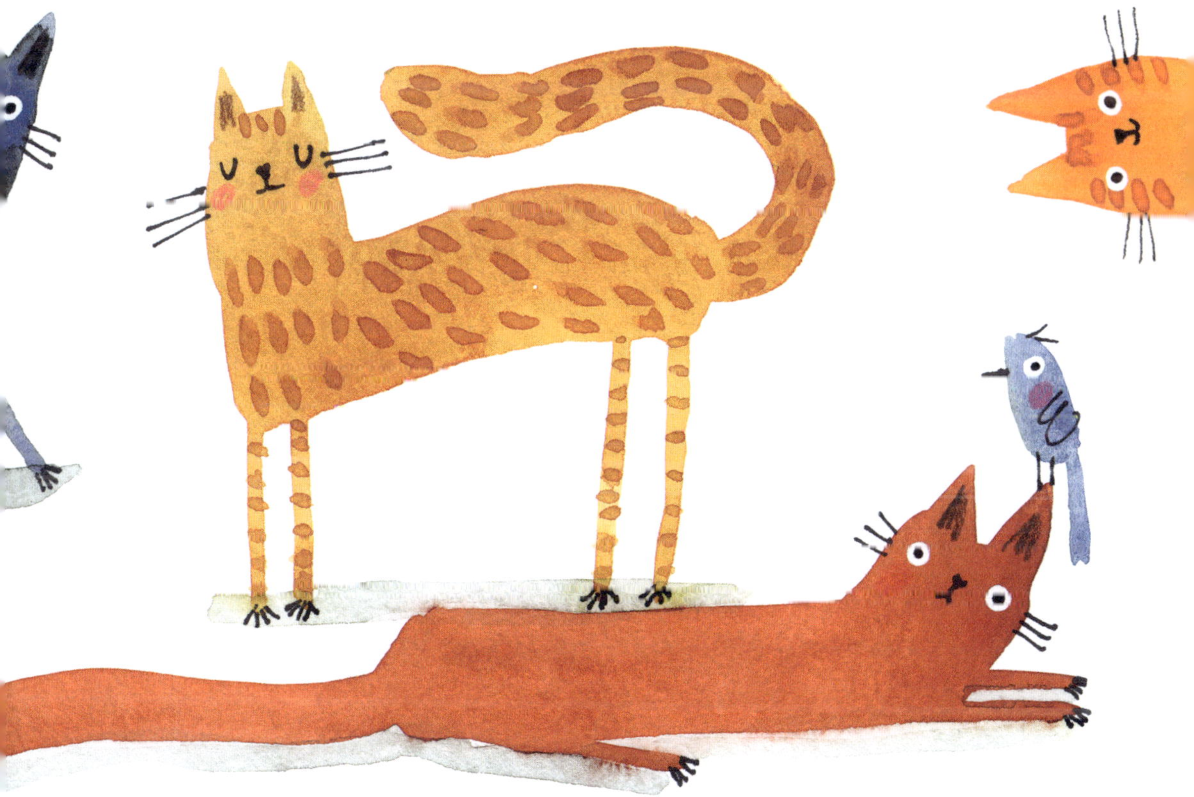

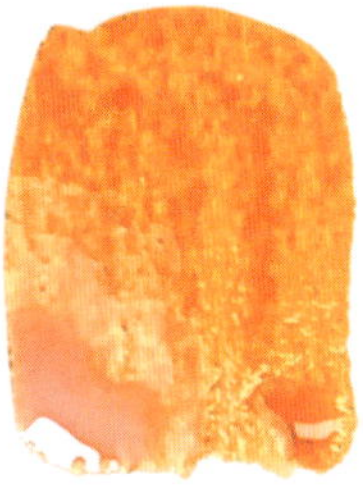

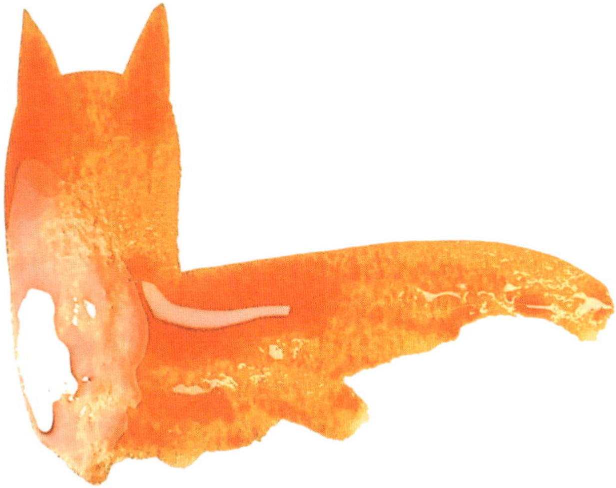

- Beginnen Sie mit einem abgerundeten Quadrat.

- Fügen Sie Dreiecke für die Ohren und einen Körper hinzu.

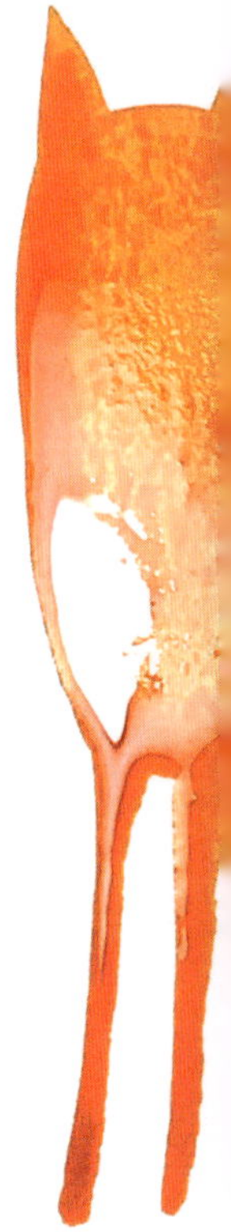

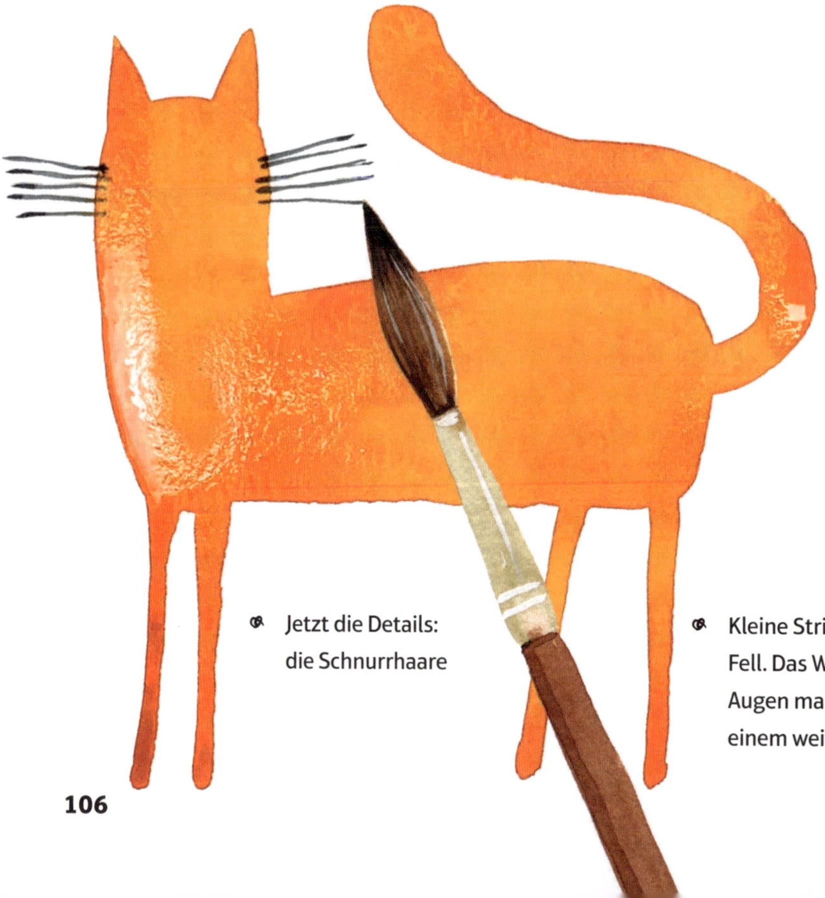

- Jetzt die Details: die Schnurrhaare

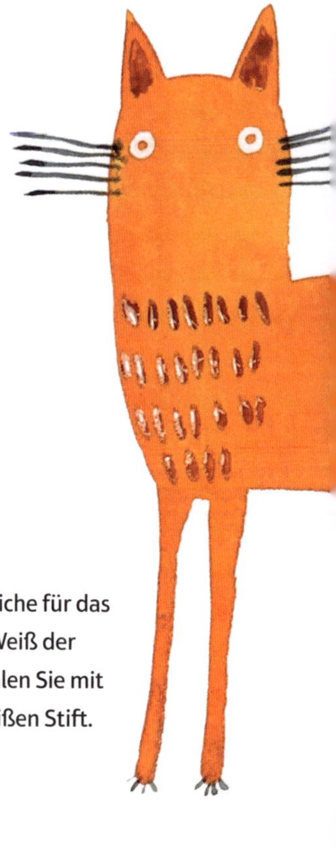

- Kleine Striche für das Fell. Das Weiß der Augen malen Sie mit einem weißen Stift.

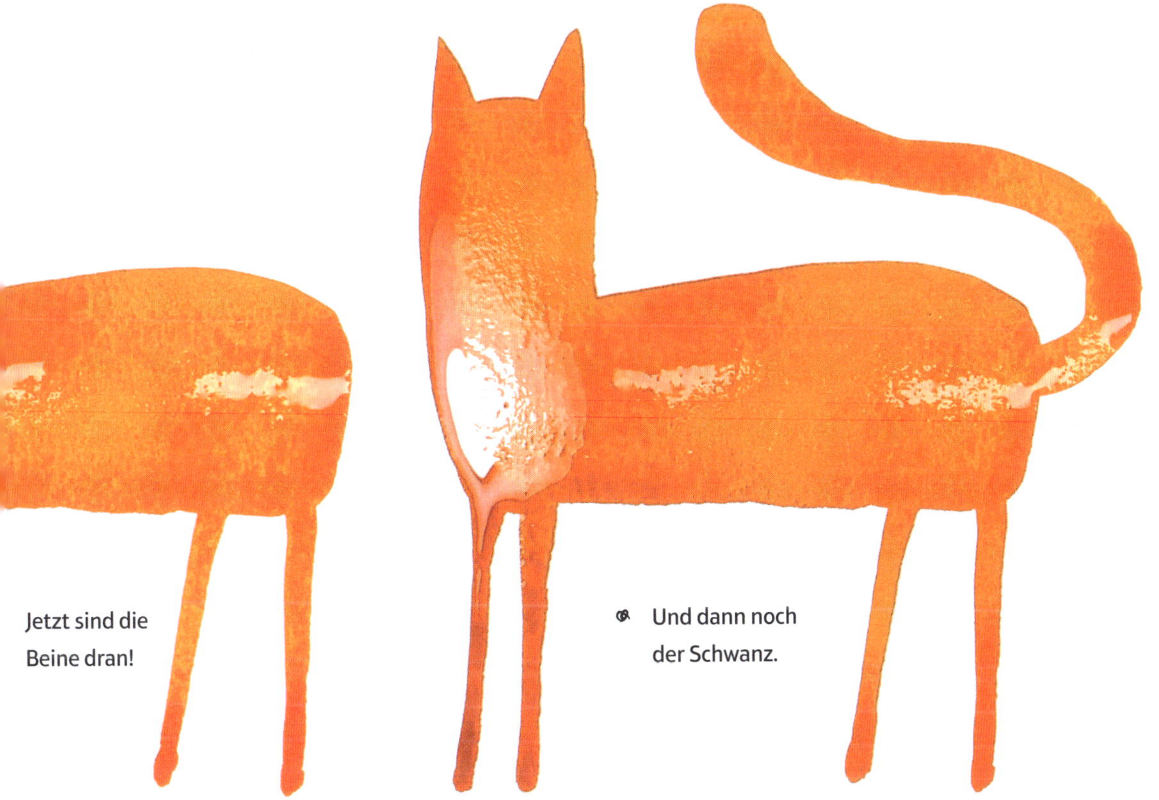

Jetzt sind die
Beine dran!

Und dann noch
der Schwanz.

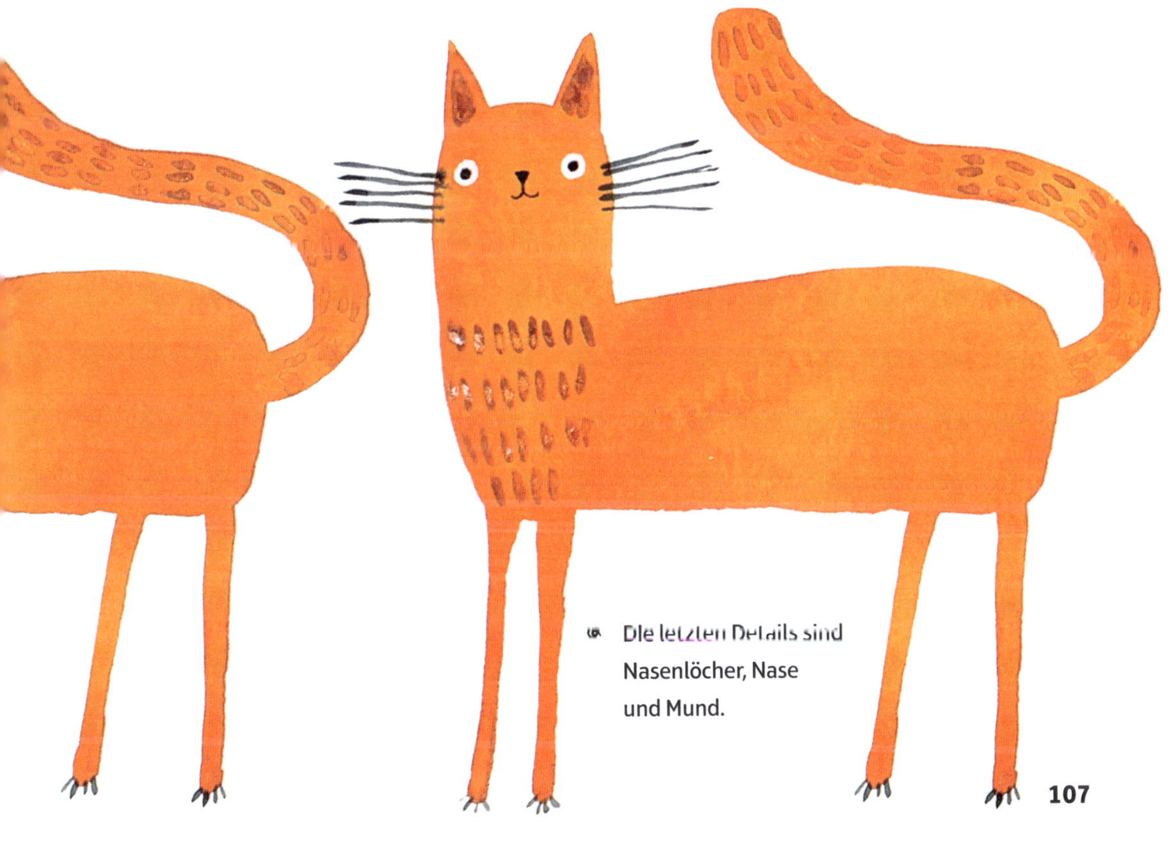

Die letzten Details sind
Nasenlöcher, Nase
und Mund.

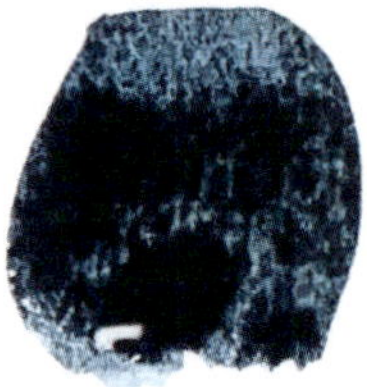

- Malen Sie zuerst einen rundlichen Klecks.

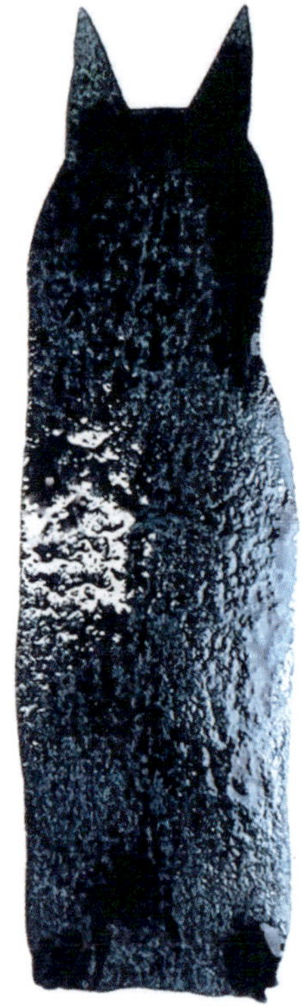

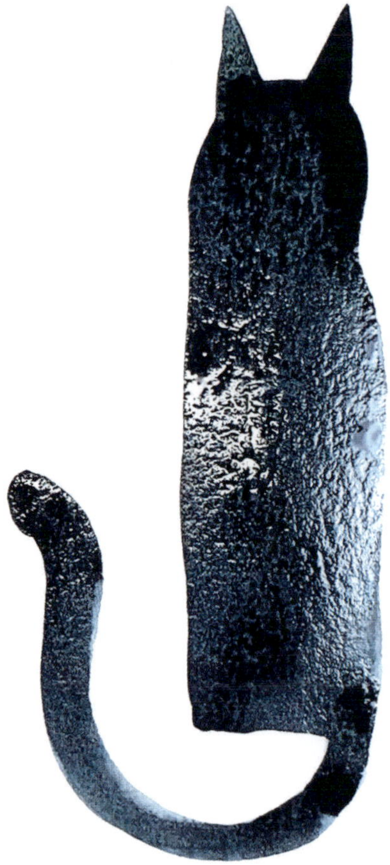

- Fügen Sie Körper und Ohren hinzu. Und dann den Schwanz.

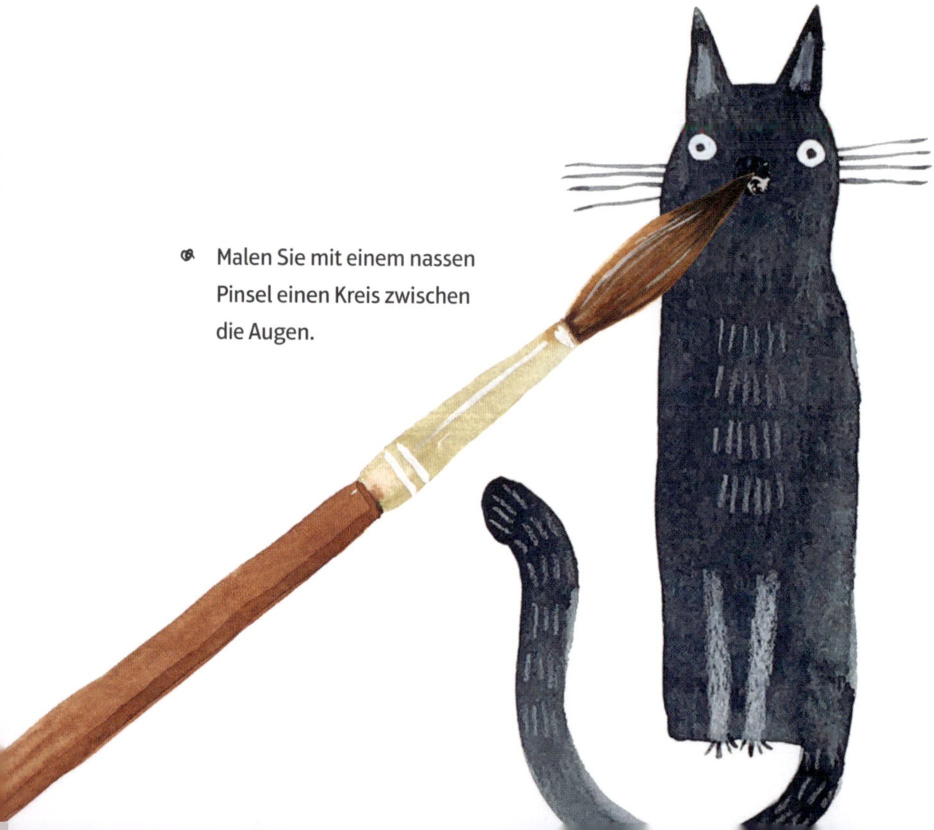

- Malen Sie mit einem nassen Pinsel einen Kreis zwischen die Augen.

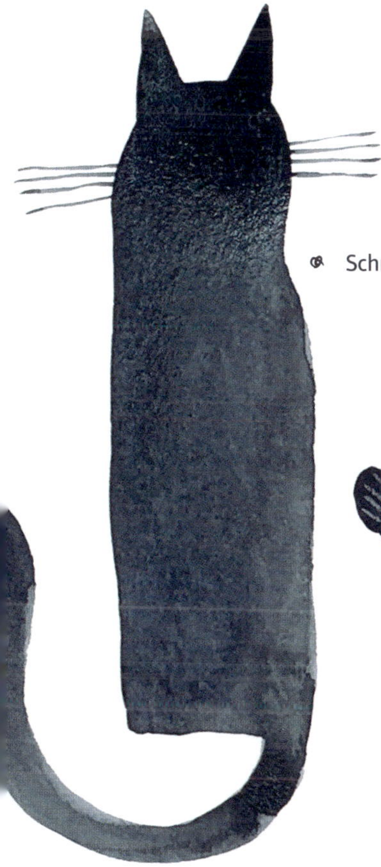

Schnurrhaare

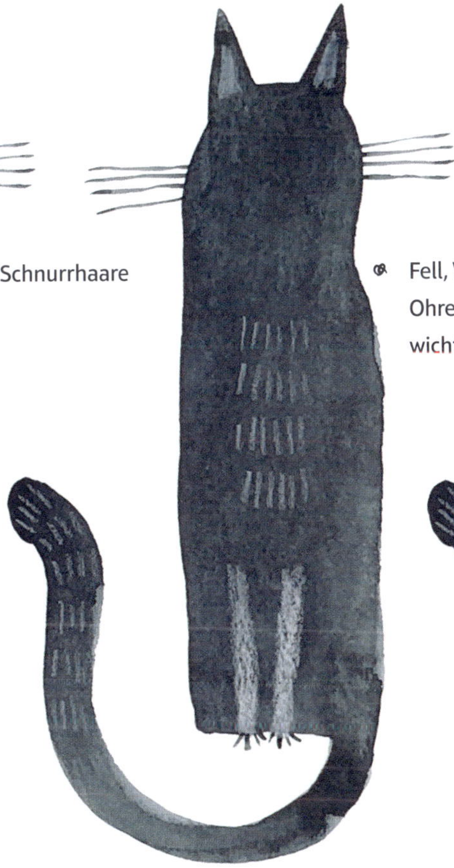

Fell, Vorderbeine, Ohren und ganz wichtig: die Augen.

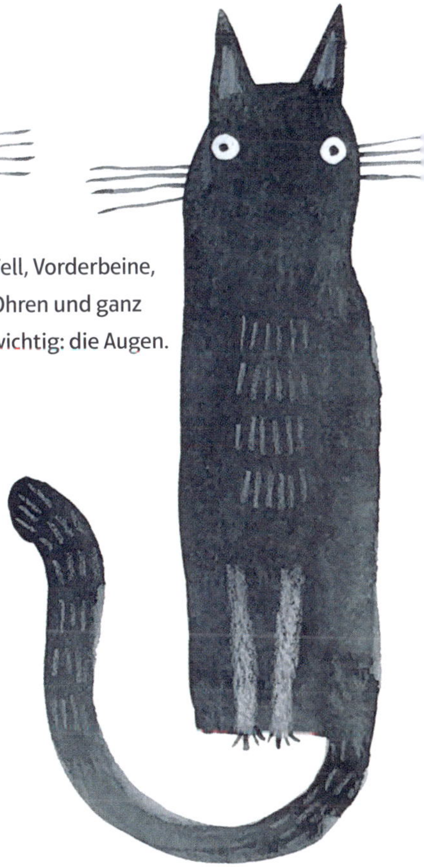

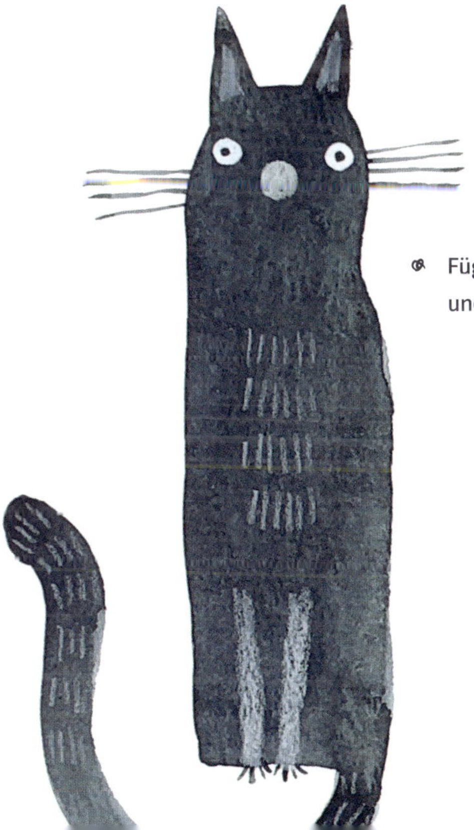

Fügen Sie Nase und Mund hinzu.

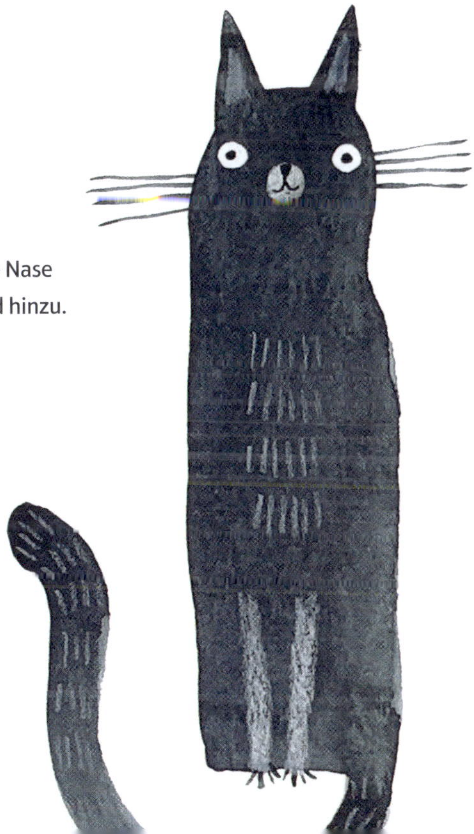

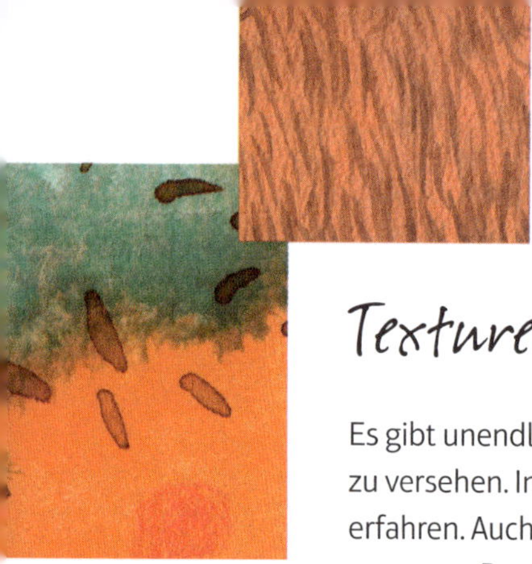

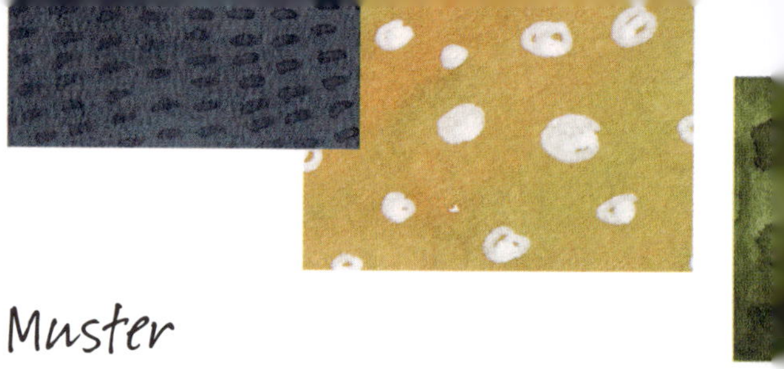

Texturen und Muster

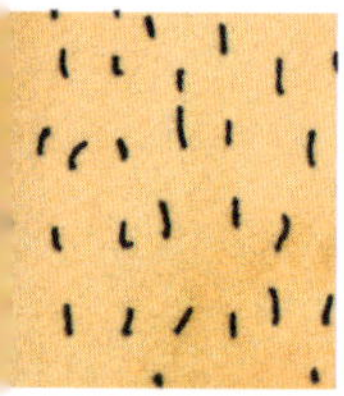

Es gibt unendlich viele Möglichkeiten, ein Bild mit Texturen und Mustern zu versehen. Im Abschnitt zur Trockentechnik haben Sie bereits einiges dazu erfahren. Auch mit Linien und Strukturen lassen sich Texturen und Muster erzeugen. Dazu nehme ich am liebsten meine Aquarellstifte sowie einen weißen und einen schwarzen Stift zur Hand. Nehmen Sie zerknülltes Papier, einen Radiergummi, Luftpolsterfolie oder andere texturierte Gegenstände als Stempel. Tauchen Sie sie in die Farbe und stempeln Sie Ihr Bild damit. Den Bereich, auf dem Sie stempeln möchten, sollten Sie abkleben, damit die Textur oder das Muster nur an der gewünschten Stelle aufgetragen werden.

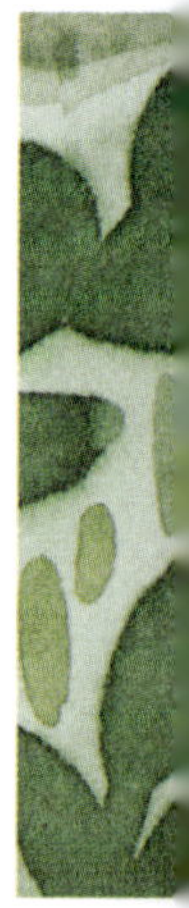

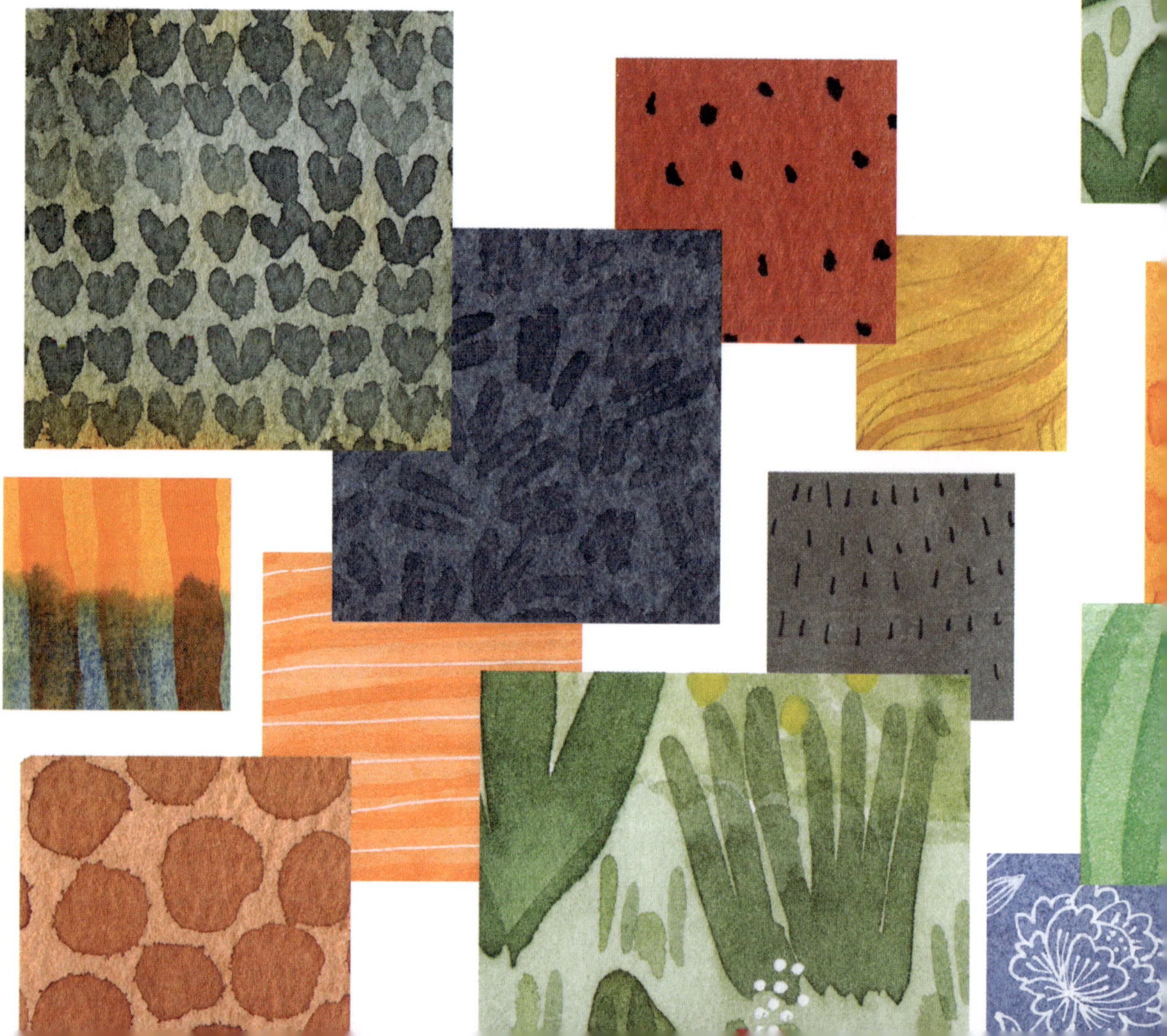

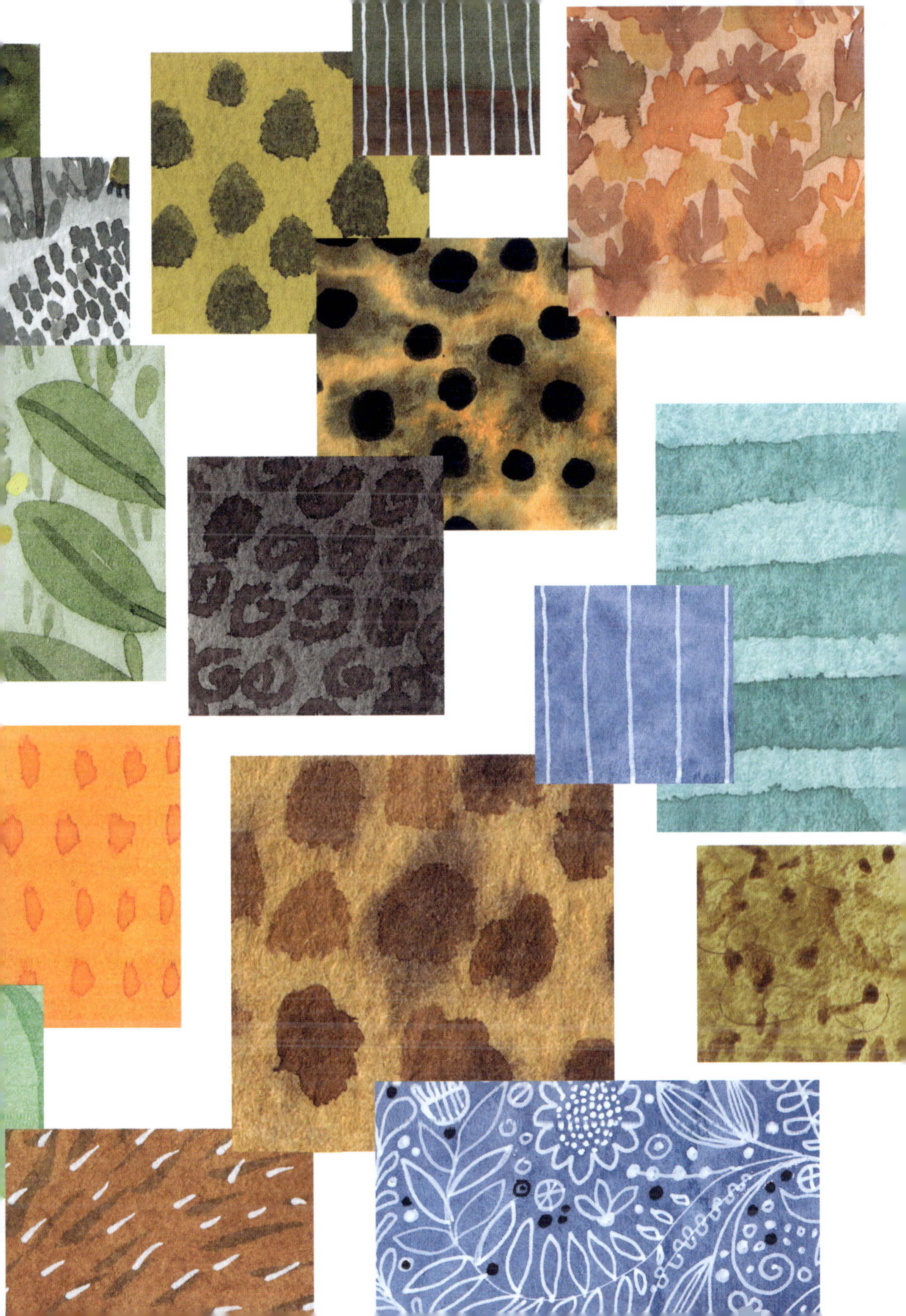

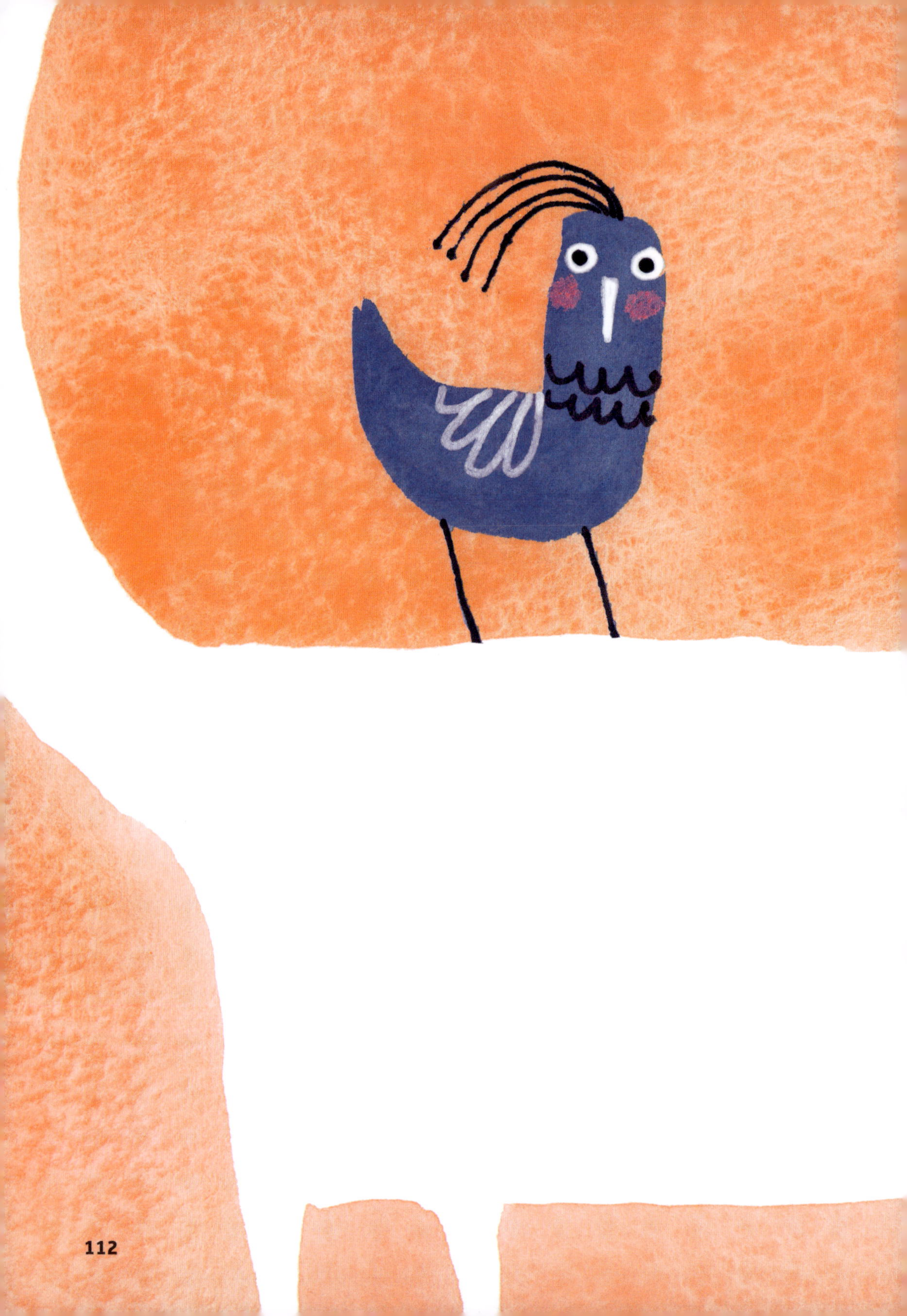

Mit einer Schablone malen

Sie können auch eine Schablone herstellen und um sie herum malen. Statt einer Schablone können Sie die Kontur des Motivs auch mit einem dünnen Stift aufzeichnen und um die Kontur herum malen, so dass das Motiv weiß bleibt. Dabei fange ich meist oben an und arbeite mich nach unten vor, sodass das Papier an der Stelle, an der das Motiv ist, weiß bleibt. Am einfachsten ist es, wenn Sie mit vertrauten Motiven arbeiten. Ich mag dieses Vorgehen, weil ich nicht weiß, wie die Form am Ende aussieht, da ich sie noch nie gezeichnet habe. So bleibt Ihre Arbeit aufregend und voller Überraschungen.

Was die Formen angeht, so sind Ihrer Fantasie keine Grenzen gesetzt. Konzentrieren Sie sich auf Ihr Kunstwerk und lassen Sie die Stimme des inneren Kritiker unbeachtet.

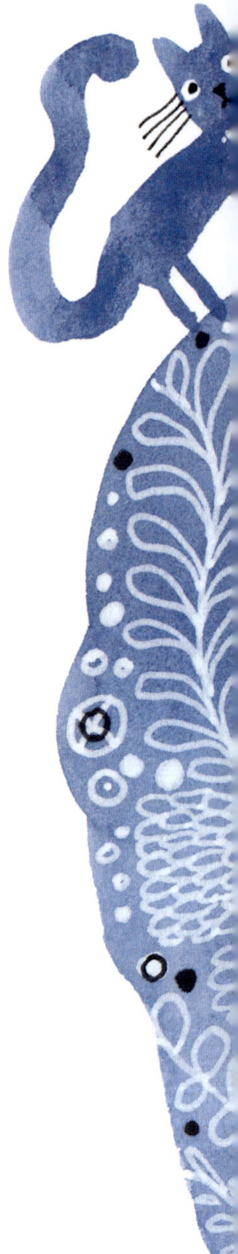

Weitere Malmittel

Neben der Aquarellfarbe können Sie noch viele andere Malmittel nutzen, um das Bild interessanter zu gestalten. Den weißen und den schwarzen Stift habe ich schon erwähnt. Aber nun möchte ich ein wenig mehr ins Detail gehen und Ihnen Medien vorstellen, die faszinierende Effekte erzeugen.

Ich verwende gerne Weiß für meine Aquarelle. Mit unterschiedlichen Arten von Weißstiften lassen sich Details und das Weiß in den Augen von Tieren darstellen. Meine derzeitigen Favoriten sind Posca Acrylstifte, meist nutze ich die dünnste Spitze. Da die Posca-Stifte mit Acryl malen, entsteht oft eine Art Glanz, vor allem, wenn Sie eine größere Fläche bemalen. Meist überdecke ich die Stellen des Acrylstiftes mit weißer Gouache oder einer deckenden Aquarellfarbe, um diesen Glanz zu mindern. Der weiße Bereich lässt sich auf diese Weise einfacher malen.

Wenn Sie weiße Gouache allein verwenden, müssen Sie mehrere Schichten auftragen, damit die Farbe deckt. Mit einem Federhalter oder Pinsel können Sie aber auch weiße Tinte verwenden.

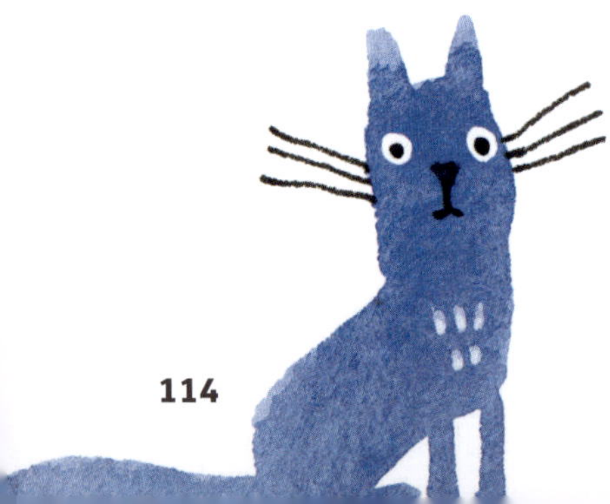

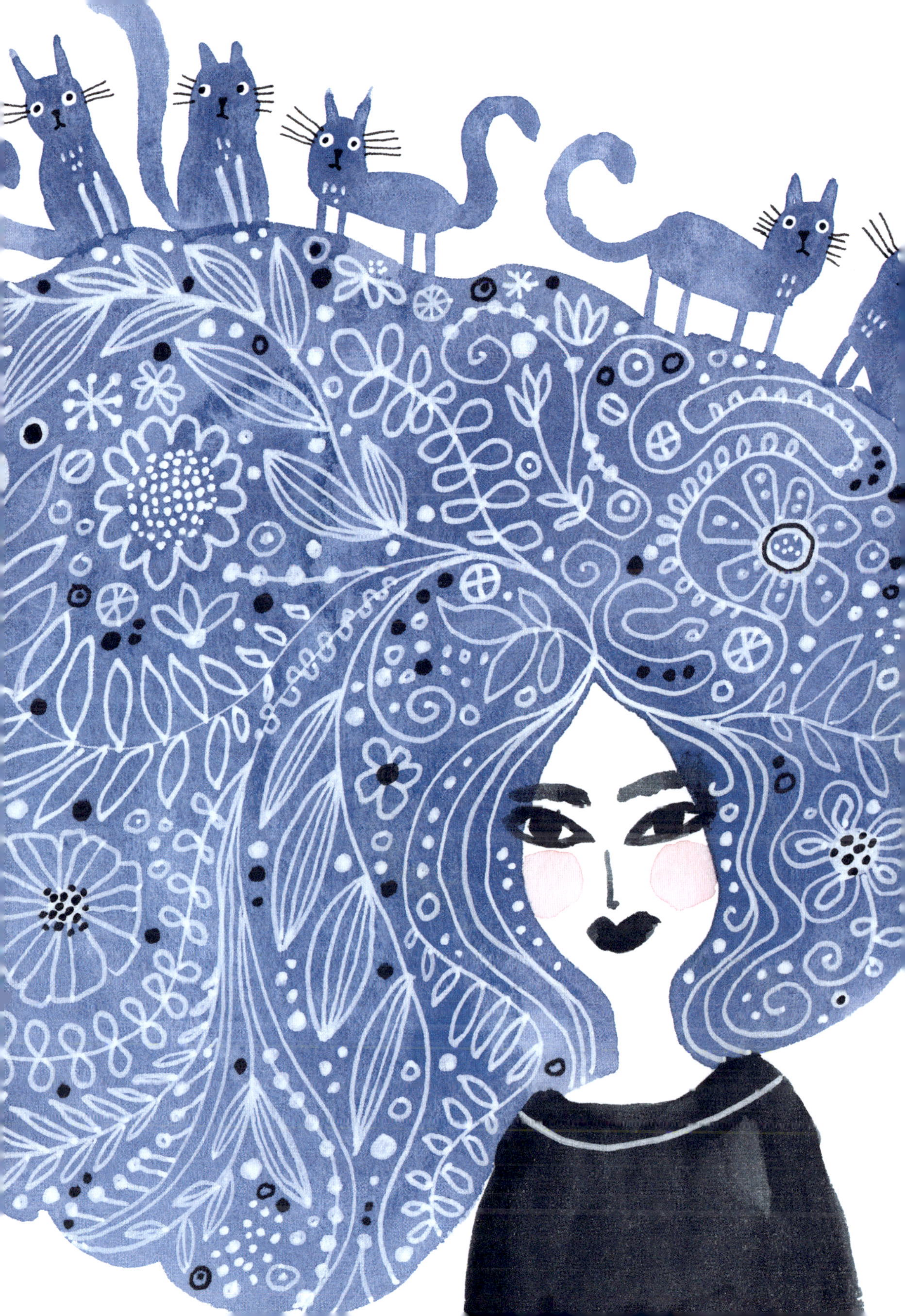

Tusche

Häufig male ich mit Tusche in meinen Aquarellen. Wenn das Bild noch feucht ist, erleben Sie damit viele lustige Überraschungen. Denn die Tusche lässt sich kaum (bis gar nicht) kontrollieren und Ihr Bild erhält eine frische, ganz besondere Note.

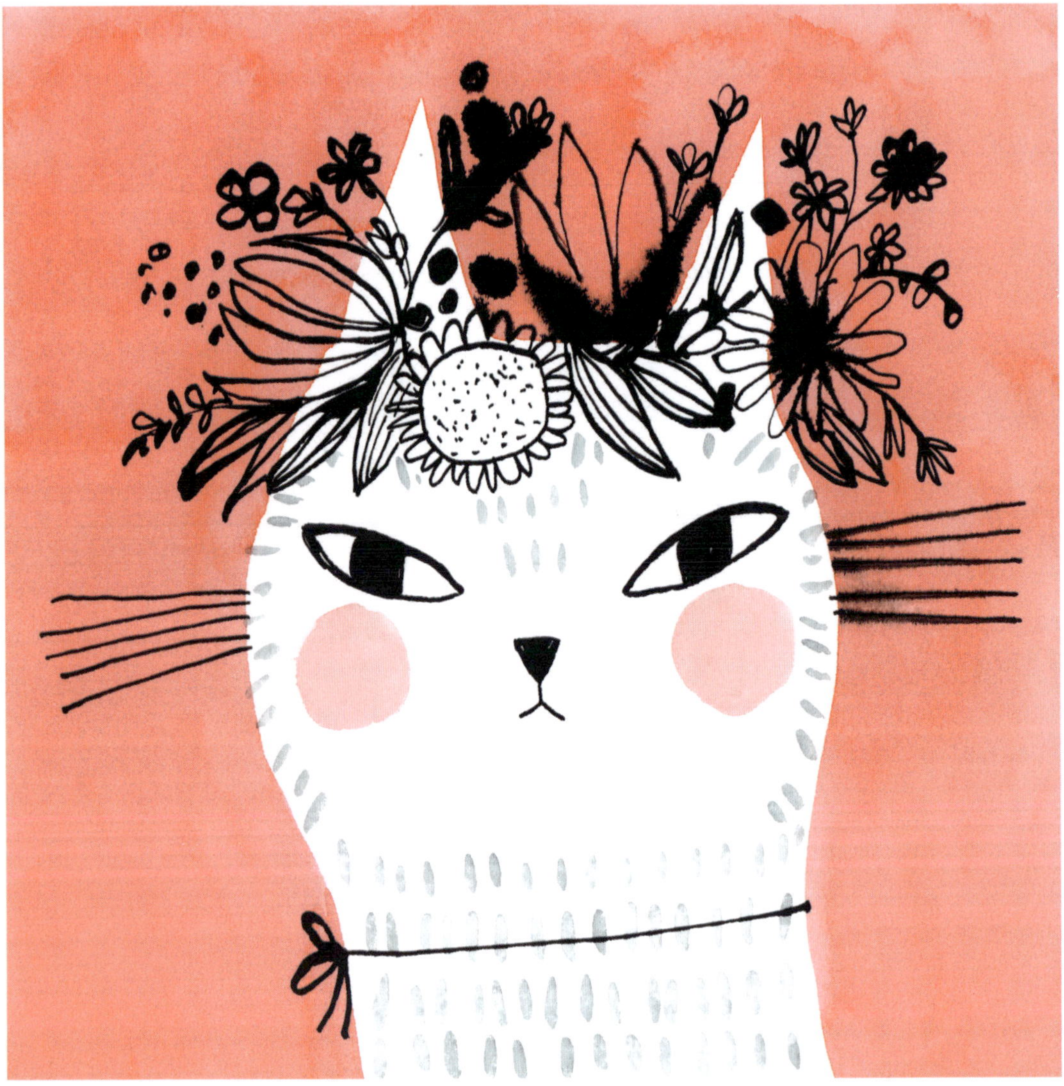

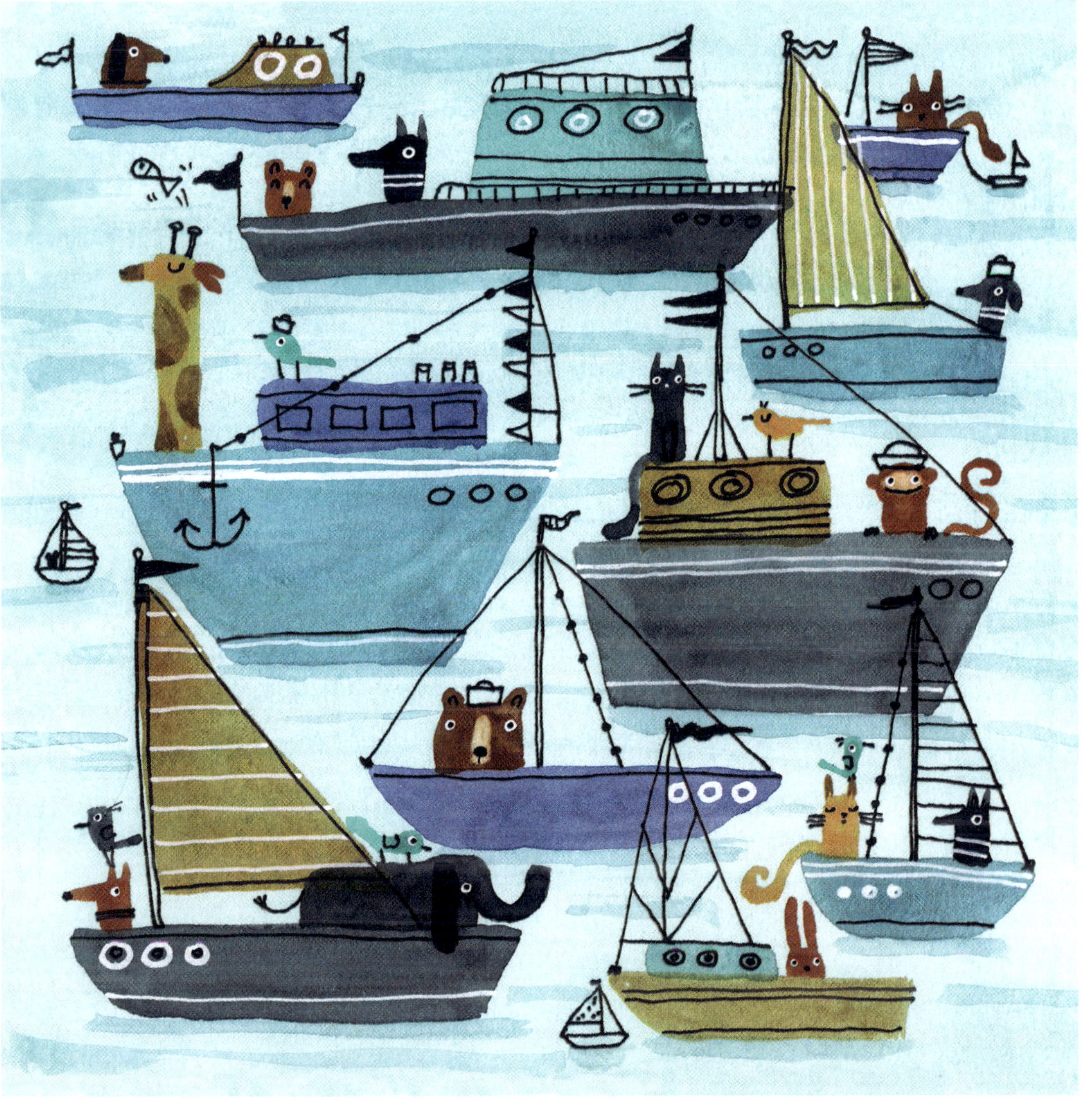

Schwarze Linien

Ich arbeite mit einem ganzen Sortiment an Schwarzstiften. Dabei mag ich die Permanent-Marker besonders, denn ich kann nach dem Malen der schwarzen Linie noch mehr Aquarellfarbe auftragen. Mit nicht-permanenten Tuschestiften können die Linien verschmieren und in der Aquarellfarbe verlaufen, sobald Sie mehr Farbe oder Wasser auftragen.

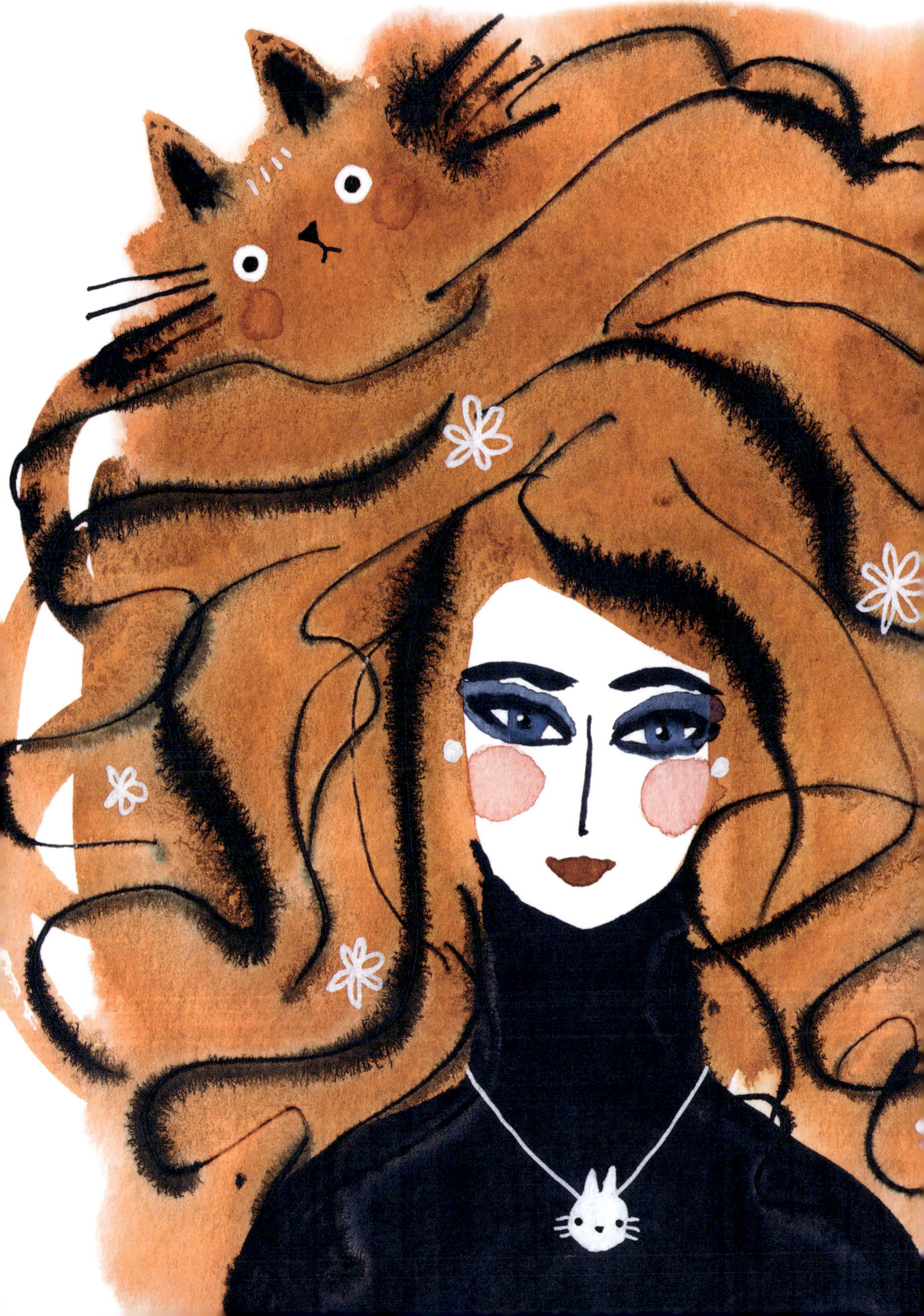

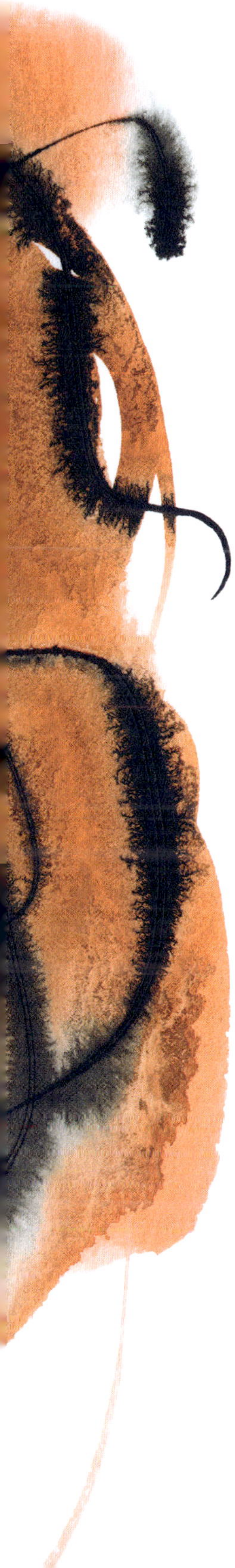

Projekt 5:

Haare, Haare, Haare

Eine Katze auf dem Kopf – Fantasie hat keine Grenzen! Katzen können sich in jede Form biegen und sich zum Beispiel wie Haare um den Kopf legen. In diesem Projekt experimentieren wir mit Aquarellporträts, die aus Katzen, Tusche und einem Weißstift gemacht sind. Schauen Sie mal unter #catonheadwednesday nach!

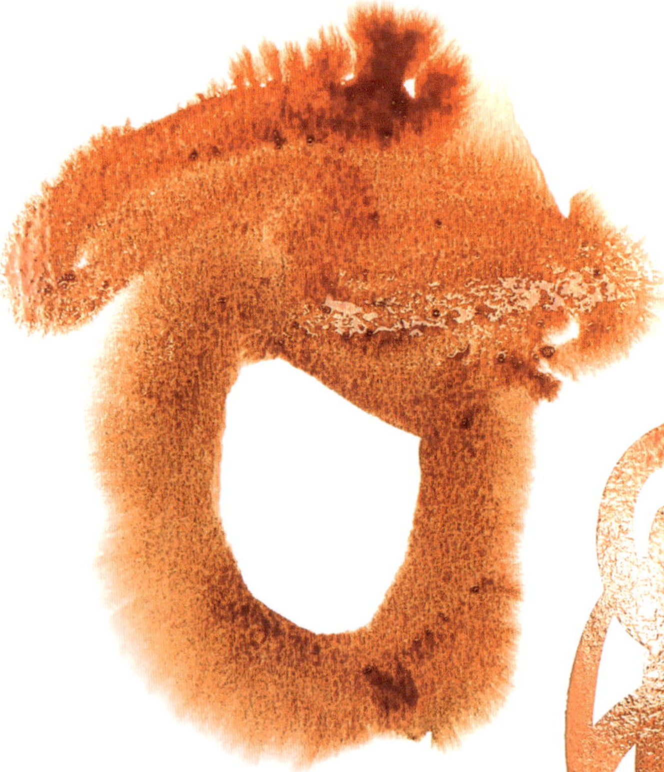

- Befeuchten Sie das Papier, aber lassen Sie einen Negativbereich für das Gesicht aus.

- Verteilen Sie die Farbe nach außen und vergessen Sie nicht die Ohren.

- Zeichnen Sie auf die feuchte Farbe mit Tusche Linien. Das macht richtig Spaß!

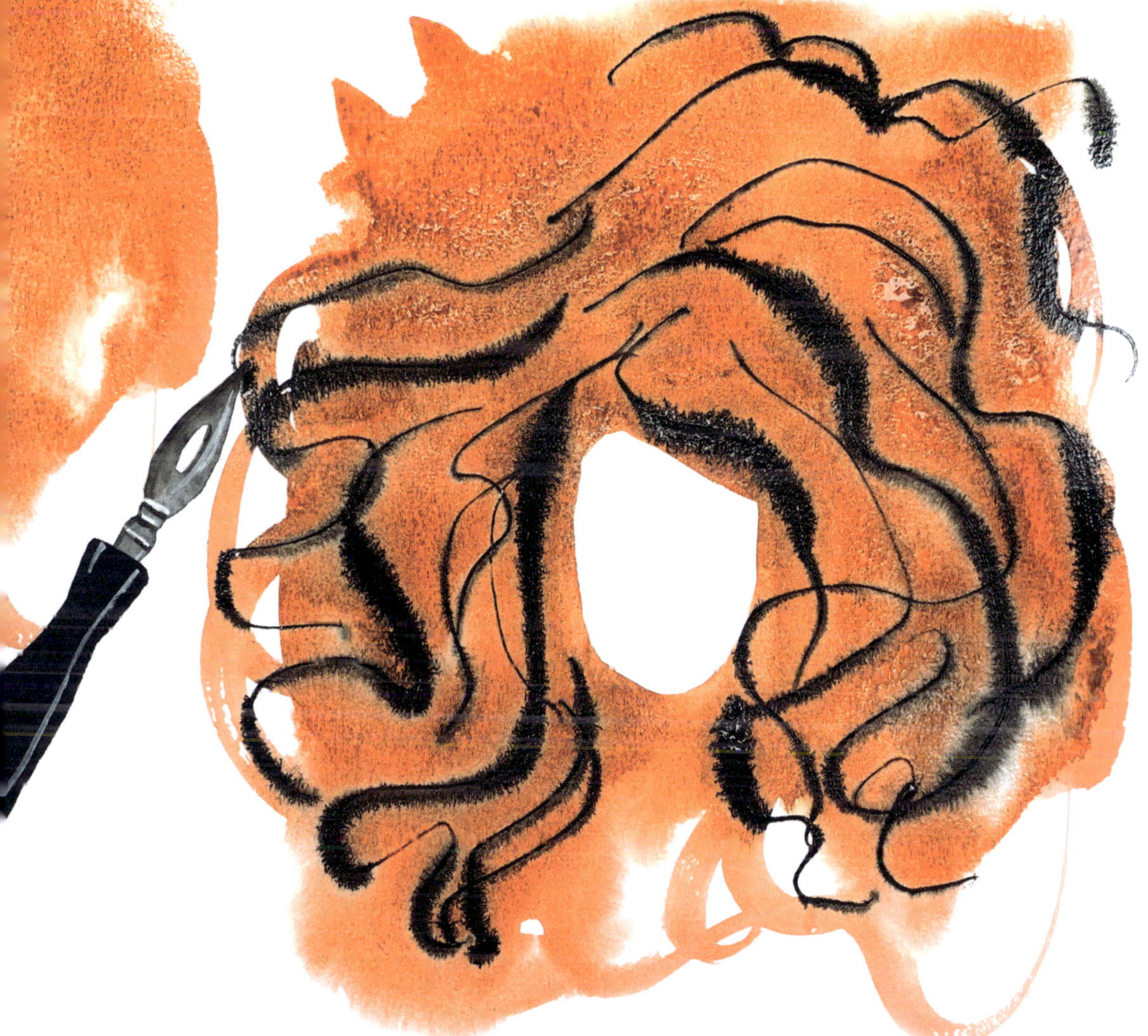

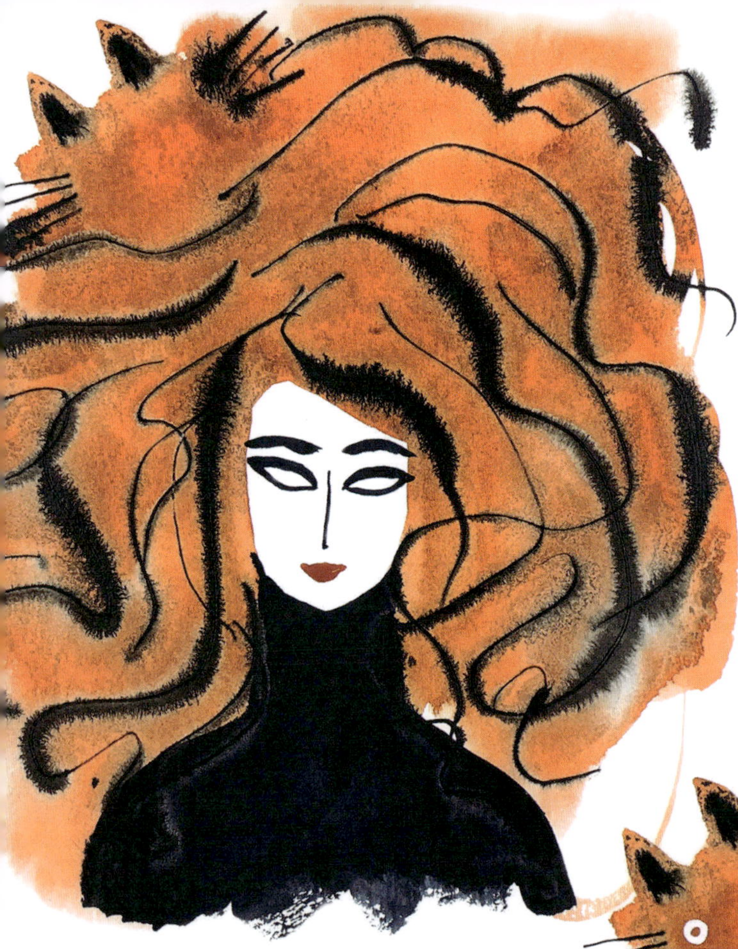

- Fügen Sie der Katze Schnurrhaare, Ohren und andere Gesichtsmerkmale hinzu. Die Person bekommt nun Augen, Nase, Mund und Kleidung.

- Das Augenweiß der Katze malen Sie mit dem Posca-Stift, Gouache oder einem anderen weißen Marker. Die Katze und die Person bekommen Wangen aus Aquarellfarbe.

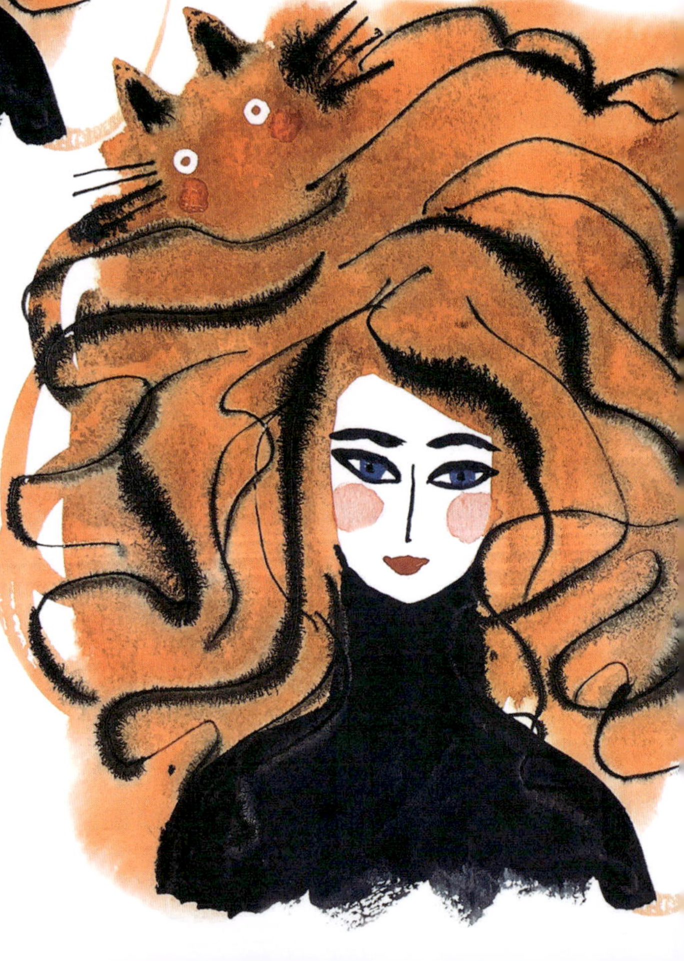

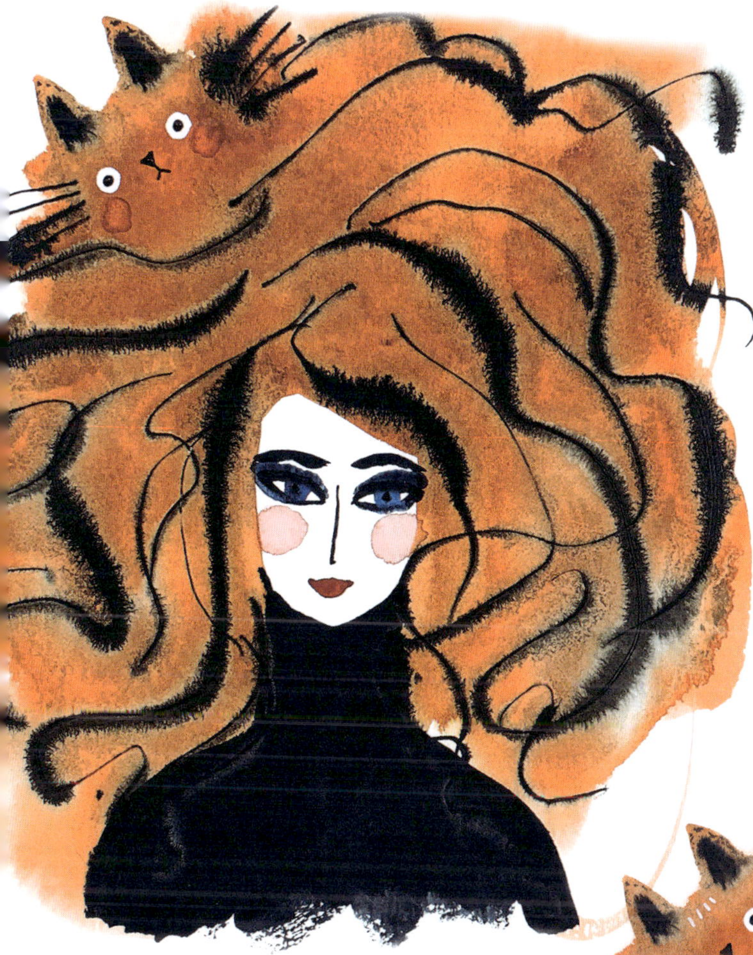

- Bestimmt fallen Ihnen noch andere Details für die beiden Charaktere ein.

- Nun kommt der letzte Schliff: Wangen, weiße Blumen und eine lustige Halskette!

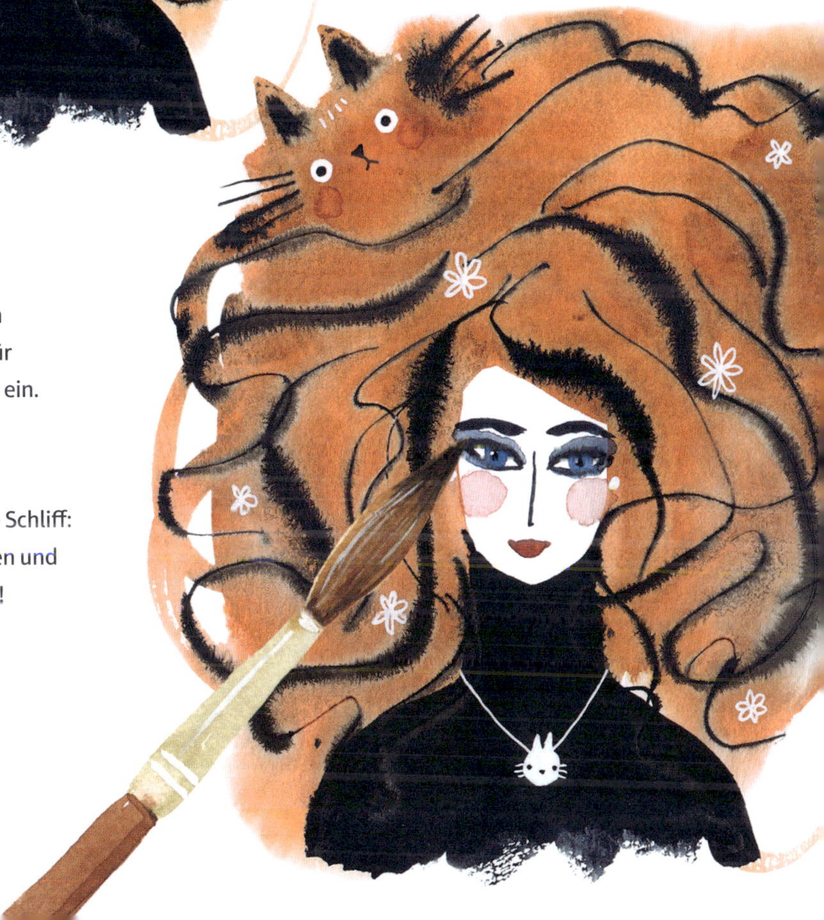

Stifte

Mit Aquarellstiften können Sie Ihrem Bild schöne Texturen hinzufügen, um es zu definieren. Dunkle Tiere bekommen damit von mir zum Beispiel freundliche Wangen. Wenn Sie die Stifte auf feuchtem Papier verwenden, wird die Mine weich und buttrig. Meist male ich die Textur über die feuchte Hintergrundfarbe. Natürlich können Sie auch erst mit dem Stift malen und dann Wasser auftragen. Aber in der Regel bevorzuge ich für diese Technik Pinsel und Aquarellfarbe, um mein Motiv besser zu kontrollieren.
Aber probieren Sie es einfach aus!

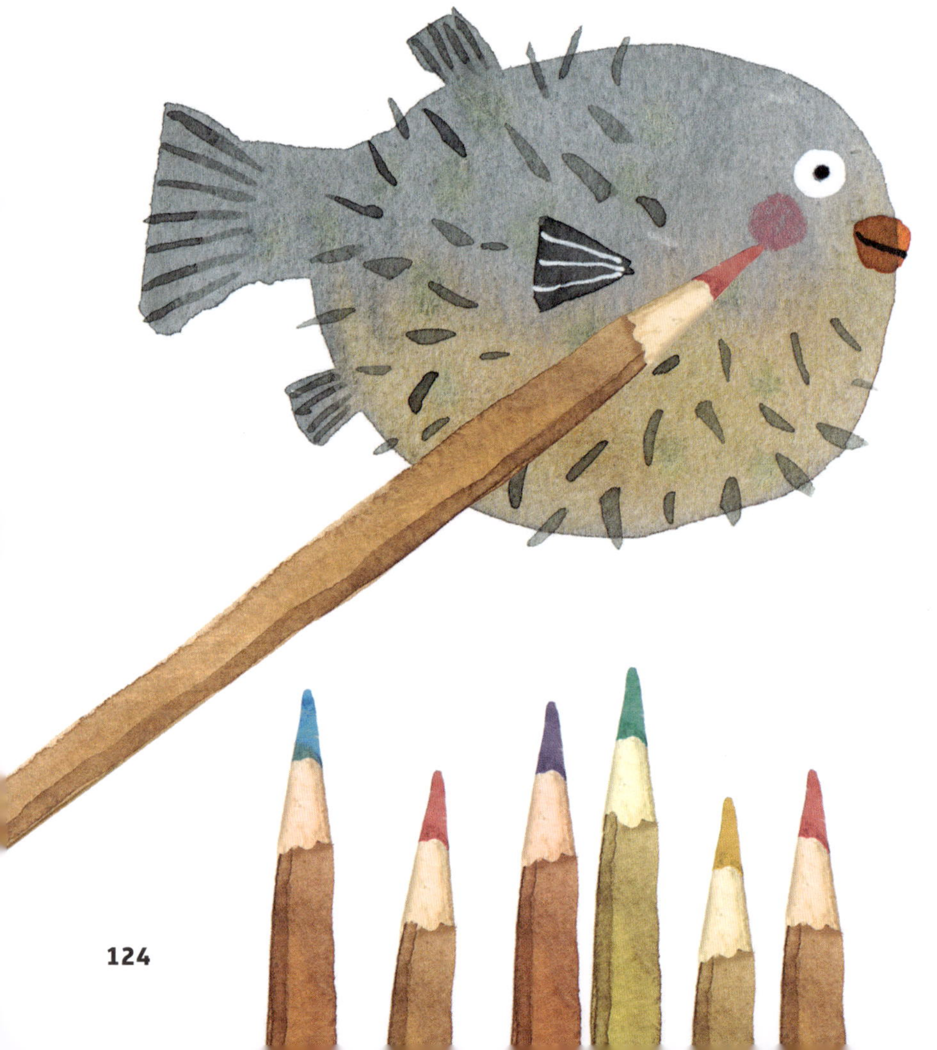

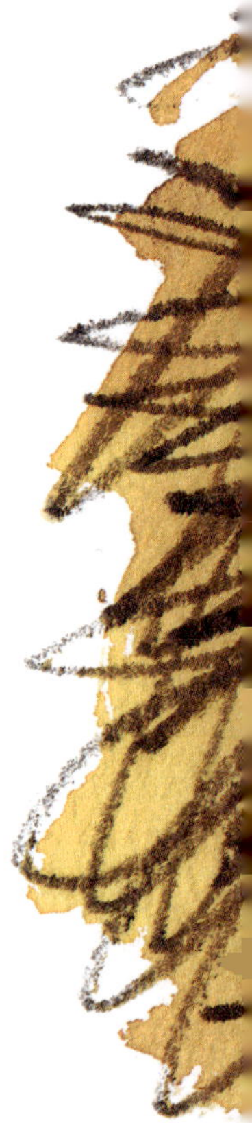

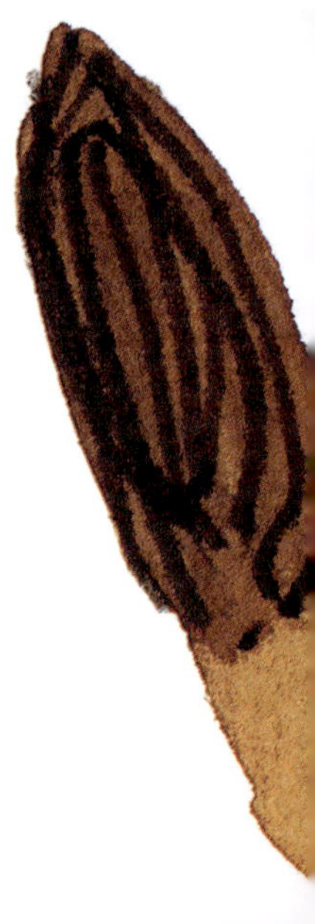

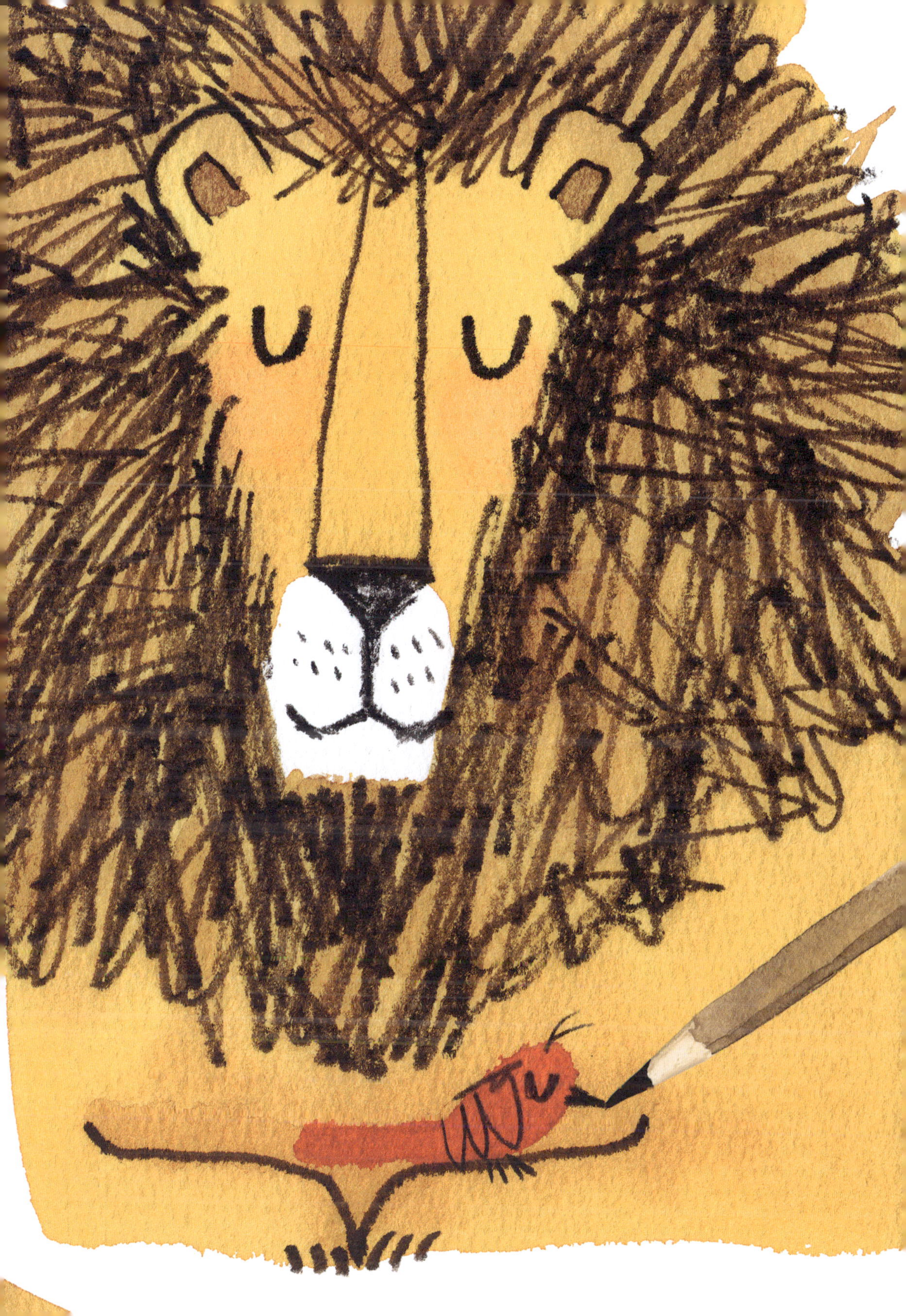

Der letzte Schliff

All diese Ergänzungen der Aquarellmalerei machen das Bild am Ende aus. Manchmal fehlt nur eine letzte Kleinigkeit, zum Beispiel ein paar Schnurrhaare und Wangen, damit das Werk vollständig ist. Und wenn Sie dann noch einige lustige Details hinzufügen, zum Beispiel einen Vogel, Blumen oder eine Maus, dann wird Ihr Bild sogar eine Geschichte erzählen!

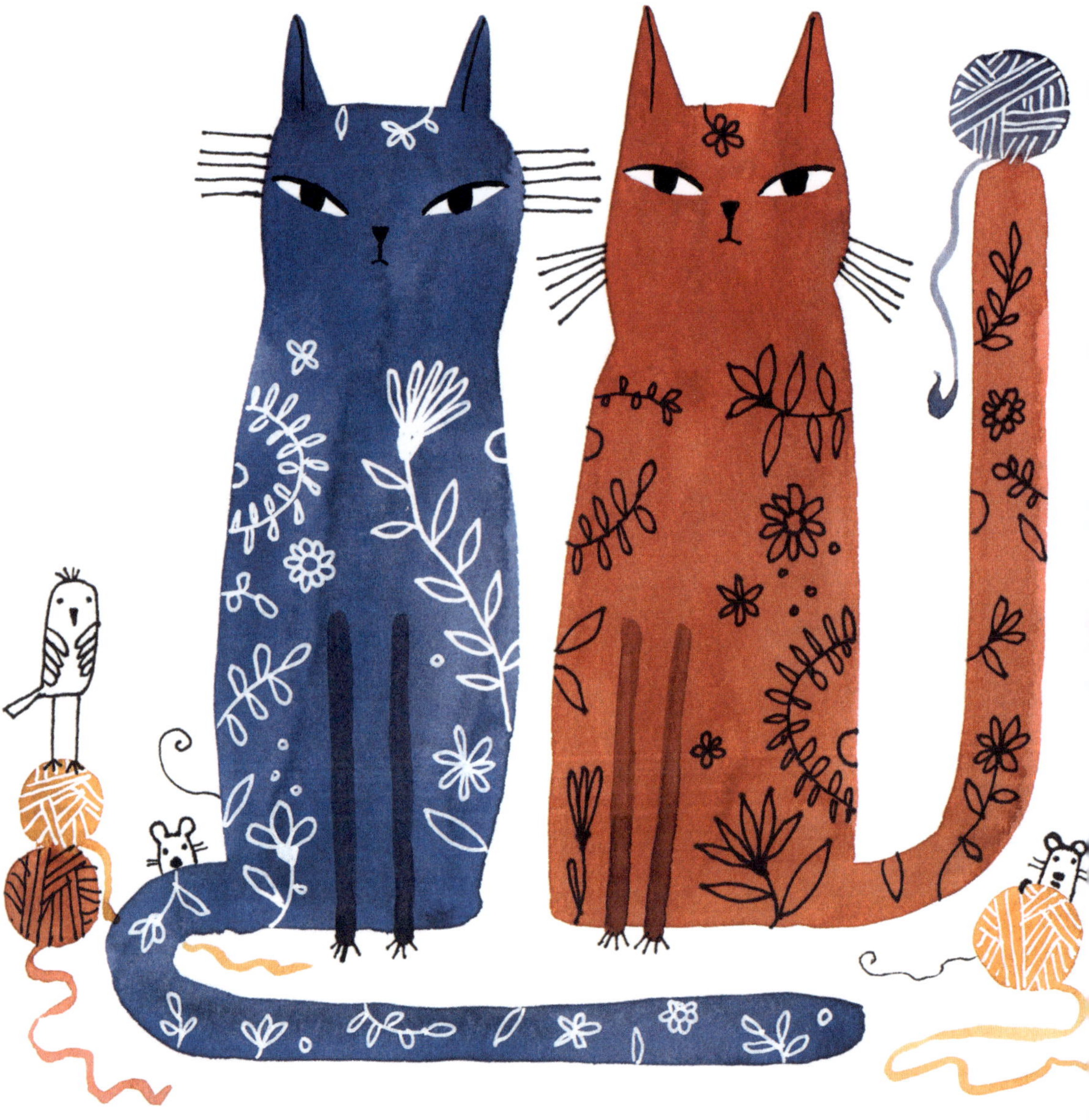

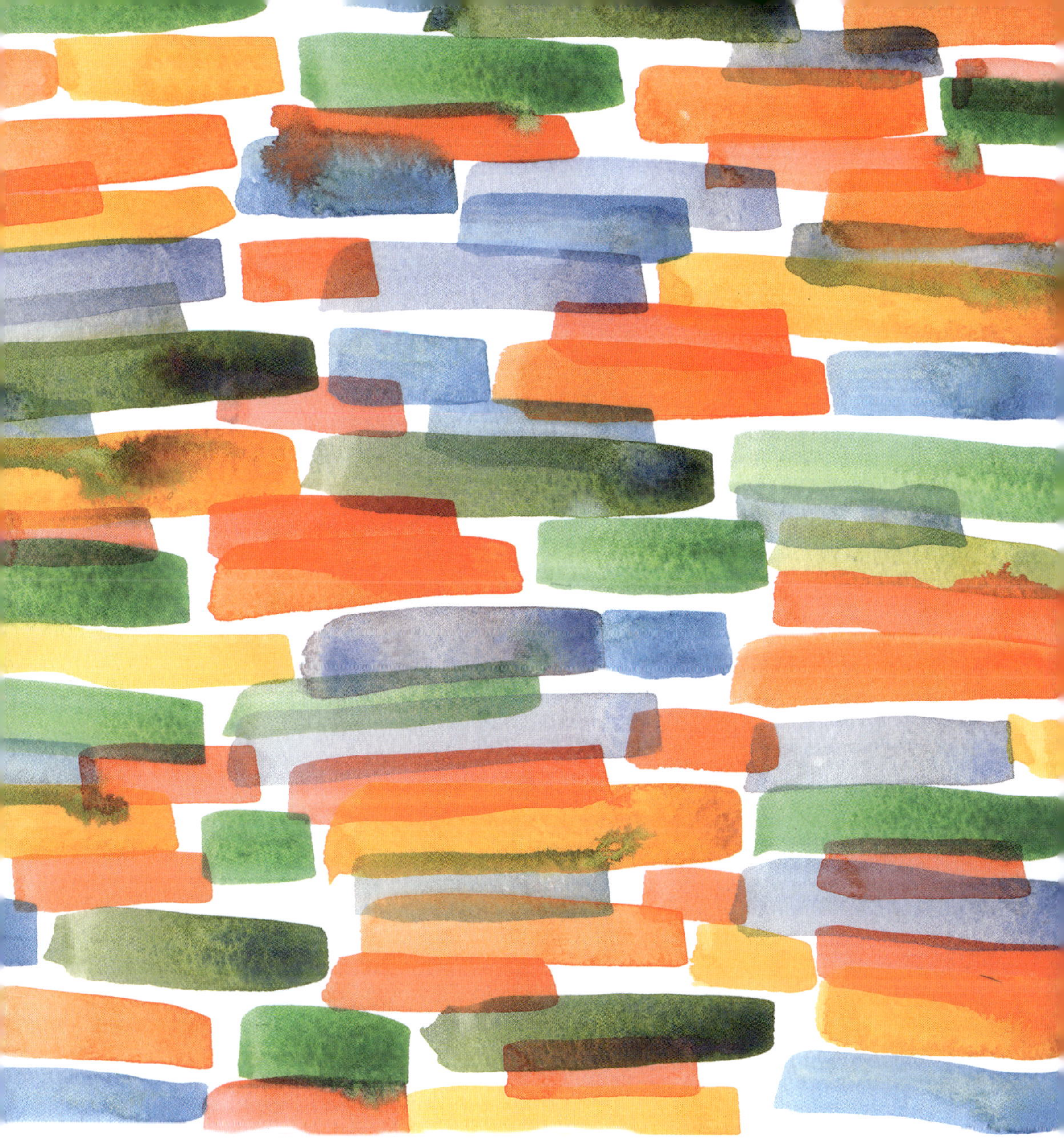

Denken Sie immer daran: Das Bild muss nicht perfekt sein!
Es macht auch sehr zufrieden, eine Seite mit verschiedenen Motiven oder überlappenden Strichen, Texturen und Mustern zu bemalen.
Alles, was Sie zu Papier bringen, entfaltet Ihre Kreativität!

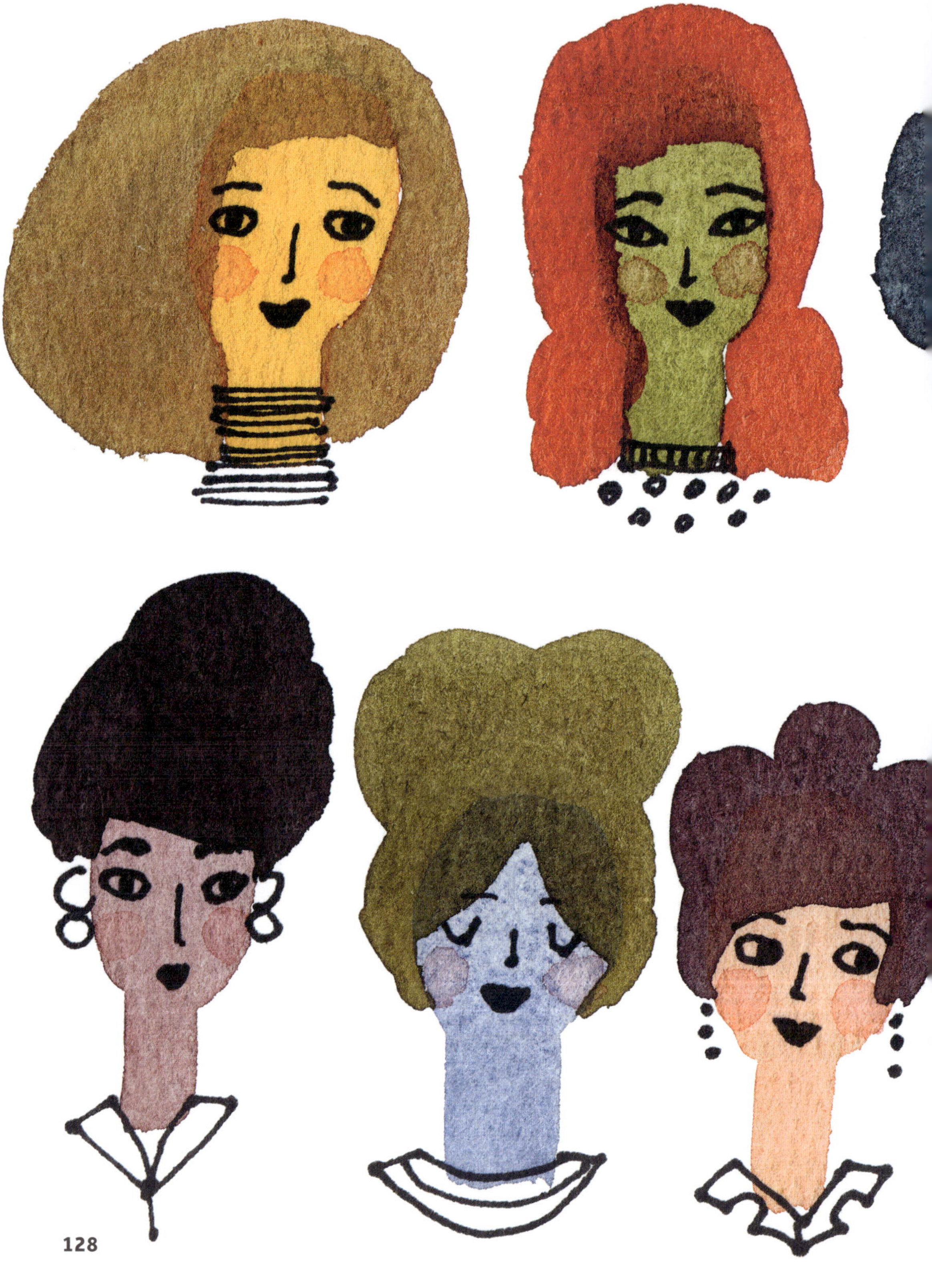

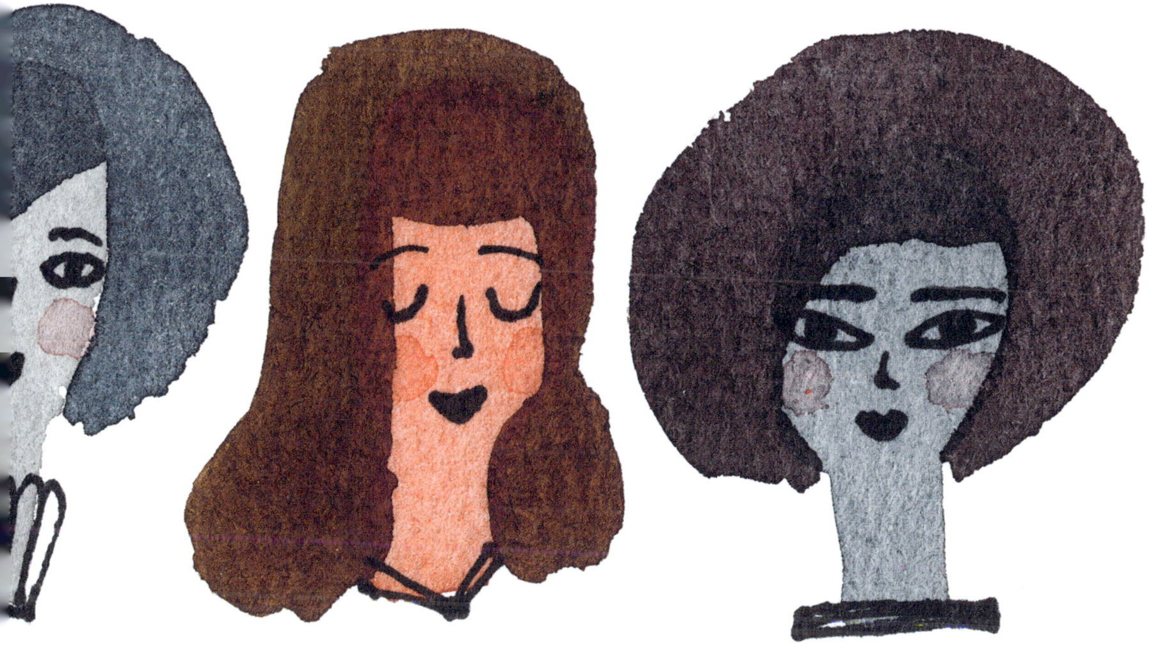

Projekt 6:

Charaktere und Gesichter

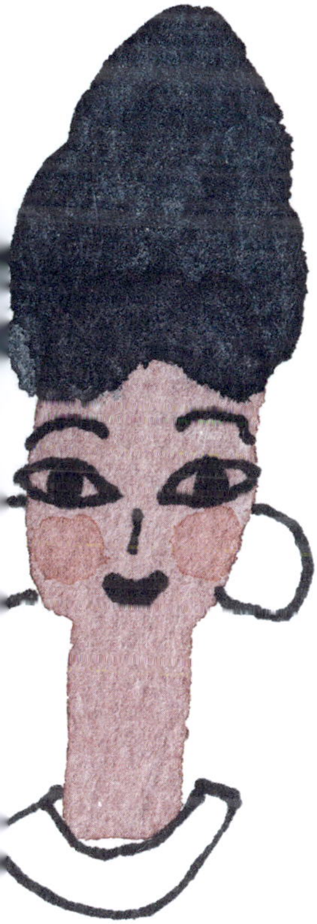

Beginnen Sie mit einem Klecks oder einer ovalen Form. Malen Sie einen weiteren Klecks für die Haare und fügen Sie ein paar Merkmale hinzu.

Spielen Sie mit Merkmalen und Details Ihrer Kleckse. Jeder Kopf wird etwas anders aussehen – und damit eine richtige Persönlichkeit werden.

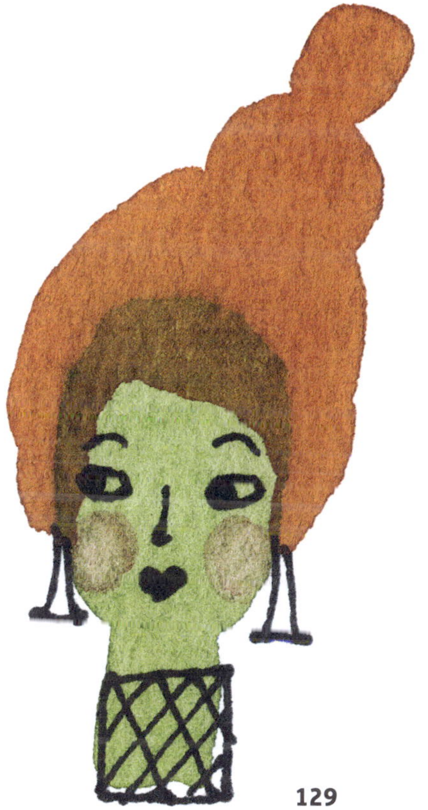

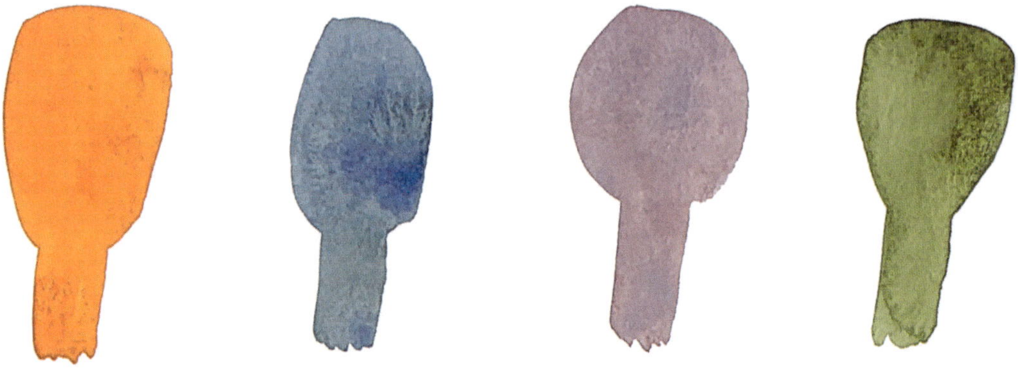

- Malen Sie zuerst einen runden oder ovalen Klecks oder ein abgerundetes Quadrat.

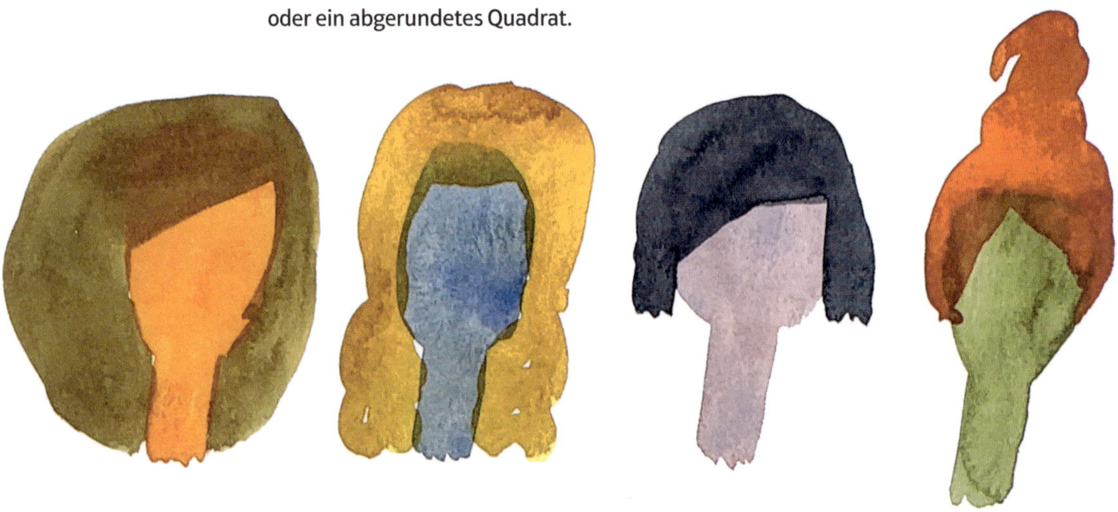

- Die Haare malen Sie in einer anderen Farbe als den Kopf.

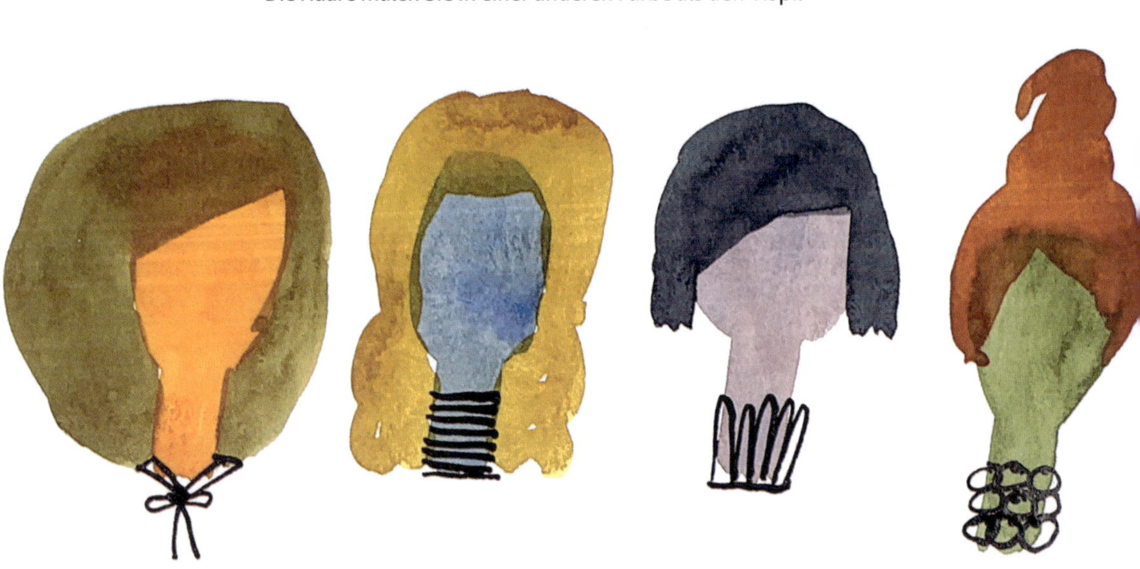

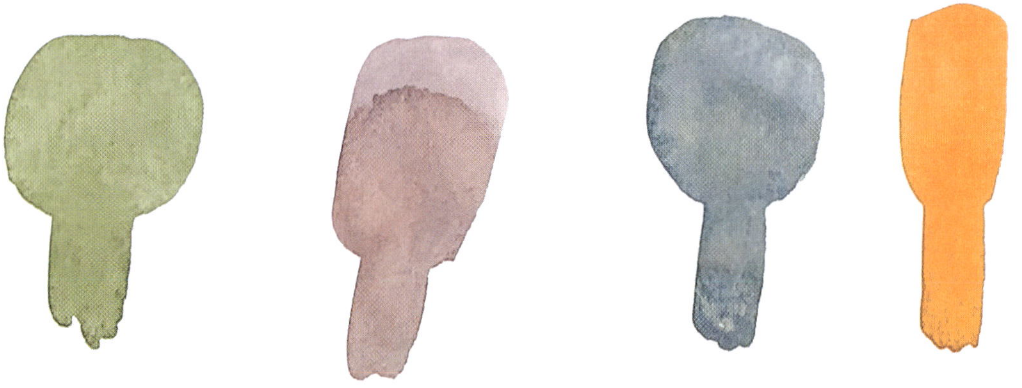

- Malen Sie darunter den Nacken.

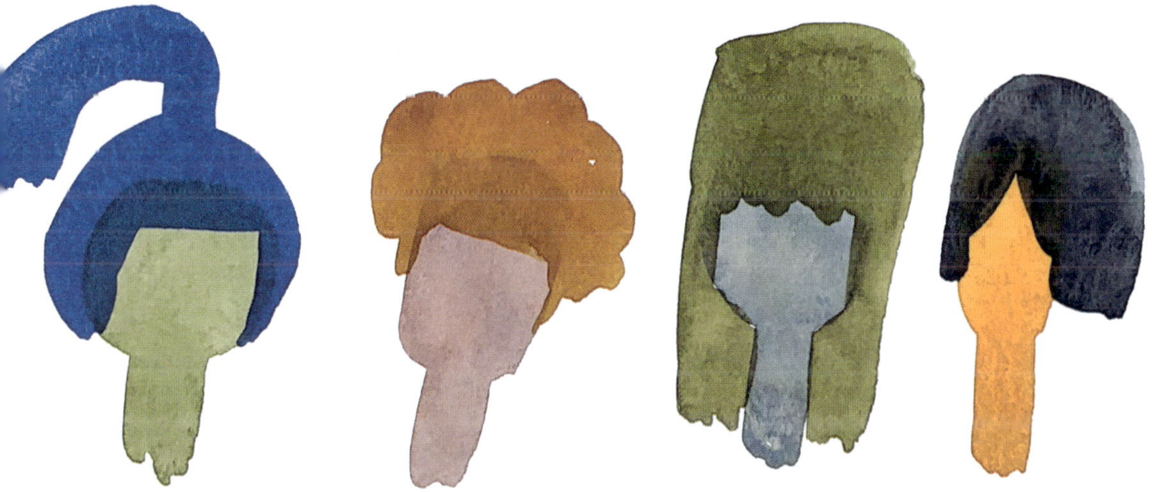

- Die Form der Haare, sowie auch die Form der Köpfe sollten variieren.
  Nun nehmen Sie Tusche oder eine Kontrastfarbe und malen eine Halskette.

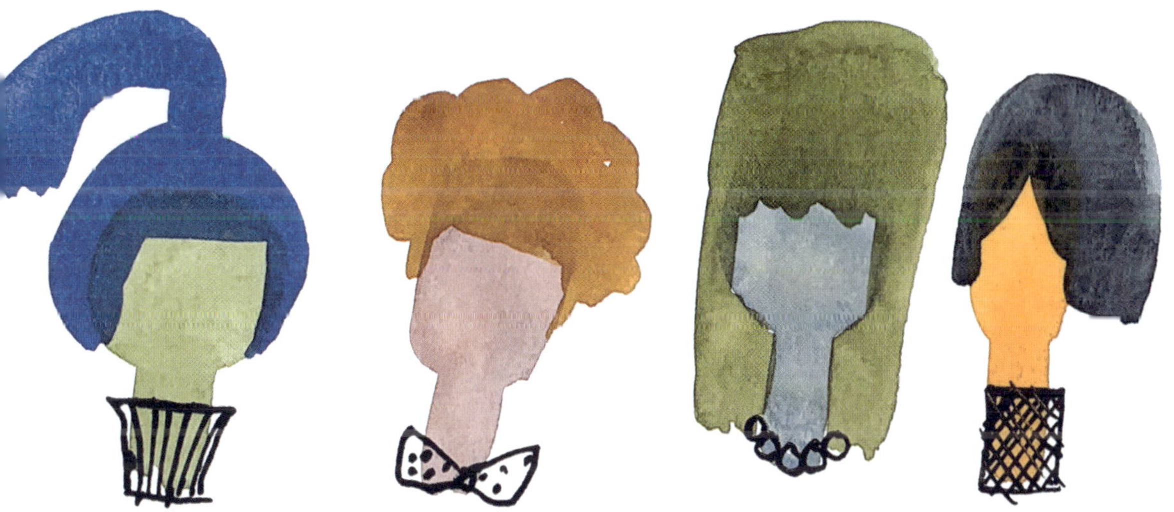

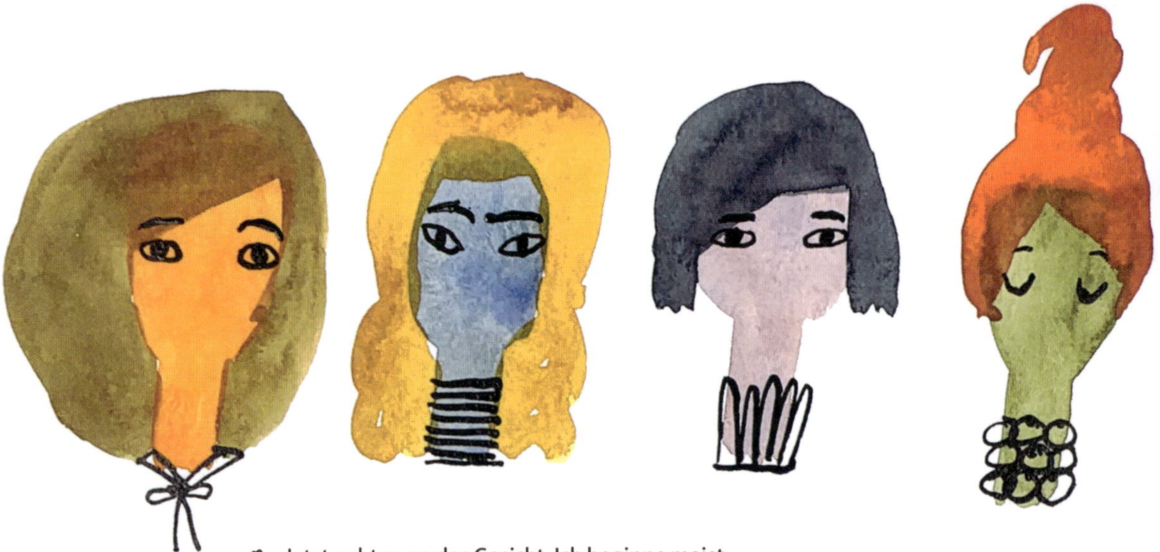

- Jetzt geht es an das Gesicht. Ich beginne meist mit den Augen und den Augenbrauen.

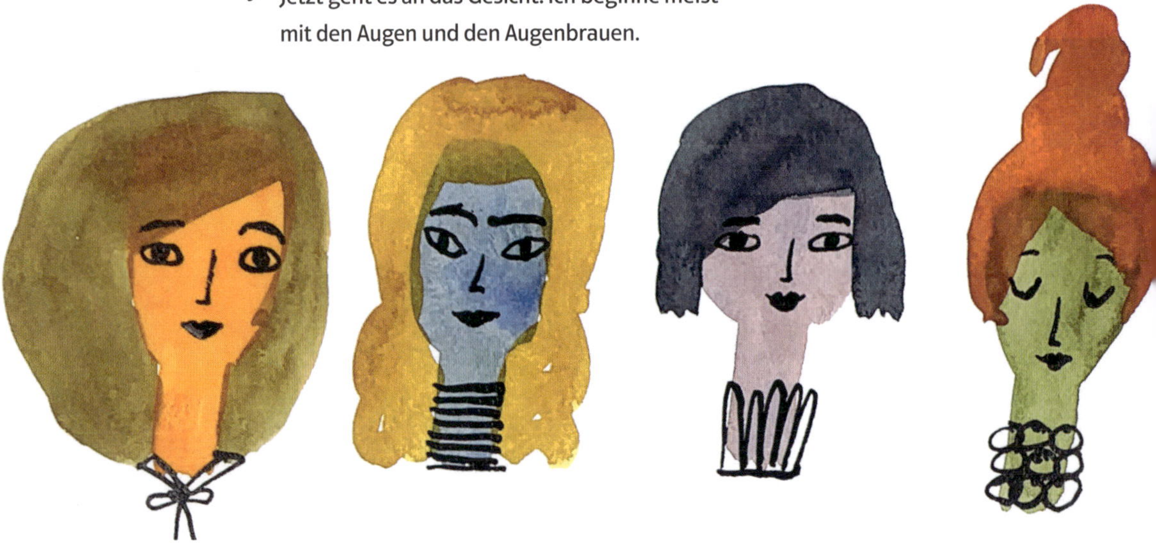

- Fügen Sie unterschiedliche Nasen und Lippen hinzu.

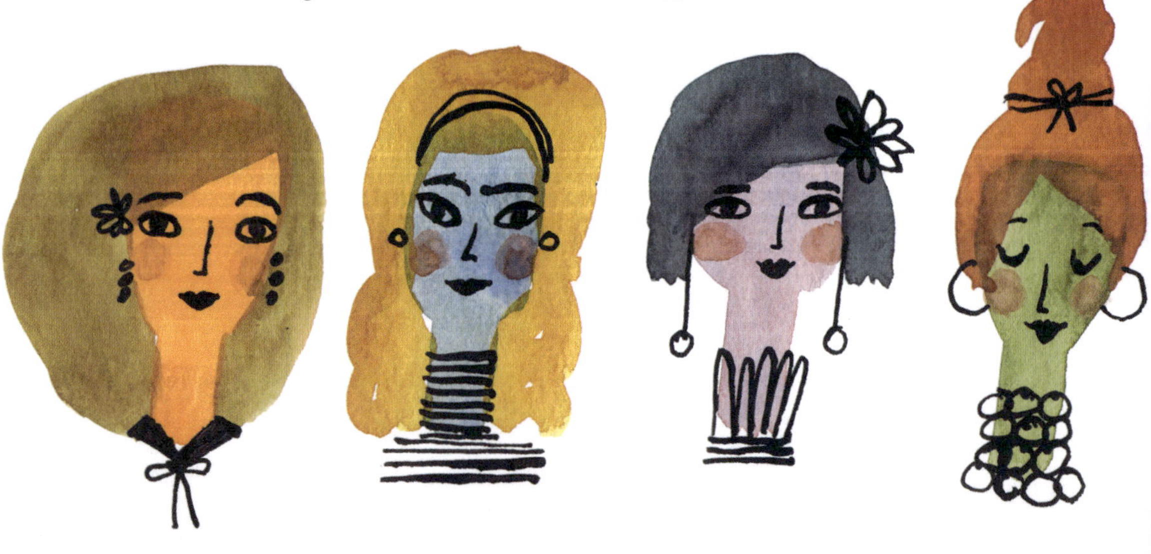

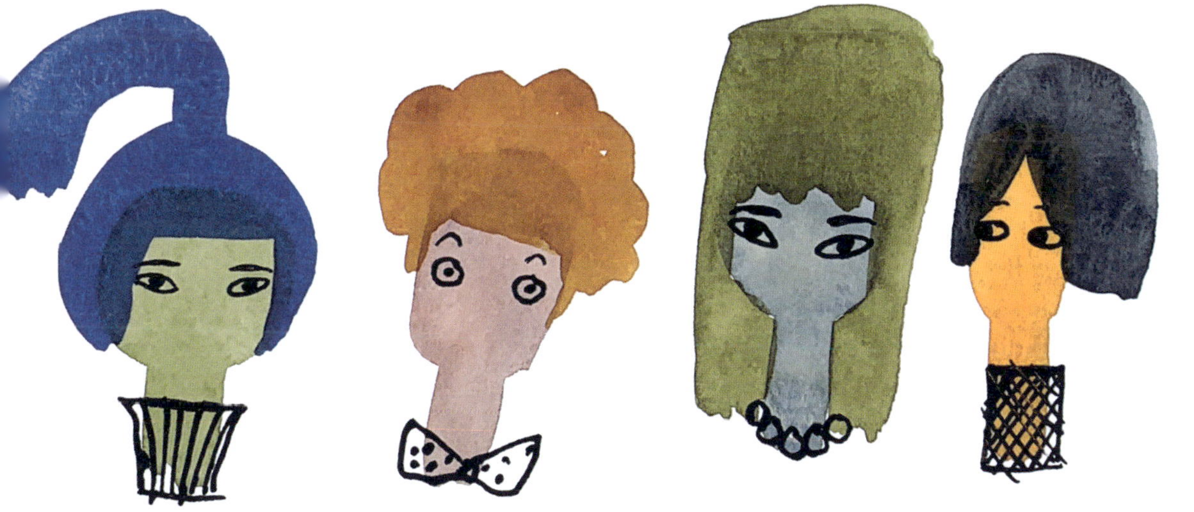

- Unterschiedliche Augenformen machen das Gesicht interessanter.

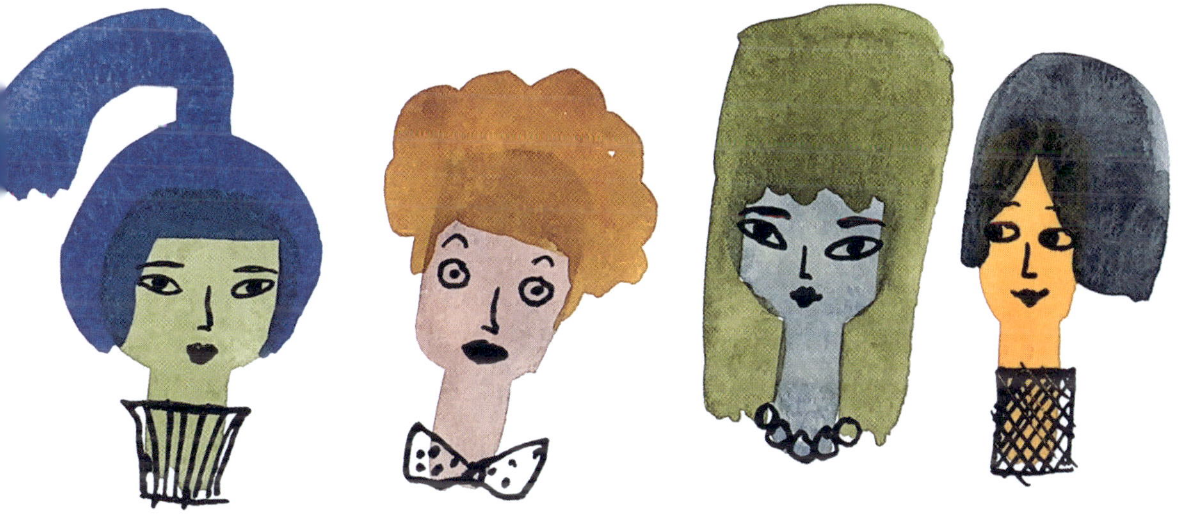

- Ohrringe, Haarspangen und andere Accessoires sorgen für Abwechslung und Spaß!

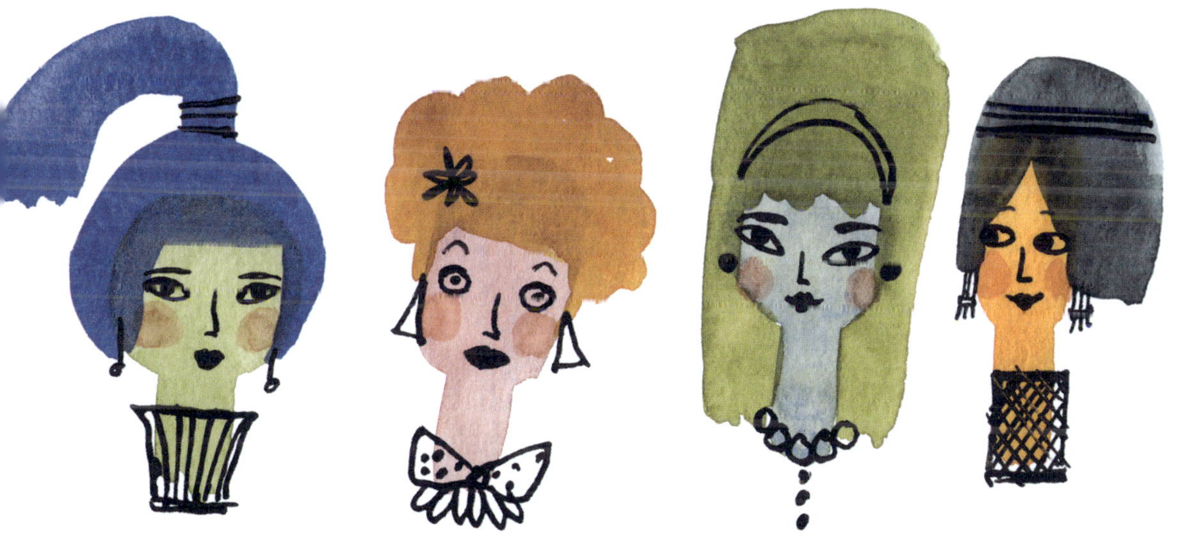

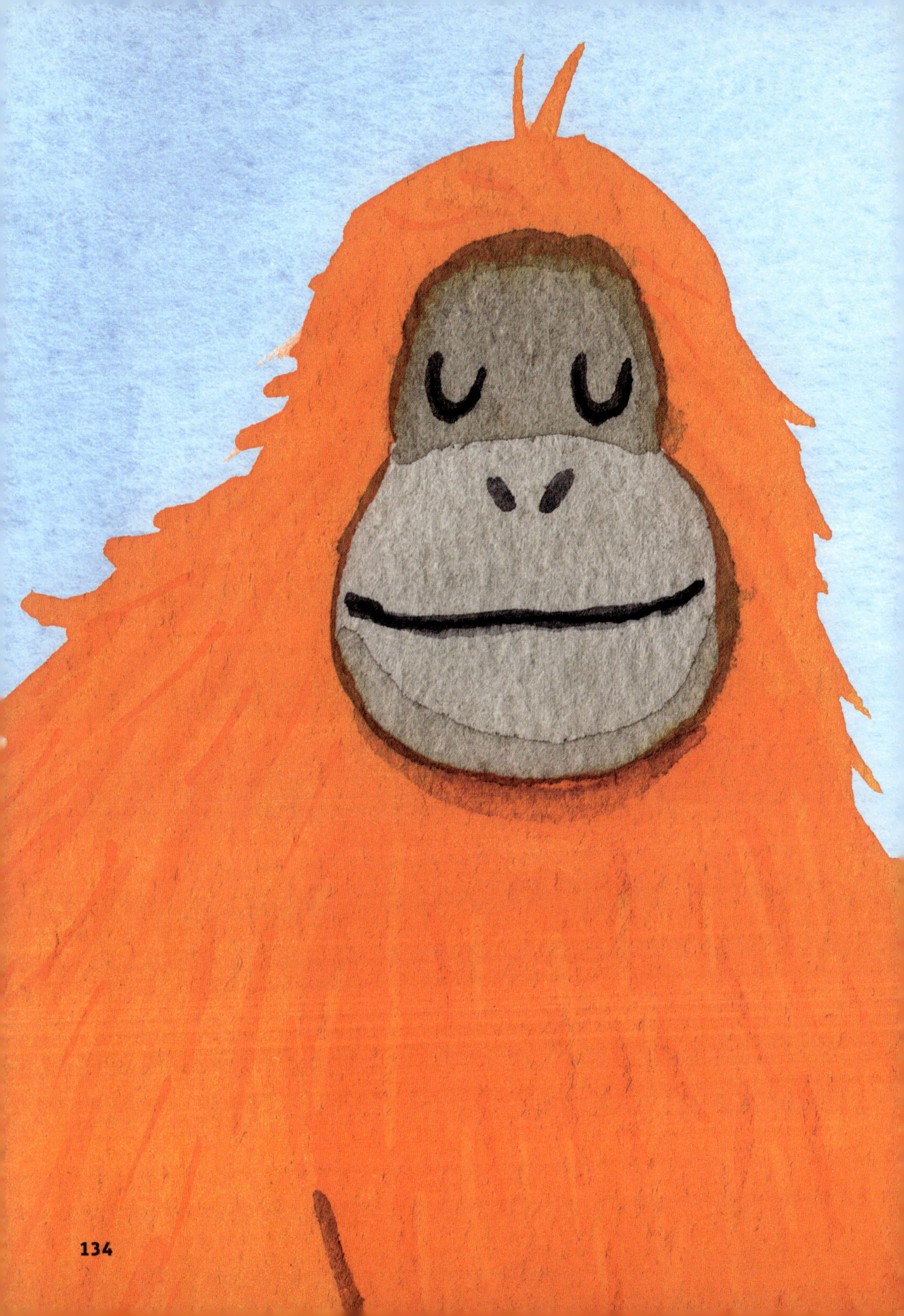

Tipps zum Malen von Charakteren

Charaktere erzeugen viel mehr Emotionen beim Betrachter, wenn sie interagieren (Augenkontakt, Mimik und Gestik). Auf diese unterhaltsame Weise können Sie mit Ihrem Bild eine Geschichte erzählen. Aber auch schöne Dinge oder Muster, die keine Geschichte erzählen, machen das Bild lebendig. Alles ist richtig!

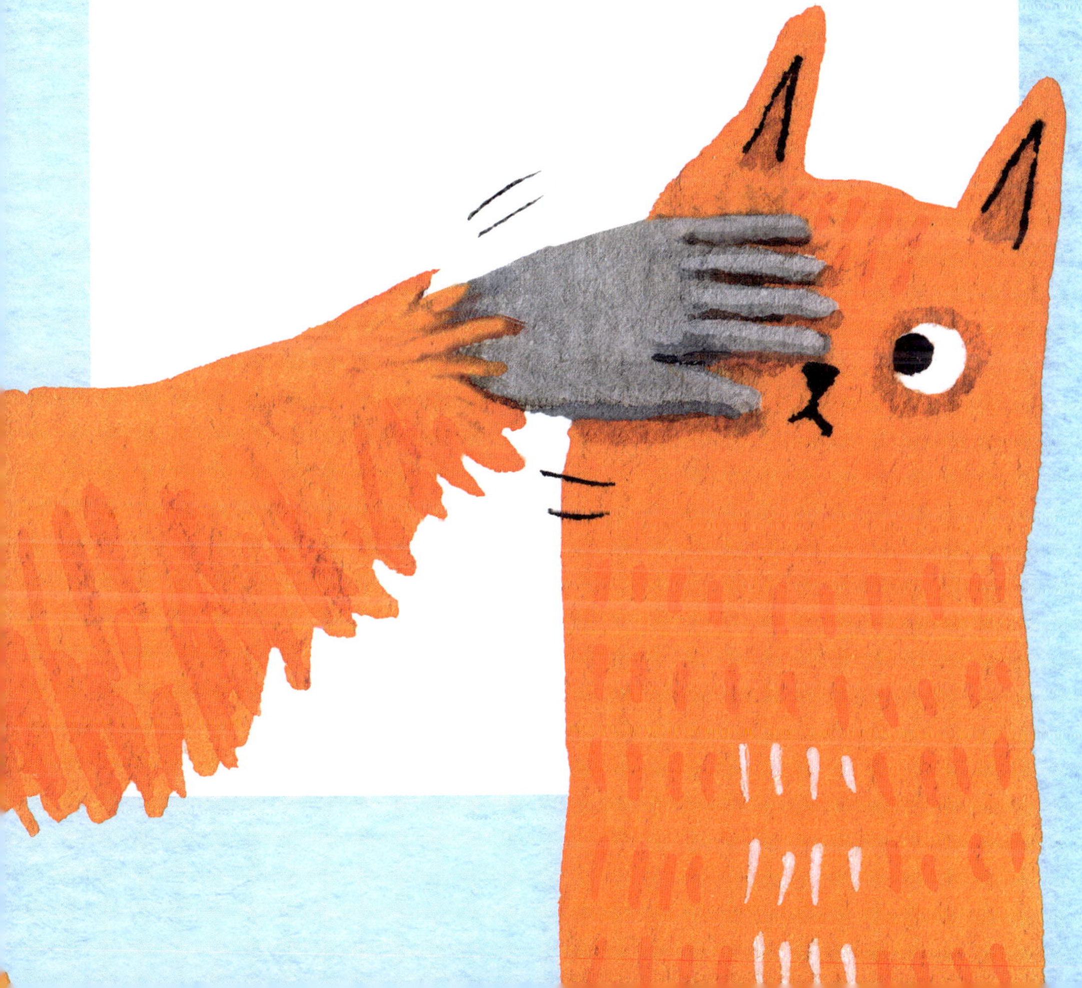

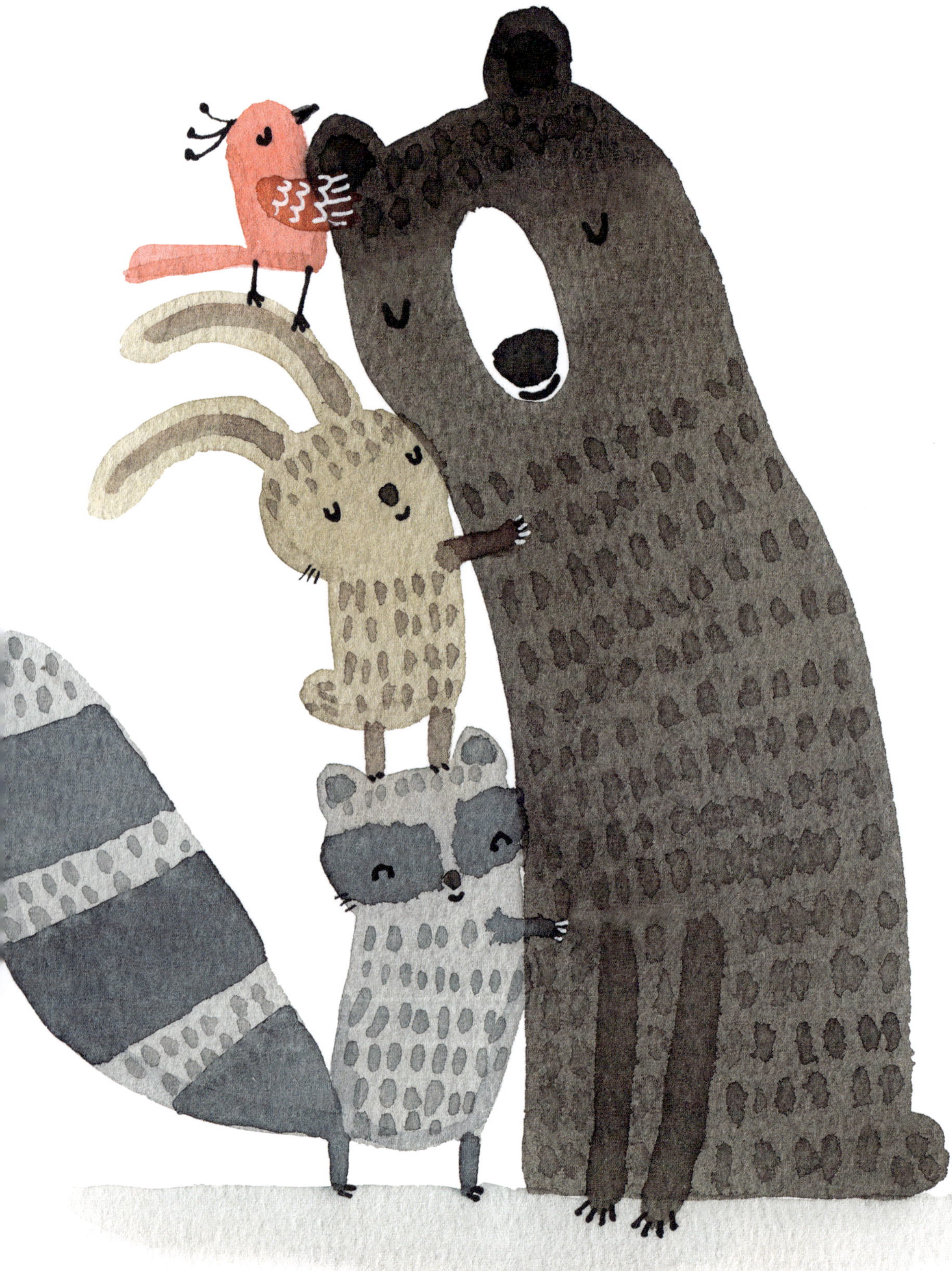

6

Wann bin ich fertig?

Offen bleiben

Irgendwann kommt der Moment, in dem Sie sich fragen, ob Sie fertig sind. Dieser Moment steckt voller Möglichkeiten. Wenn Sie mit dem Malen bereits vertraut sind, haben Sie wahrscheinlich ein Gefühl dafür entwickelt, wann ein Bild fertig ist. Es braucht jahrelange Erfahrungen, viele Versuche und einige Irrtümer.

Doch bei vielen Künstlern kommt der innere Kritiker wieder zum Vorschein und mit ihm die Angst, das Bild zu ruinieren. Selbst erfahrene Künstler übermalen ihre Werke gelegentlich. Aber mithilfe einiger Tricks können Sie ein Gefühl dafür entwickeln, ob Ihr Bild fertig ist oder nicht. Bleiben Sie offen und behalten Sie die Freude am Schaffensprozess. Damit werden Sie Zweifel überstehen und den kreativen Ausdruck wertschätzen – egal, was dabei herausgekommen ist. Die meisten lernen beim Malen selbst, wann der richtige Zeitpunkt ist, aufzuhören.

Die Ungewissheit, wann ein Bild fertig ist, ist natürlicher Teil des malerischen Lernprozesses. Wenn Sie denken, »Jetzt ist es gut«, dann taucht der innere Kritiker auf. Natürlich meint er es nur gut mit Ihnen, aber leider ist sein Rat nicht angebracht. Lassen Sie ihn einfach vorbeiziehen und konzentrieren Sie sich auf Ihren kreativen Schaffensprozess.

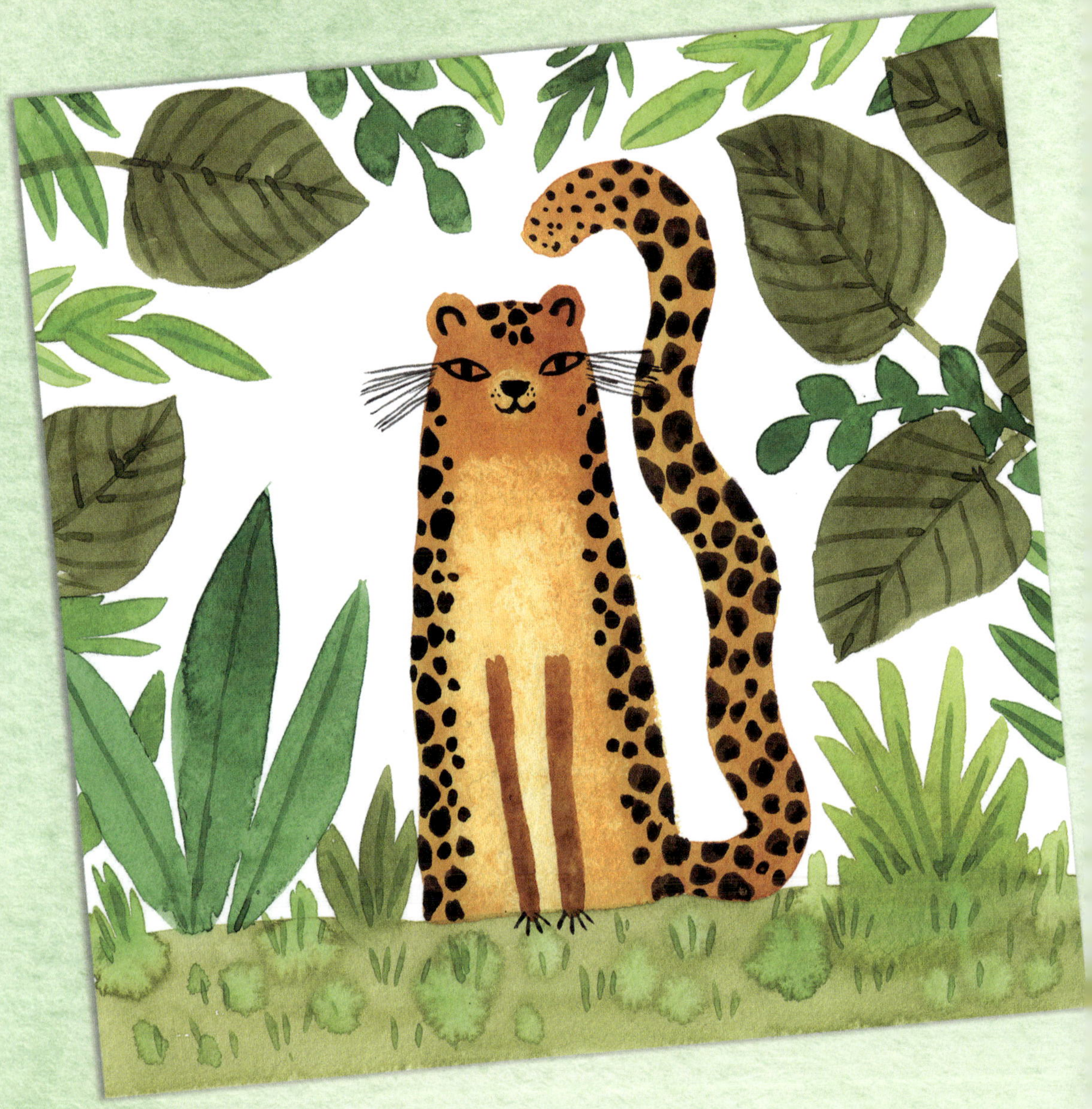

Noch ein Schritt?

Es ist immer gut, etwas Abstand von Ihrem Bild zu nehmen und sich ihm später wieder zuzuwenden. Sie werden verblüfft sein, wie viel Neues Sie dadurch entdecken. Vielleicht fehlt noch ein kleines Detail? Oder das Bild ist tatsächlich fertig?

Oder noch ein paar Schritte mehr?

Wenn Sie immer noch unsicher oder unzufrieden sind, müssen Sie vielleicht noch einen oder zwei weitere Schritte zurücktreten oder das Bild längere Zeit beiseitelegen. Und wenn all das nicht hilft, nehmen Sie ein neues Blatt Papier und lassen Ihrer Kreativität freien Lauf.

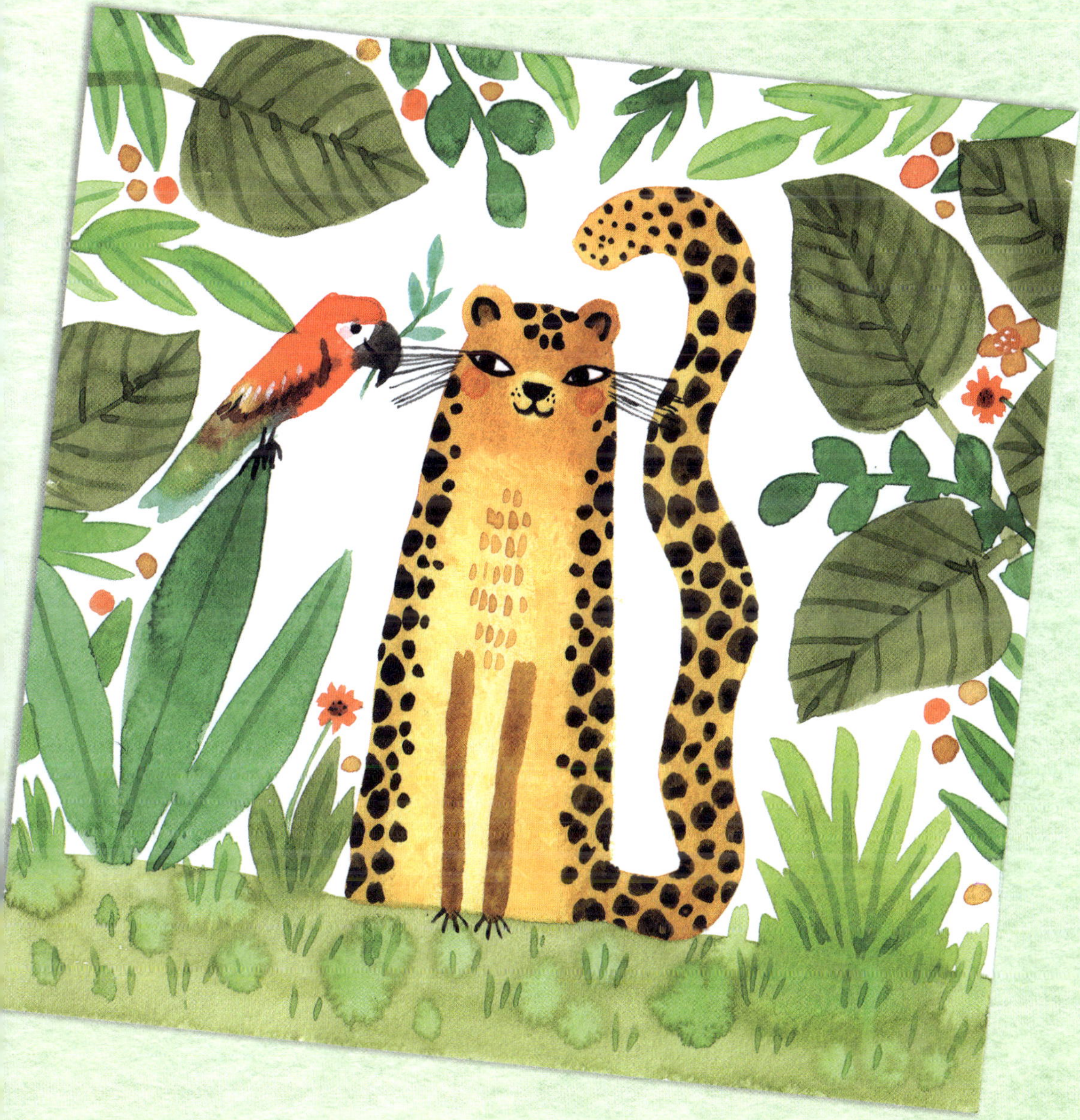

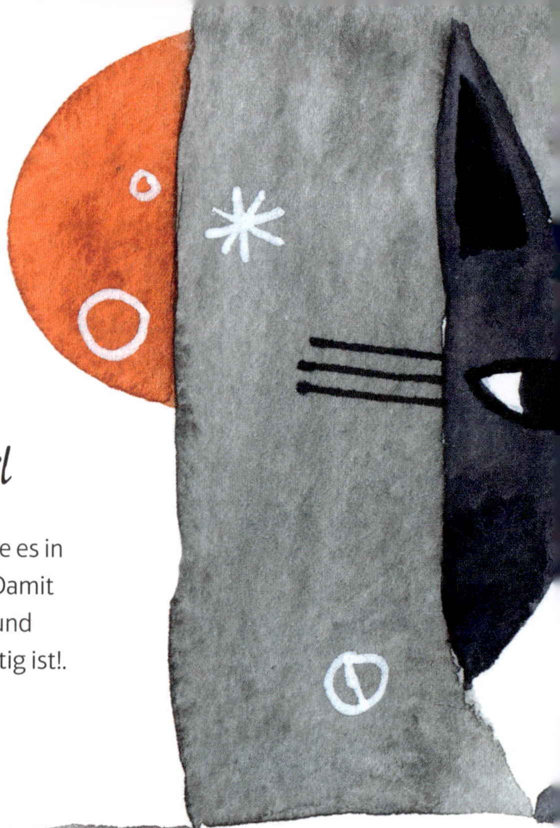

Ein anderer Blickwinkel

Drehen Sie das Bild auf den Kopf, schauen Sie es in einem Spiegel an oder fotografieren Sie es. Damit bekommen Sie eine ganz neue Perspektive und erkennen, was noch fehlt … oder dass es fertig ist!.

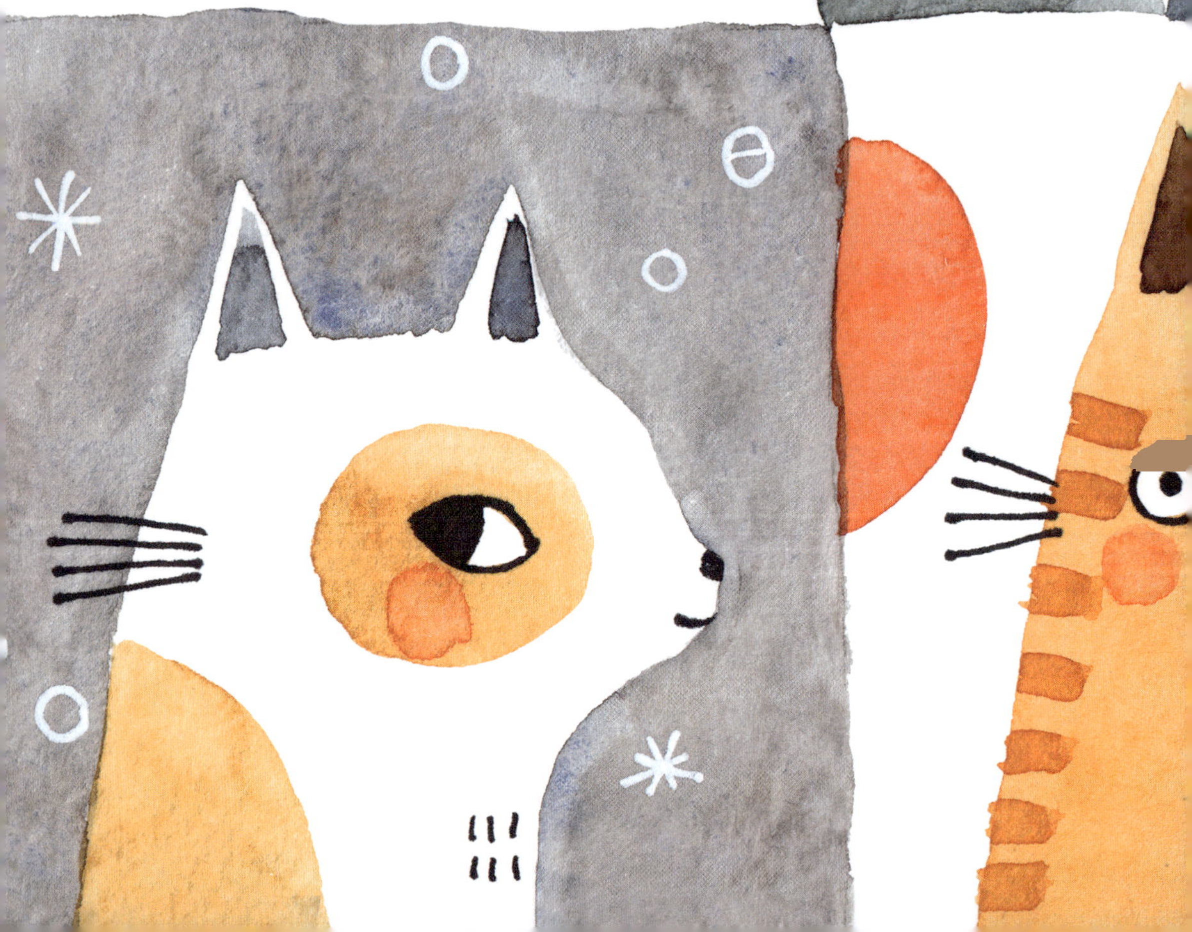

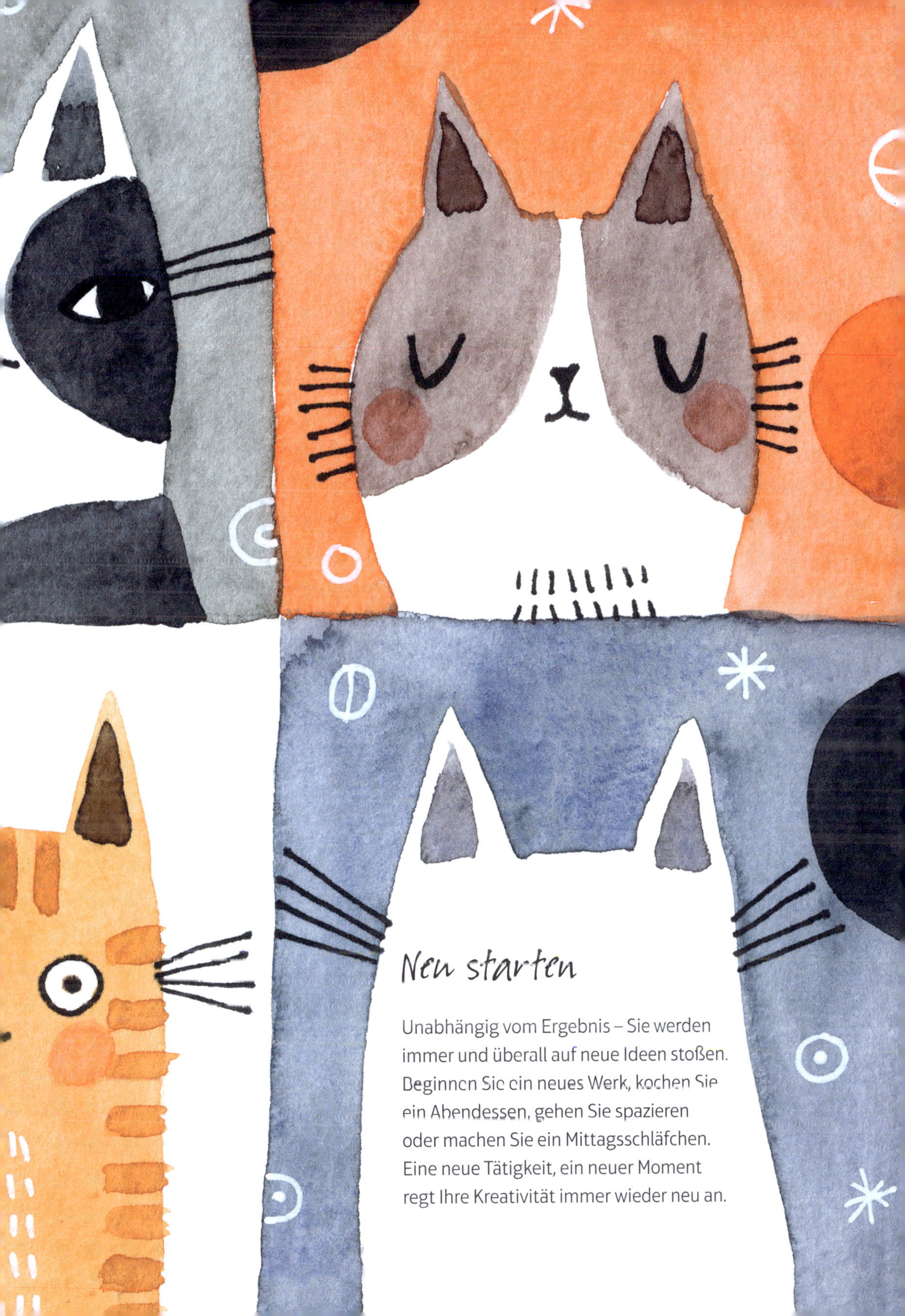

Neu starten

Unabhängig vom Ergebnis – Sie werden immer und überall auf neue Ideen stoßen. Beginnen Sie ein neues Werk, kochen Sie ein Abendessen, gehen Sie spazieren oder machen Sie ein Mittagsschläfchen. Eine neue Tätigkeit, ein neuer Moment regt Ihre Kreativität immer wieder neu an.

Loslassen

Bei aller Unsicherheit, ob Ihr Werk fertig ist oder nicht, vergessen Sie bitte eines nicht: Konzentrieren Sie sich auf den Prozess und verabschieden Sie sich von der Idee, ein bestimmtes Ergebnis produzieren zu müssen. Einige Künstler erkennen schneller als andere, ob Sie fertig sind oder nicht. Ich gehöre eher zu den langsamen Typen und höre entweder zu früh oder viel zu spät auf. Aber das spielt keine Rolle. Denn es ist ein Lernprozess, in dem ich die Möglichkeit habe, entweder weiterzumalen oder etwas Neues zu beginnen. Mit jedem Bild, an dem ich zu lange gearbeitet habe, entwickle ich ein besseres Gefühl dafür, ob etwas fertig ist oder nicht.

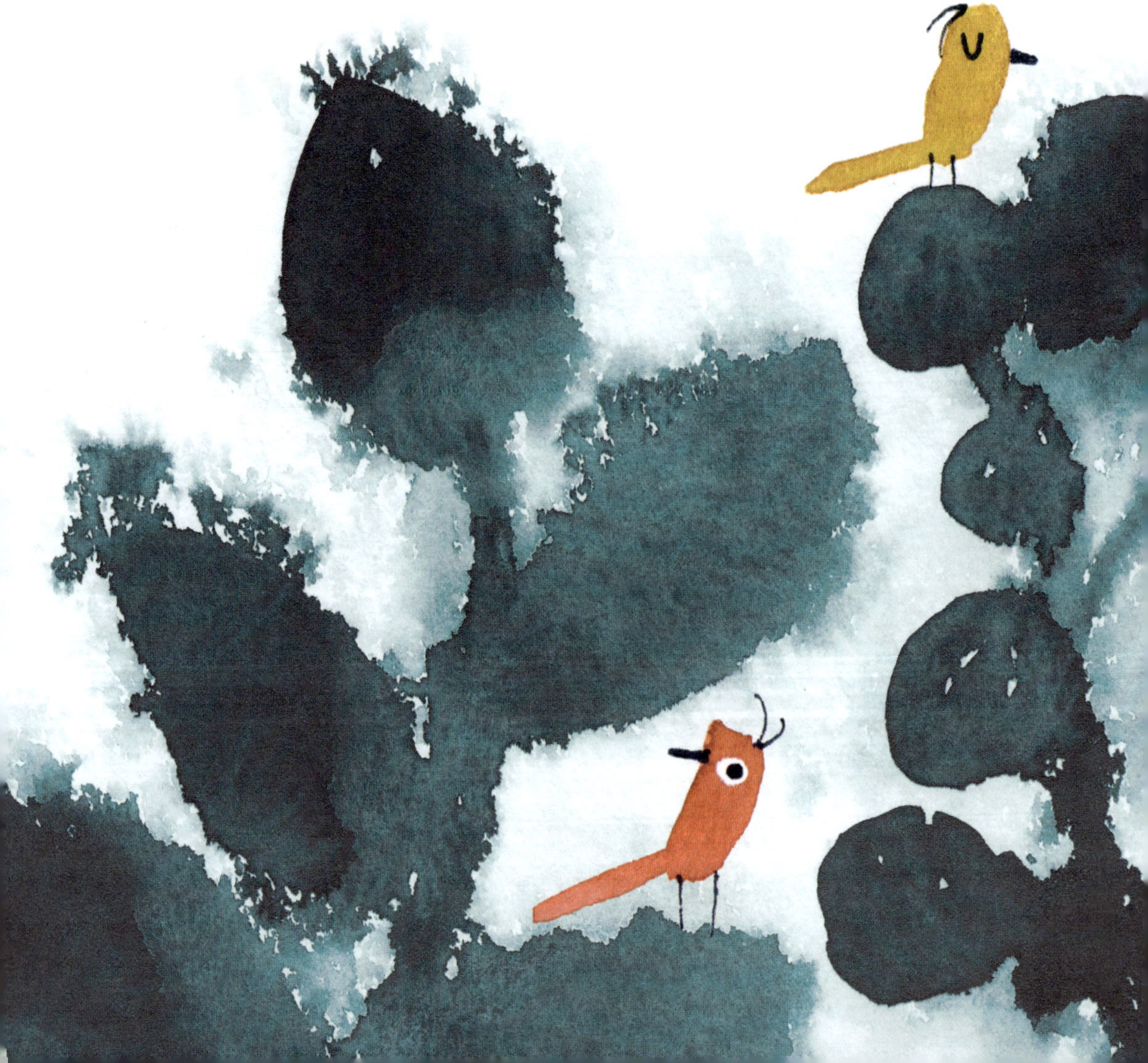

Damit ist die eigentliche Entscheidung über Aufhören oder Weitermachen gar nicht mehr wichtig. Ignorieren Sie die Stimme des inneren Kritikers und schenken Sie dem Papier, der Farbe und dem Pinsel in Ihrer Hand Ihre Aufmerksamkeit. Das ist die beste Art, Angst und Unsicherheit zu überwinden.

Und denken Sie daran: Ein »überladenes« Bild eignet sich sehr gut als Muster oder Ausschnitt für eine Collage aus unterschiedlichen Medien!

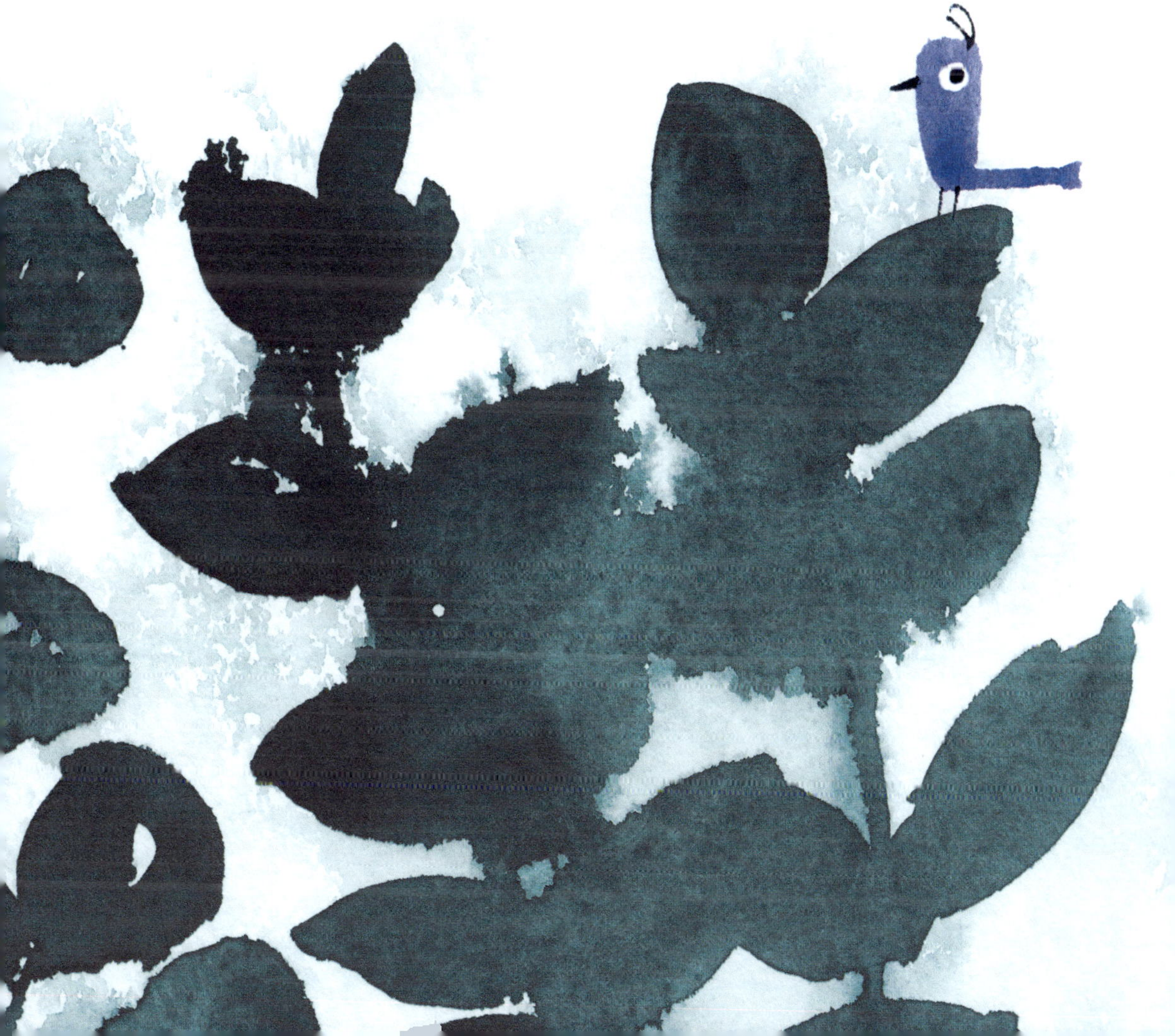

Stil

Dieses Buch soll Ihnen nicht helfen, einen eigenen künstlerischen Stil zu finden. Doch wenn Sie längere Zeit malen, erkennen Sie, dass sich Ihre Hand ganz individuell über das Papier bewegt und Ihr Werk einzigartig ist. Achten Sie immer bewusst darauf. Und stellen Sie sich öfters diese zwei Fragen:

→ Welchen künstlerischen Stil mögen Sie?
→ Was inspiriert Sie?

Ihre persönliche Ästhetik wird durch ganz unterschiedliche Dinge geprägt, die alle dazu beitragen, wie sich Ihre Kreativität äußert.

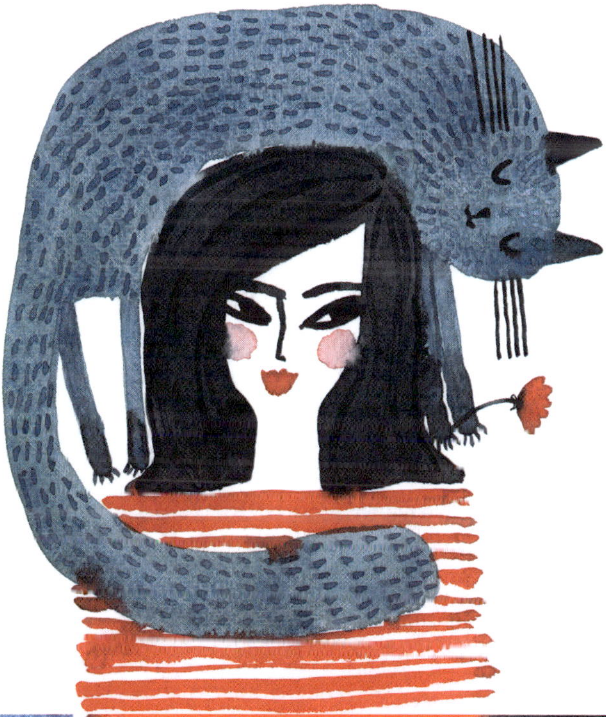

Der Stil findet Sie

Schauen Sie sich Ihre Handschrift einmal bewusst an. Die meisten von uns achten überhaupt nicht auf ihre Handschrift und überlegen sich nicht, wie ihre Unterschrift aussehen soll. Handschrift und Unterschrift sind ein persönliches Merkmal. Das Gleiche gilt für den künstlerischen Stil. Der Blick auf die Arbeit anderer Künstler ist schön und wichtig. Aber Ihr Stil ist einzigartig und entwickelt sich jedesmal, wenn Sie Farbe auf das Papier auftragen. Es ist nicht einfach, den eigenen Stil zu erkennen. Häufig sehen Freunde und Familienmitglieder ihn eher als Sie selbst. Fragen Sie sie irgendwann einmal, aber lassen Sie sich Zeit damit. Denn Ihr Stil braucht diese Zeit, um sich zu entwickeln und sich zu zeigen. Auch noch nach langer Zeit ist Stil in Bewegung. Wertschätzen Sie Ihre Fähigkeiten, probieren Sie Neues und kommen Sie aus Ihrer Komfortzone heraus. Dann wird sich Ihr Stil immer wieder verändern und neue Richtungen finden. Es ist unglaublich spannend zu beobachten, wie sich Kreativität immer wieder erneuert. Bleiben Sie offen und neugierig!

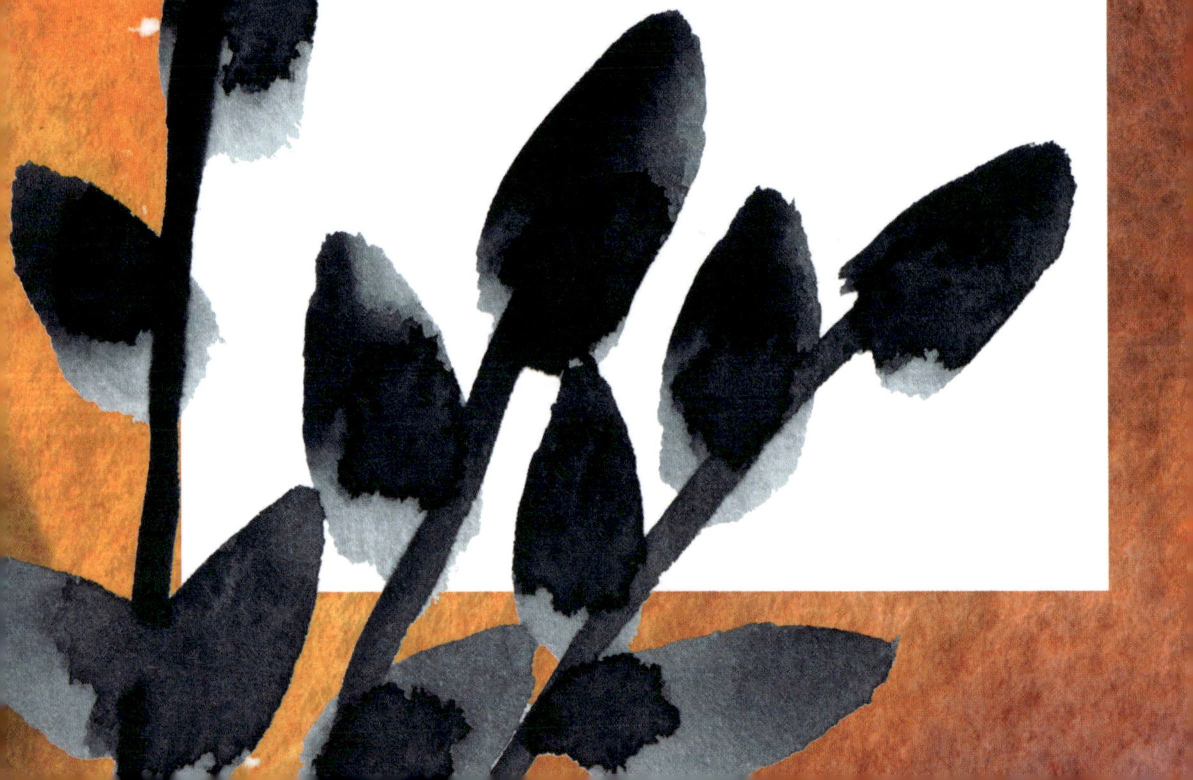

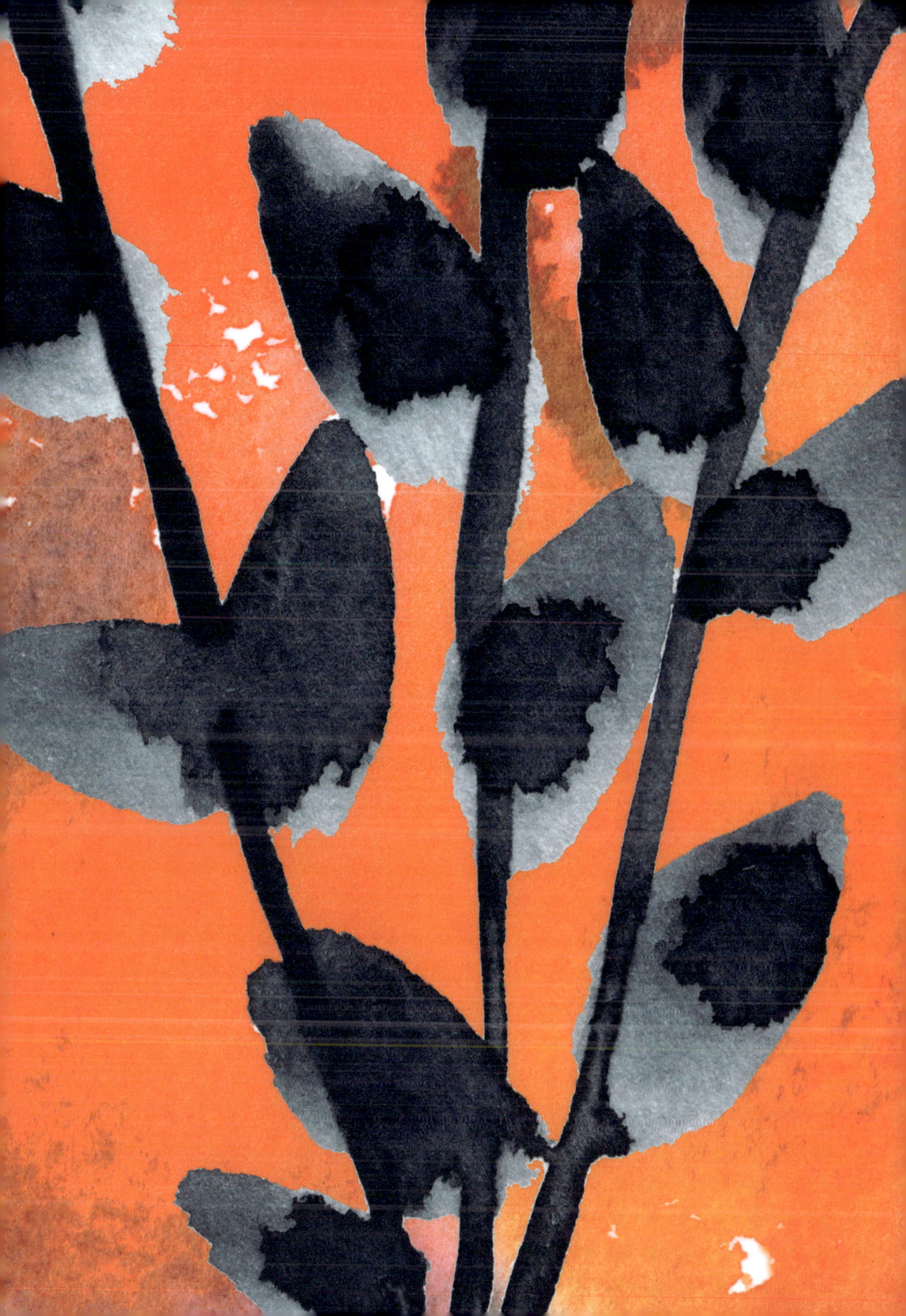

Recherche

Schauen Sie sich viele Werke anderer Künstler und Illustratoren an. Auch die Natur, Fotos, Gedichte und alles, was Sie in irgendeiner Weise anspricht, ist eine Quelle der Inspiration. Achten Sie dabei darauf, was Ihnen sofort ins Auge fällt und Sie voranbringt.

Der Zweck dieser Recherche: Kopieren Sie das, was Sie sehen. Damit werden Sie Ihre eigene Ästhetik und Ihre Interessen besser kennenlernen und eine eigene Stimme entwickeln. Los geht's! Recherchieren Sie! Aber wenn Sie eine Inspiration erkennen, dann vergessen Sie bitte nicht zu malen.

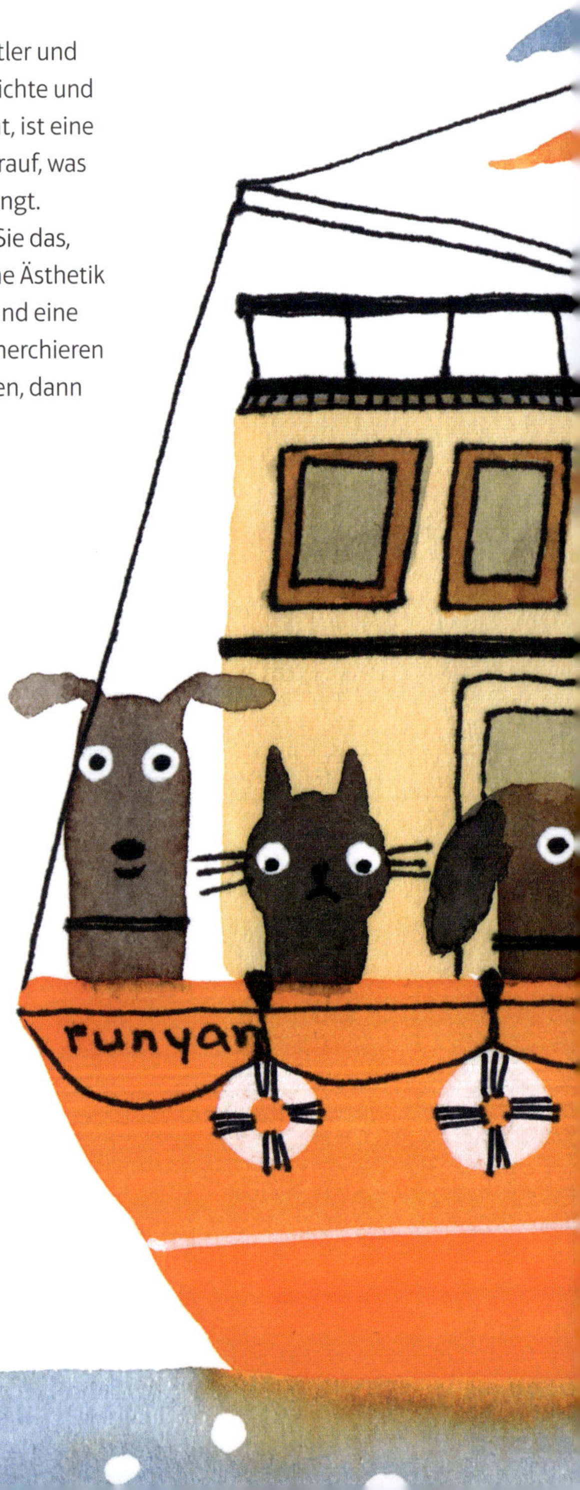

Recherche ist hilfreich, kann aber auch ablenken und die eigene Kreativität ausbremsen. Minuten werden schnell zu Stunden, und bevor Sie es bemerken, haben Sie zwar tage- oder wochenlang Inspirationen »konsumiert«, ohne aber selbst gemalt zu haben. Ich spreche aus eigener Erfahrung: Zu lange Recherche (vor allem im Internet) ist ermüdend und frisst die nötige Energie, die Sie brauchen um selbst zu Pinsel und Papier zu greifen.

Inspiration ist eine einzigartige und flüchtige Erfahrung des Augenblicks. Wenn wir sie nicht einfangen, kommt schon der nächste Augenblick, der dem vorherigen nie gleicht. Es ist auch nicht schlimm, wenn Sie einen Augenblick verpassen. Die nächste Inspiration kann mit dem nächsten Atemzug kommen. Atmen Sie ganz bewusst mit Ihrer Kunst ein und aus!

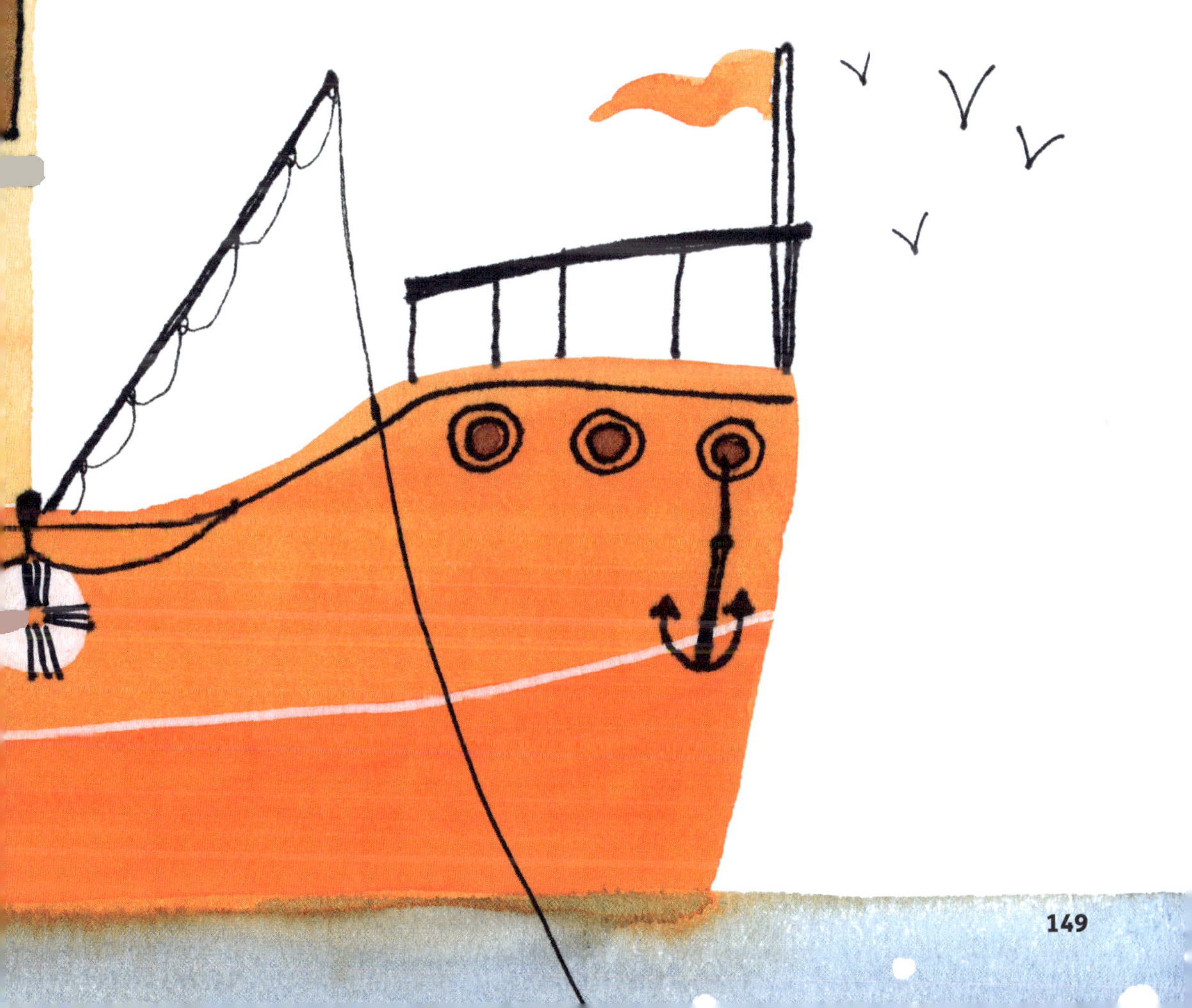

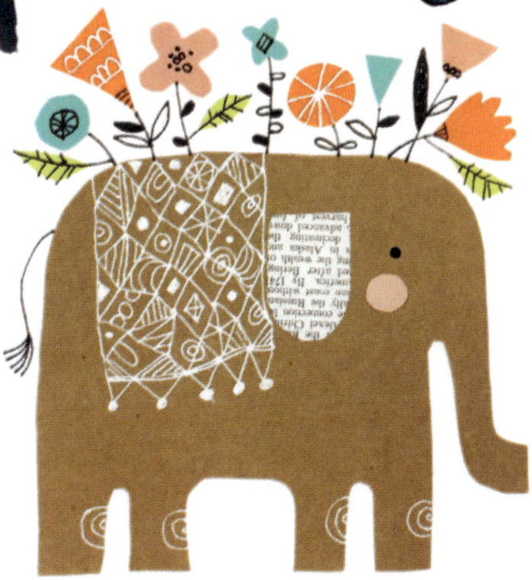

Künstlerische Entwicklung

Je öfter Sie kreativ sind, desto mehr wird sich Ihre Kunst entwickeln. Wenn Sie Ihr kreatives Schaffen bewusst und mit Freude erleben, werden Sie immer häufiger malen und schneller als erwartet einen eigenen Stil in Ihrer Arbeit erkennen. Dieser Stil ist jedoch nicht statisch, sondern ein sich ständig wandelnder Ausdruckstanz zwischen Ihnen und dem Papier.

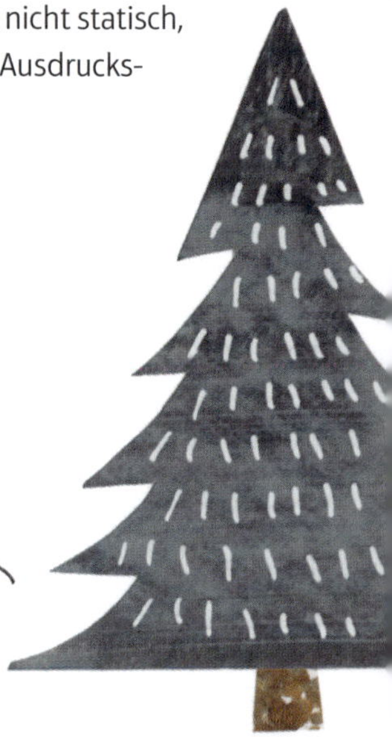

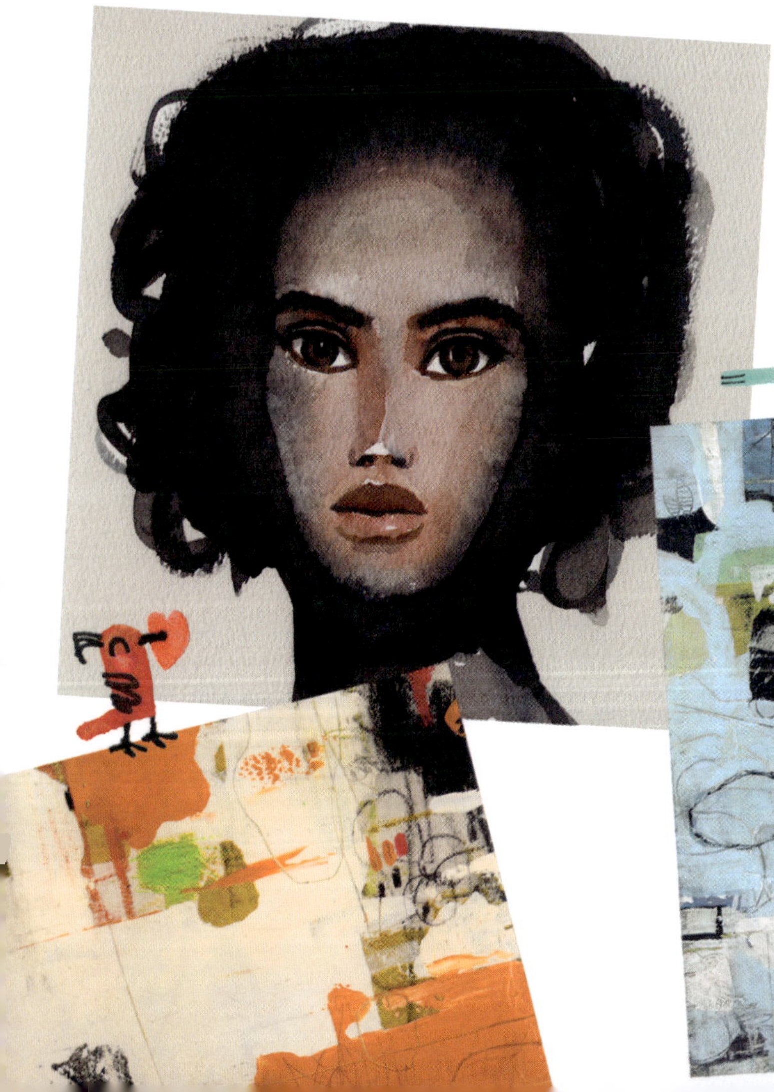

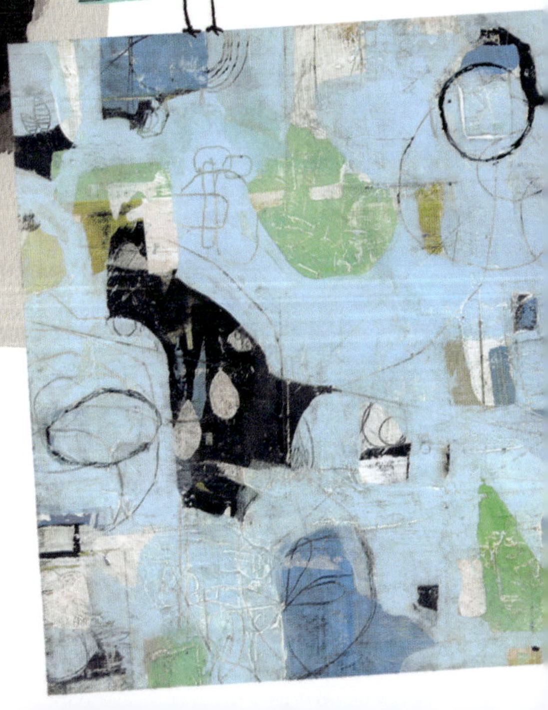

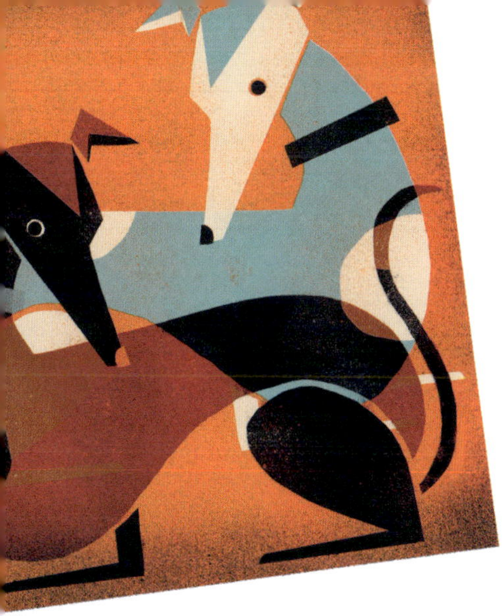

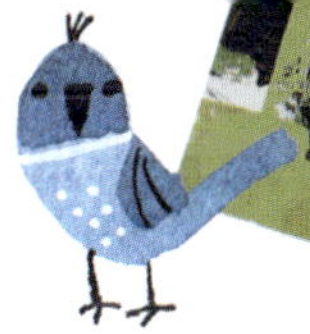

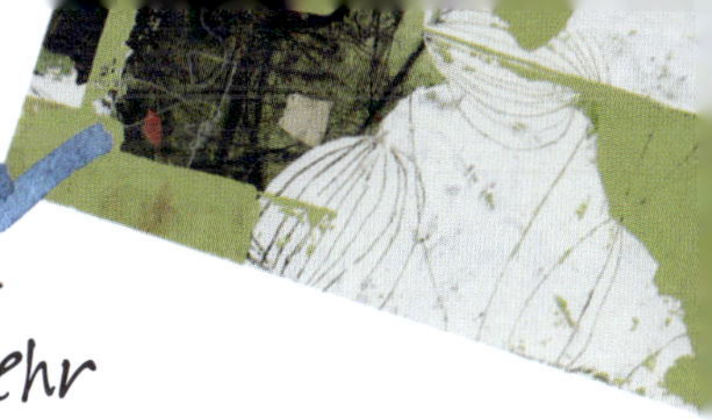

Sie dürfen mehr als einen Stil haben

Neben dem Aquarellieren sollten Sie auch andere kreative Wege ausprobieren, um sich zu entfalten und neue Möglichkeiten kennenzulernen. Versuchen Sie verschiedene Ansätze und Ideen, um motiviert und neugierig zu bleiben. Das fördert Ihre Kreativität und wirkt sich auf alles aus, was Sie tun.

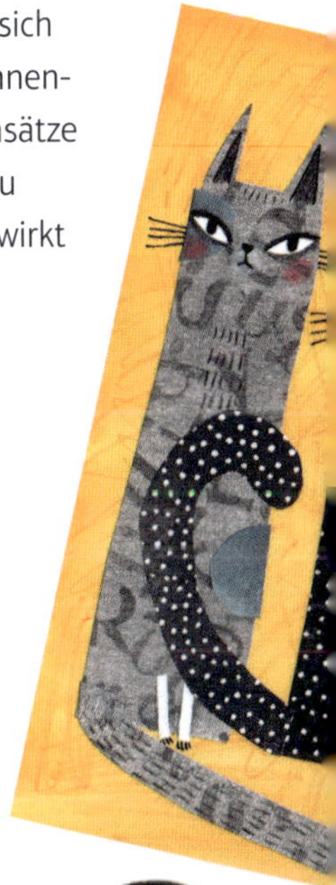

Bleiben Sie spielerisch

Unbeschwertes Malen öffnet Ihr Herz und Ihren Geist und lässt die Kreativität fließen. Je mehr Sie aus purer Freude malen und je weniger Sie sich auf das Ergebnis konzentrieren, desto mehr können Sie auf Ihre kreative Stimme hören.

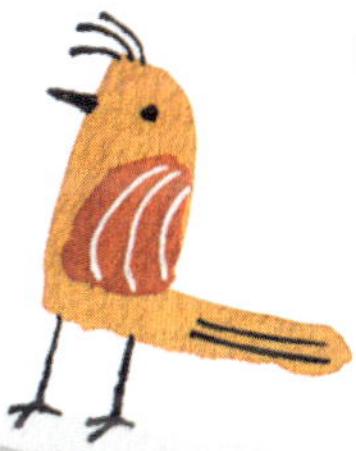

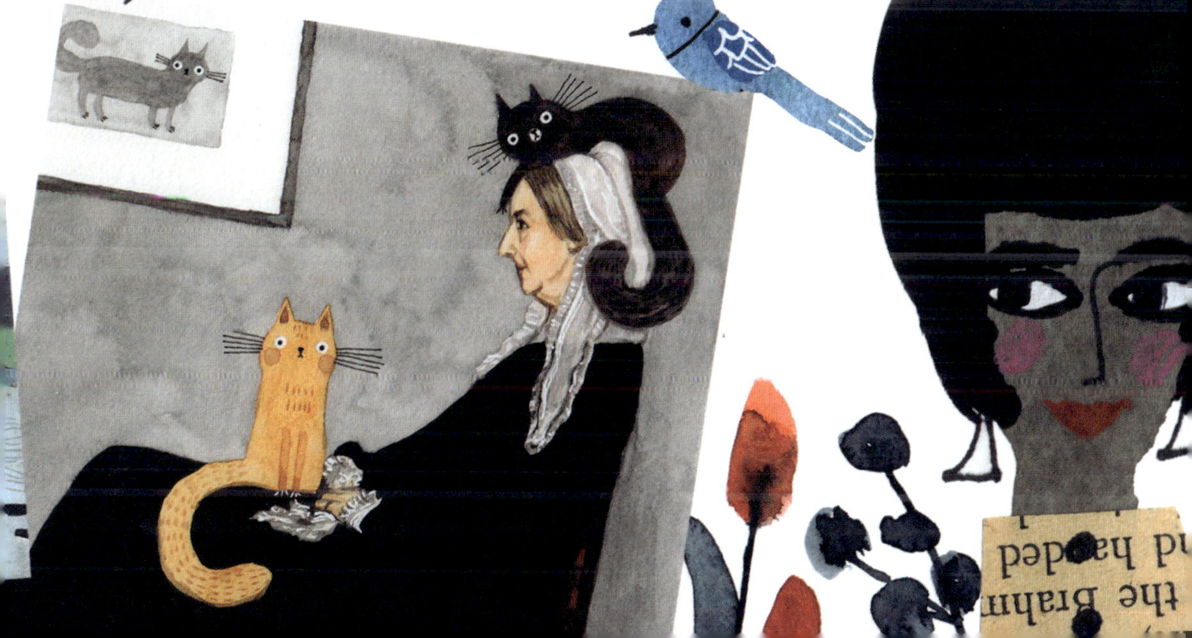

Jeder Augenblick ist neu

Nichts, was Sie erschaffen, ist so wichtig wie die kreative Tätigkeit selbst. Es sind die kleinen Momente – die Drehung des Pinsels, der Verlauf einer Farbe, die Entdeckung eines Charakters, eine hübsche Blume oder ein hässliches Entchen – die wundervoll sind und Neues hervorbringen. Jeder andere Gedanke – mit anderen Worten: der innere Kritiker – darf vorbeiziehen, ohne dass Sie sich um ihn kümmern. Lassen Sie ihn mühelos stranden wie eine Welle im Meer.

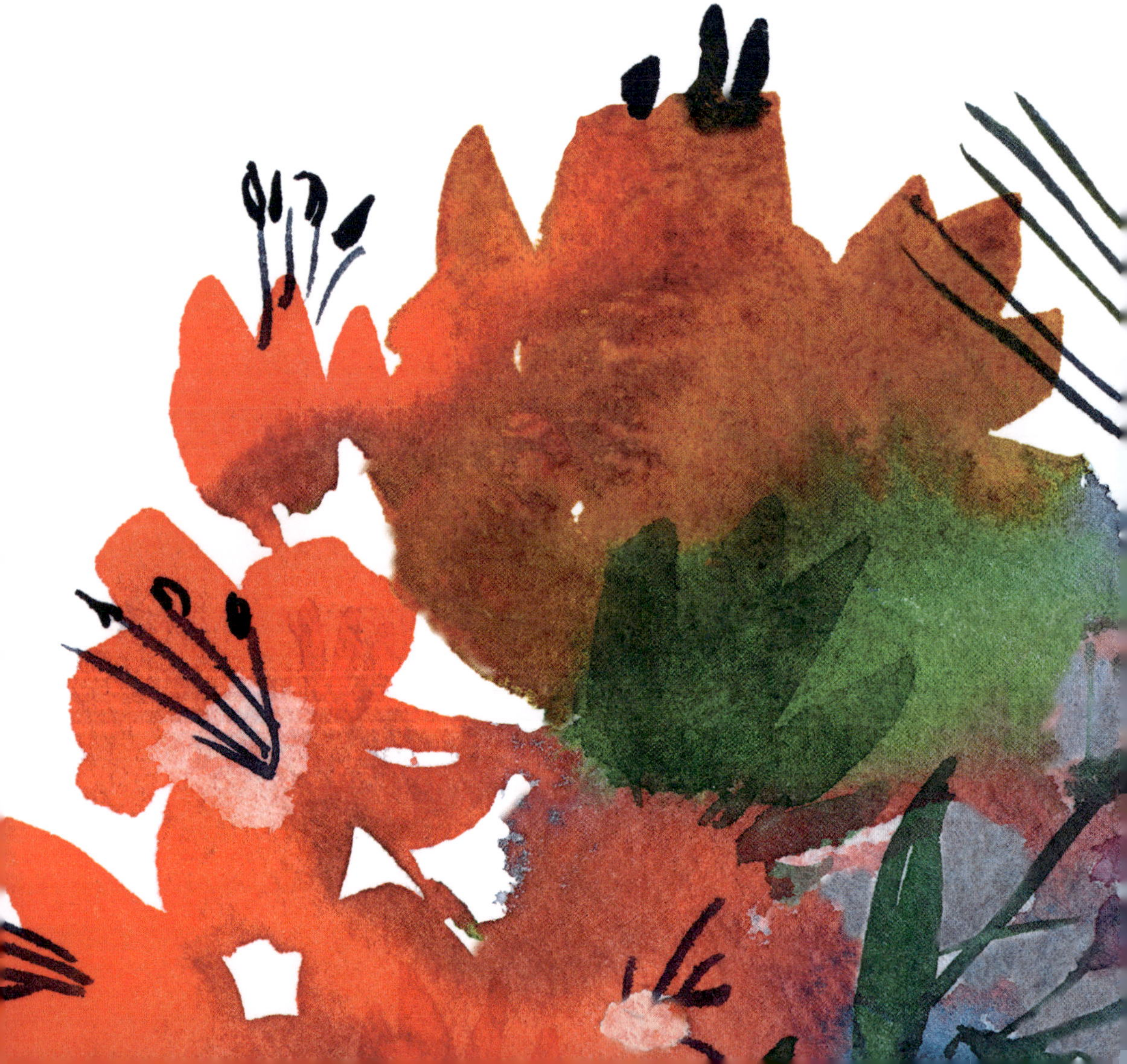

Den ersten Schritt haben Sie bereits getan: Sie haben dieses Buch gelesen und mit den Anregungen gespielt. Jeder Augenblick ist ein neuer Anfang. Ich hoffe, dass Sie dieses Buch nun häufiger zur Hand nehmen werden, um sich Anregungen zu holen, im Augenblick gegenwärtig zu sein und in den Flow zu kommen. Lassen Sie sich inspirieren und denken Sie daran, dass Sie Ihre Kreativität immer in sich tragen!

Kreativität ist der Ausdruck von Freude, Bewegung und Flow.
Sie sind kreativ!

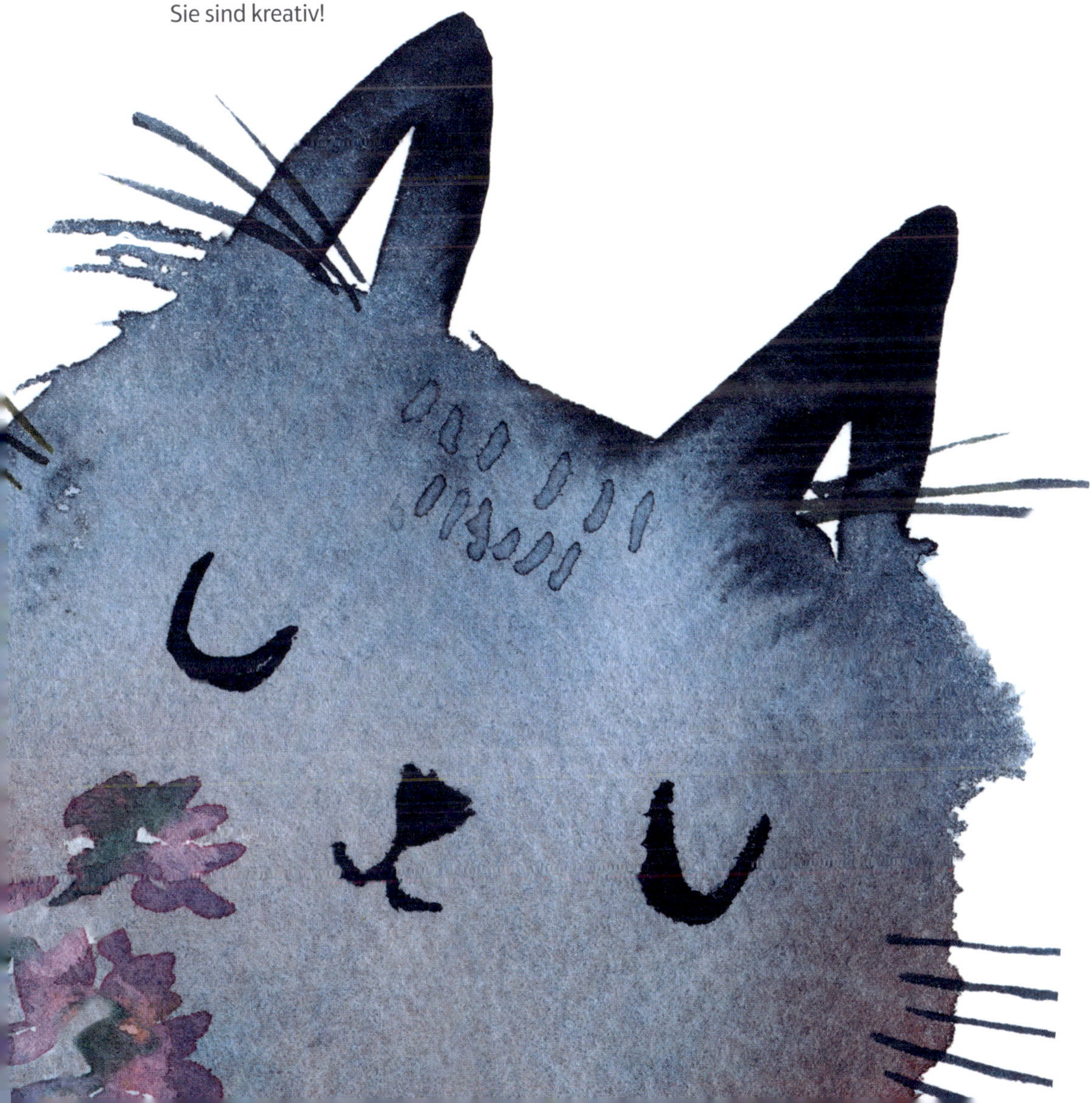

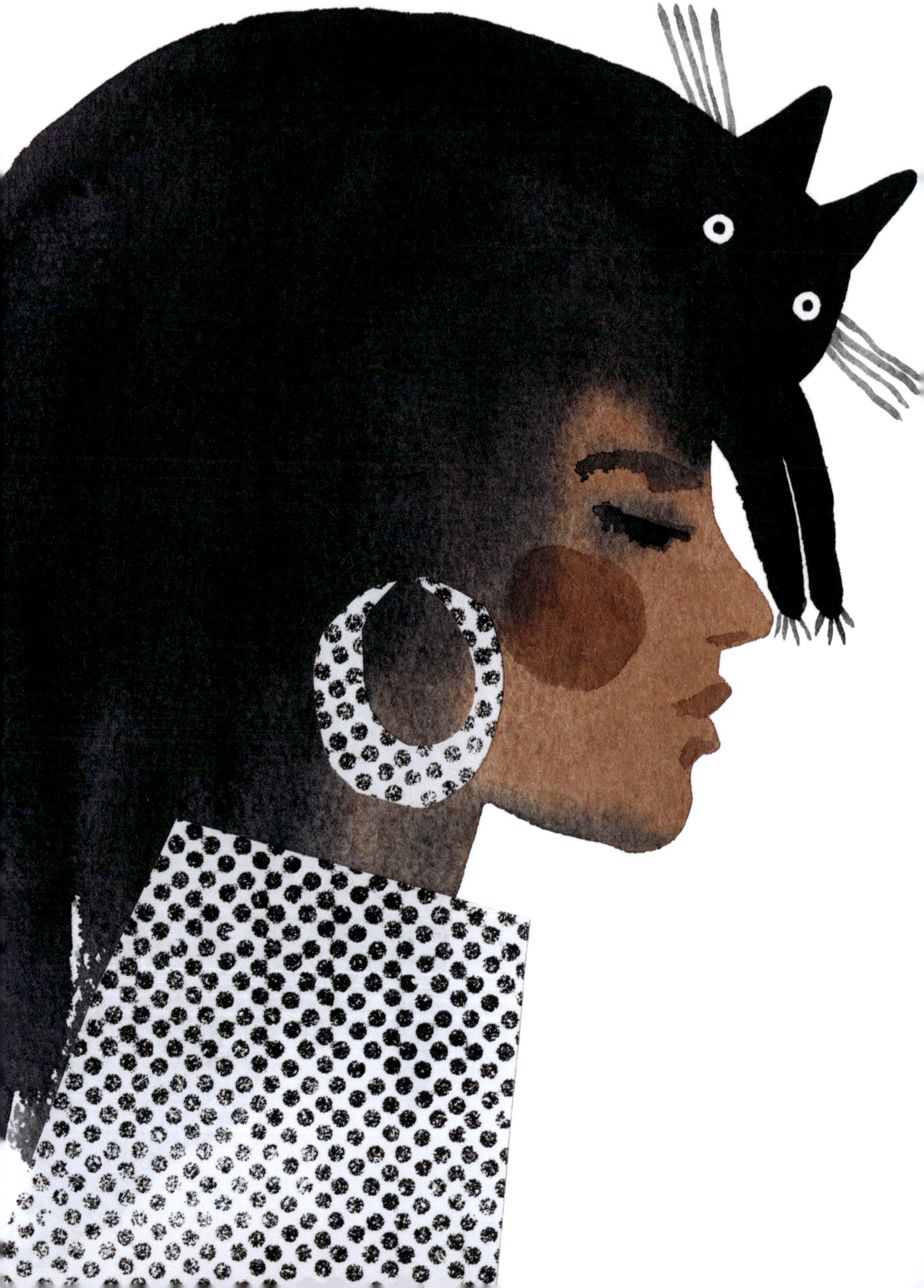

7

Das pure Glück

Aquarellieren ist ein wunderbarer Weg, seiner Kreativität auszudrücken. Bei jedem neuen Bild entfaltet sich ein ungeahntes Mysterium. Durch die Farbe nehmen Sie Kontakt zu Ihrer kreativen Natur auf, die Sie in jedem Augenblick bewusst wahrnehmen können. Denken Sie daran, dass der innere Kritiker nur Ideen und Erinnerungen aus der Vergangenheit wiederholt. Kein Grund also, diese für bare Münze zu nehmen. Das Jetzt ist ein Augenblick, der voller neuer Möglichkeiten steckt. Außerdem malen Sie, um zu experimentieren und zu spielen, und nicht, um sich selbst etwas zu beweisen.

Denken Sie daran: Malen ist Ausdruck Ihrer Kreativität und hat nichts mit Ihrem Wert als Mensch zu tun. Wohlbefinden und Kreativität ruhen in Ihnen, egal wie oder ob Sie sich nach außen zeigen.

Haben Sie Spaß und zeigen Sie beim Malen, wie einzigartig Sie sind!

Hilfsmittel

WINSOR & NEWTON AQUARELLFARBEN

- Gamboge neu
- Zitronengelg
- Scharlachlack
- Alizarinkarmesin
- Coelinblau, Himmelblau
- Französisch Ultramarin
- Gelbocker
- Umbra gebrannt
- Umbra natur
- Paynesgrau
- Grüngold
- Terre Verte, Grüne Erde
- Permanentweiß Gouache

AQUARELLPINSEL

- Kolinsky-Rotmarder-Aquarell-pinsel rund, Größe 4-12
- Rundpinsel Größe 4-16

PALETTEN AND PAPIER

- Speedball™ Robert E. Holzpalette
- Fluid™ 100 Kaltpresse 100% Baumwolle
- Aquarellpapier
- Canson XL 22 x 30 cm Aquarellblock

ZEICHENSTIFTE

- POSCA Marker weiß mit extra feiner Rundspitze
- Speedball® Crowquill Federhalter und Tusche
- Staedtler Permanentmarker schwarz (Größe S)
- Bleistifte 2B und 6B
- Aquarell-Buntstifte-Set

SKIZZENBUCH

- Strathmore Mixed Media, verschiedene Größen

Inspirationsquellen

Facebook
Unter Terry Runyan finden Sie viele Pins. Erschaffe Sie sich eine eigene Pinnwand voller Inspirationen. Haben Sie Spaß!

Pinterest
Suchen Sie nach Terry Runyan, um meine Boards anzuzeigen, oder erstellen Sie Ihre eigenen Boards.

Instagram
@terryrunyan, @augustwren

YouTube
Auf meinem Kanal finden Sie viele Demovideos.

Skillshare
Ich biete dort zahlreiche Kurse zum Aquarellieren und zum Malen von Charakteren an.

www.terryrunyan.com
Tragen Sie sich auf meiner Webseite in meinen Verteiler ein: www.terryrunyan.com.

Buchempfehlungen

Big Magic: Nimm dein Leben in die Hand und es wird dir gelingen, Elizabeth Gilbert (Fischer, 2017)

Mindful Thoughts for Artists: Finding flow & creating calm, Georgina Hooper (Leaping Hare Press, 2020)

Jeder Augenblick kann dein Lehrer sein: Achtsamkeit für den Alltag, Jon Kabat-Zinn (Knaur MensSana 2020)

62 lustige Tiere zeichnen – Für Groß und Klein! Terry Runyan (Edition Michael Fischer 2021)

Conscious Creativity: Look, Connect, Create, Philippa Stanton (Leaping Hare Press, 2019)

The Art of Possibility: Transforming Professional and Personal Life, Rosamund Stone and Benjamin Zander (Penguin, 2002)

Dank

Dieses Buch war eine wundervolle Reise, auf der ich viel lernen und teilen konnte. Ohne Monica Perdoni von Leaping Hare Press wäre das nicht möglich gewesen. Sie hat mich gebeten, dieses Buch zu schreiben, und mich durch den gesamten Schreibprozess begleitet.

Ich danke auch meiner guten Freundin, der Künstlerin Lynn Giunta. Unsere Gespräche und Ihre Bereitschaft, mir zuzuhören und meine Einleitung zu lesen, haben das Buch wesentlich beeinflusst.

Außerdem danke ich meinem Freund und Kollegen bei Hallmark, Craig Lueck, einem Meister der Aquarellkunst. Craig hat mir dreißig Jahre lang unendlich viele Aquarelltechniken beigebracht, Tipps und Tricks verraten, mir bei der Materialauswahl geholfen und mich immer unterstützt.

Natürlich geht mein Dank auch an meine Katzenfreunde Tucker und Rylee, die während der gesamten Zeit zuverlässig an meiner Seite waren Ihre Anwesenheit, ihr Schnurren und Miauen inspirieren mich jeden Tag.

Und ich bedanke mich bei meinem Lebensgefährten Larry Johnson dafür, dass er von diesem Projekt begeistert war, und mich motiviert hat.

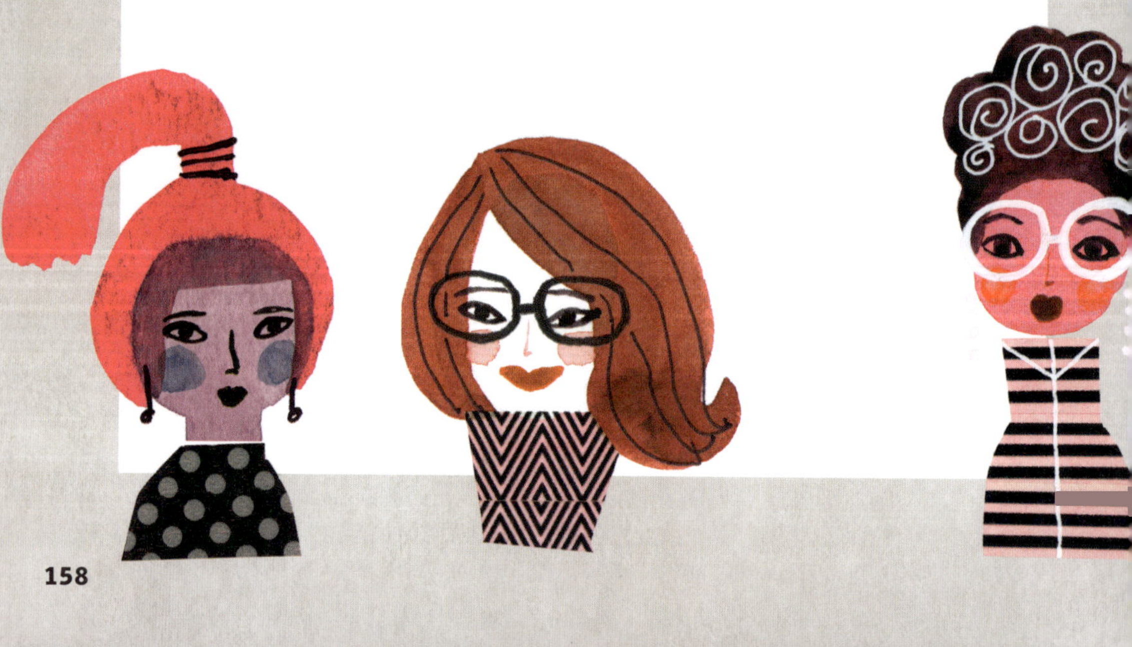

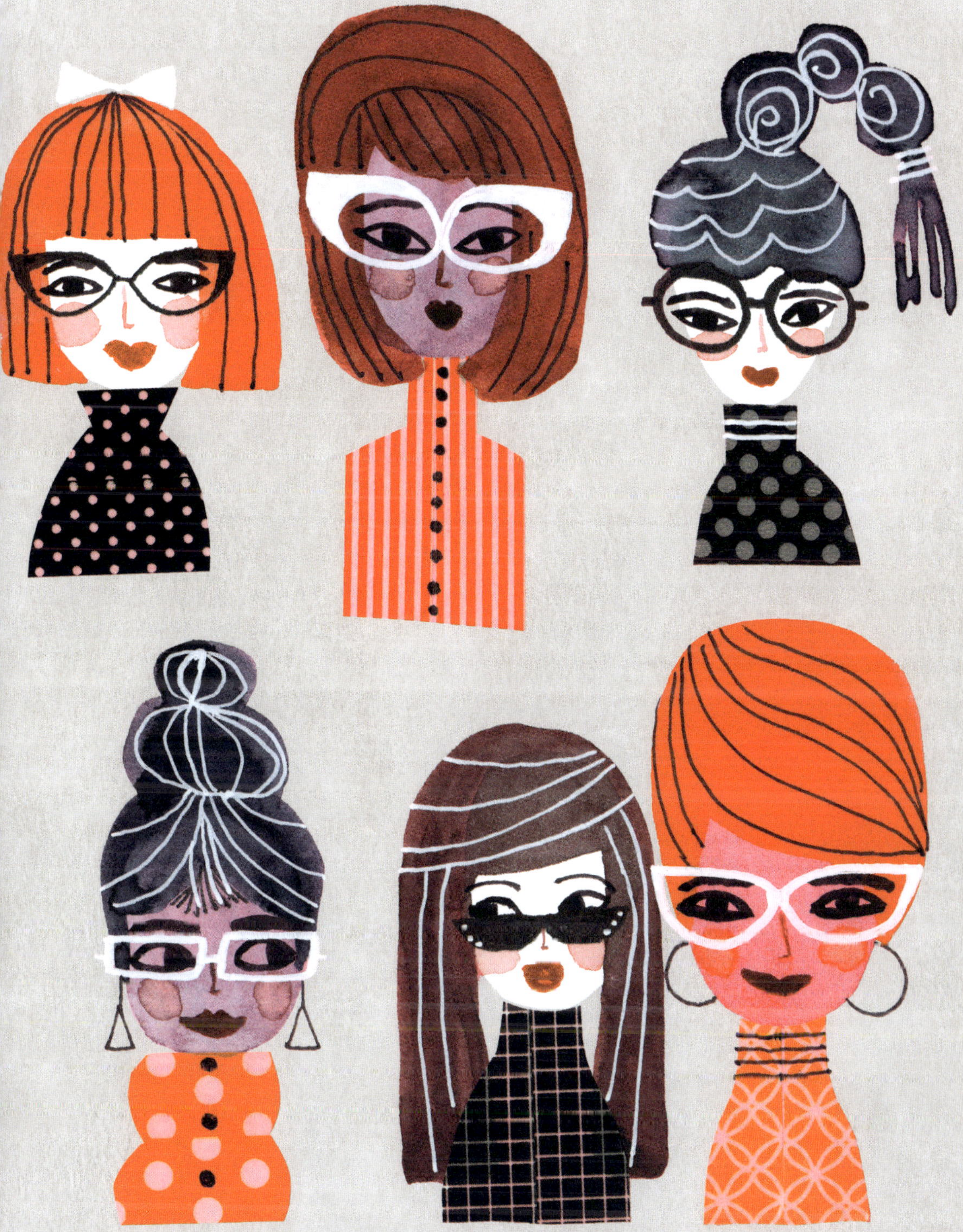

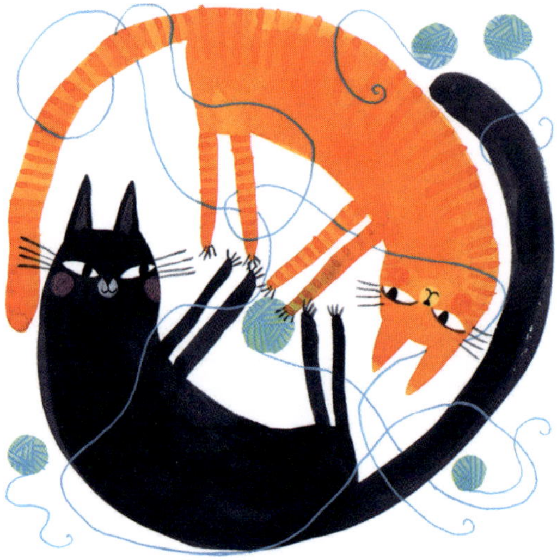

6. Auflage

ISBN 978-3-03876-224-9

Deutsche Übersetzung: Martina Panzer
Lektorat: Dr. Friederike Römhild
Cover & Art Direction: Gregory C. Zäch

Midas Verlag AG, Dunantstrasse 3, CH 8044 Zürich
Webseite: www.midas.ch, E-Mail: kontakt@midas.ch

Midas Büro Berlin, Mommsenstraße 43, D 10629 Berlin
E-Mail: berlin@midasverlag.com (GPSR)

Printed in China

MIX
Papier | Fördert gute Waldnutzung
FSC® C016973